BRAND DESIGN©

브 랜 드 디 자 인

지구문화
JIGU CULTURE

머리말 Prologue

내가 브랜드에 대한 인식을 시작한 시점이 언제부터인지 잘 기억나지는 않는다. 그때는 상품명이 무엇이었고 심벌이 있었는지도 기억나지 않지만 그 당시에는 '메이커' 라는 표현으로 나에게 많이 들렸던 것 같은 기억이 있다. 아마도 지금 생각해 보면 보통 일상에서 마주할 수 있는 옷이나 신발 정도 등에서 그러한 말을 많이 들었을 것이라 기억을 꺼내어 본다.

그때나 지금이나 물건을 사러 여느 시장의 가게에 들르게 되면 내공이 있어 보이는 아주머니들께서 몇 가지 유사한 제품을 보여주면서 고거는 메이커 제품이라 다른 것보다 튼튼하고 모양이 좋아서 가격도 조금 더 나간다며, 물건이 좋다는 이야기를 했던 것으로 기억한다. 지금의 나는 굳이 바로잡으려 하지 않는다. 이런 상황에 마주치게 되면 마음 한구석에서는 아주머니, 아저씨 사장님의 상품정보에 대한 놀라운 지식으로 왠지 한편으론 순수함마저 느껴졌다. 씨익~!

세상은 많이 변하고 시간이 흐르나 보다. 그 지난 시절에 나는 매우 단순했었는데 말이다. 저것 좋다. 갖고 싶다. 가능하거나 말거나 앞뒤 상황 가리지 않고 소유하고 싶은 욕망을 충족시켰다. 그리고 가졌다. 아주 만족스러웠다. 물건의 소문에, 제품의 모양에, 상품의 기능에 내 마음을 빼앗기면 바로 항복과 동시에 미처 채워지지도 못한 내 저금통이 남아나질 않았던 그런 시절이 있었다. 그때는 구전과 설명, 물건의 모양새나 꼼꼼한 마무리 정도가 내가 상품을 선택하는 모든 기준이었을 뿐이었다. 상표의 시각적인 부분은 눈에 들어오지도 않을 시기였다. 내게는 그 시절이 좋았다.

그러나 현재 첨단지식사회에 서 있는 나는 아주머니 사장님의 순수한 설명은 들리지도 않는다. 심지어 들려도 귀에 들어오지도 않을뿐더러 귀찮아지기까지 한다. 그저 내가 선택한 브랜드에 기껍게 동의해 주기만 원할 때도 있다. 무수히 많은 정보매체들에서 쏟아져 나오는 글자와 그림과 스피커 소리만으로도 충분하다. 이제는 거기에 상징까지 동원해서 복잡한 나의 판단을 더욱 단순하게 만든다.

나 자신을 세상의 보편적 사고를 하는 다수 중의 하나에 해당되지 않는다고 애써 분류해보지만 정보에 대한 접근성으로 볼 때 누구에게나 평등한 세계에 나는 살고 있다. 그래서 내가 좋아하는 기준의 물건을 마음대로 고르고 선택한다. 이제는 그 중심에서 나의 구매기준을 중요하게 결정하는 놈이 바로 브랜드(상표)의 모양(디자인적 조형성)이 되어 버렸다. 매체마다 흘리는 브랜드디자인의 시각적 상징이 내 시지각視知覺을 달콤하게 유혹한다. 저 상표가 붙어 있으면 간지 좀 나겠지? 흐음, 분명히 품질도 좋다고 그랬어.

첨단 문명의 혜택을 조금은 맛보고 사는 나는 브랜드와 브랜드를 상징하는 그림 형태를 통해 세상을 바라본다. 소위 속물이다. 치밀한 상업자본주의의 전략에 설득당하고 설득하는 그런 직업에 종사하는 사람이다. 그래서 브랜드의 속성을 이해시키고 이 분야의 지식을 전달하고 우리가 가져야 할 인간적 순수성을 잃지 않기 위해서 자료를 모으고 정리를 하고 생각을 해보았다. 브랜드와 브랜드디자인을 앎으로써 브랜드로 인해 우리 마음속에 무언가 중요한 가치를 잃지 않기를 원하는 마음에서 정리하고 싶었다.

[참고이미지 01]
nike / USA

[참고이미지 02]
adidas / Germany

방치했던 각종 정보들, 많았지만 짧은 시간, 다소 부족한 마무리, 더러는 부실해서 지적당할 수 있는 개념에 대한 나열들을 너그러이 이해해 주기 바란다. 그리고 많은 진짜의 조언과 정확한 지식의 채찍을 기대하고 겸허히 수용할 생각이다.

2013년 여름

저자 **이 호 준**

Contents

Chapter 01

환경, 브랜드, 디자인 그리고 생태계적 세계관
Environment, Brand, Design & an Ecological outlook on the world

1.1 우리의 주변을 이해하는 관점 14
1.1.1 환경적 세계관의 확장과 재인식 14
1.1.2 디자인의 기능적 관점과 목표 19
1.1.3 디자인의 기법과 순환 21
1.2 포괄적 디자인의 의미와 생태계적 세계관 23
1.3 브랜드란? 27

Chapter 02

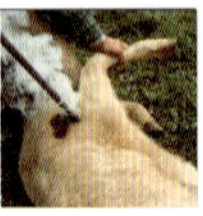

브랜드와 디자인
What Brand & Design is.

2.1 브랜드와 디자인, 브랜드디자인 38
2.2 브랜드와 브랜드디자인의 개발과 흐름 44
2.3 브랜드와 시각적 상징이미지와 확장성 48
2.4 브랜드이미지의 인식과 3요소 51
2.5 브랜드이미지의 인지와 과정 59
2.6 브랜드와 아이덴티티디자인 64

Chapter 03

아이덴티티디자인이란?
What is Identity Design?

3.1 아이덴티티란? Identity 72
3.2 아이덴티티디자인과 마케팅믹스 78
3.3 우리나라 아이덴티티디자인의 개념과 시작 82
3.4 아이덴티티디자인 개발의 주요내용 85

Chapter 04

아이덴티티디자인의 분류와 이해
Classification of Identity Design

4.1 아이덴티티디자인의 언어적 표현과 의미 90
4.2 아이덴티티디자인 표현의 유형 94
4.2.1 CI 97
Corporate Identity 97
City Identity 98
Campaign Identity 99
4.2.2 BI 100
Brand Identity 101
Bureau Identity 103
4.2.3 EI 104
Event Identity 104
4.2.4 UI 106
University Identity 106
4.2.5 HI 108
Hospital Identity 108
4.2.6 PI 110
Personal Identity 110
Public Identity 111
4.2.7 WI 112
Web Identity 112
4.2.8 기타 116

Chapter 05

아이덴티티디자인의 조형적 유형
Formative Types of Identity Design

5.1 심벌(마크)과 로고 120
5.2 시각상징이미지와 유형 122
5.3 유형분류의 제안 124
5.3.1 추상형 Abstract Type 124
5.3.2 구상형 Concrete Type 127
5.3.3 약어형 Initial Type 129
5.3.4 단어형 Completed Word Type 132
5.3.5 휘장형 Emblem Type 134
5.3.6 혼합형 Compound Type 137

Chapter 06

브랜드디자인 개발의 프로세스와 컨셉트
Development Process of Brand Design & Concept

6.1 프로젝트의 시작과 만남 그리고 매너 ···· 142
6.2 디자인의 개발과 자료조사 ···· 152
6.3 디자인프로젝트를 진행하기 위한 개념의 설정 ···· 155

Chapter 07

아이디어스케치와 의미
Idea Sketch & Its Meaning

7.1 창의적 문제해결 프로세스 ···· 162
7.1.1 마인드맵 Mind map ···· 164
7.1.2 브레인스토밍 Brainstorming ···· 166
7.1.3 아이디어의 도출과 방법과 사례 ···· 168
7.1.4 아이디어스케치로서 초기드로잉 ···· 170
7.2 디자인 개발기준과 프리드로잉 ···· 172
7.2.1 디자인 개발기준과 설정 ···· 172
7.2.2 프리드로잉 Free Hand Drawing / Rough Draft ···· 174
7.3. 디테일드로잉 Computer Drawing / Detail Draft ···· 176

Chapter 08

브랜드디자인과 시각적 기본체계
Basic Design System of Brand Design

8.1 베이직시스템이란? Basic Design System ···· 182
8.2 기본체계를 구성하는 주요항목 ···· 184
8.2.1 심벌마크 Symbol Mark ···· 186
8.2.2 로고타입 Logotype ···· 187
국문(한글)로고타입 ···· 187
영문로고타입 ···· 188
8.2.3 시그니처 Signature ···· 189
상하조합형 : 국 · 영문, 혼용, 약식표현, 엠블럼 타입과의 조합 ···· 192
좌우조합형 : 국 · 영문, 혼용, 약식표현, 엠블럼 타입과의 조합 ···· 192

기타조합형 : 국 · 영문, 혼용 192
8.2.4 색상체계 Official Color & Scheme 193
브랜드색상의 호칭과 설정 195
팬톤 Pantone Color 195
CMYK : Offset Printing 컬러 196
8.2.5 그래픽모티프 Graphic Motif 197
8.2.6 보조적 상징기능으로서의 캐릭터, 마스코트 198

Chapter 09

브랜드디자인과 시각적 응용체계

Application Design System of Brand Design

9.1 어플리케이션시스템(응용체계)이란? Application Design System 206
9.2 응용체계를 구성하는 주요항목 209
9.2.1 명함 및 서식체계 Business Card & Stationery 213
9.2.2 업무용 관리물품체계 Official Supplements 216
9.2.3 홍보물품체계 Promotion Graphic System 218
9.2.4 포장관련물품체계 Package Graphic System 221
9.2.5 사인체계 Sign Graphic System 223
9.2.6 일반운(수)송수단체계 Vehicle Graphic System 227
9.2.7 유니폼체계 Uniform Graphic System 229
9.2.8 특수운(수)송수단체계 Mega Transport Tool Graphic System 232
9.2.9 공공시설물체계 Public Installation 235

Chapter 10

브랜드디자인의 일관적 관리

Consistent Superintend of Brand Design Image

10.1 매뉴얼 Manual 238
10.2 관리조건과 환경 Analog & Digital Condition 240
10.2.1 디자인매뉴얼의 온 · 오프라인 환경 240
10.2.2 디자인매뉴얼의 형식 241
10.3 Graphic System Brief Chart ; Design Tree ; CI Tree 246

Chapter 11

친환경과 디자인 재료의 선택
Environment Friendly & Design Materials

11.1 브랜드와 디자인의 표현과 소재 250
종이 Paper 252
플라스틱 Plastic 255
나무 Wood 258
유리 Glass 260
철, 알루미늄 Steel, Aluminum 261
천연화학재료 263
11.2 색상과 환경 264
빨간색과 도시환경정비 264

Chapter 12

기호로서의 시각상징이미지
Symbol & Semiotics

12.1 기호의 유래와 인식 270
12.2 우리 주변의 일상적 상징과 기호 274
세계 각국의 국기와 태극기 275
만권과 하켄크로이츠 276
여러 가지 십자가 278
초승달과 별 279
같은 목적의 활동과 다른 의미의 시각상징 280
자동차와 상징 280
세계 각국의 인공적 문화적 자연적 랜드마크 281
여러 가지 시각적 기호 284

Chapter 13

브랜드와 권리환경
Understanding what is Trademark Rights

13.1 지식재산권과 상표권 288
상표와 도메인 294

브랜드와 등록상표의 구분 295
13.2 등록상표1 Registered Trade Mark 296
13.3 등록상표2 Trademark 299
13.4 저작권 Copyright 301
13.5 우리 등록상표의 개발과 표시의 제안 304
영문상호와 관련된 약칭표시 305

Chapter 14

상징성과 이야기의 구성

Brand Image & The plot of the story

14.1 상징이미지에서의 이야기란? 308
14.2 브랜드디자인과 스토리텔링이란? 314
14.3 브랜드와 광고활동 318

Chapter 15

브랜드디자인의 진화와 수용자

Evolution of Brand Images & Smart Consumers

15.1 상징이미지도 진화한다. 322
15.2 심벌(마크)의 진화와 변화의 사례 326
15.3 시각적 상징수단과 디자인트렌드 331
목적성 333
차별성 333
시대성 333
적용성 334
내구성 334
심미성 334
15.4 스마트소비자와 소통방법으로써의 브랜드디자인 336

• 맺는말 Epilogue 342
• 참고자료 및 색인 References, Index 344

Chapter 01

환경, 브랜드, 디자인 그리고 생태계적 세계관

Environment, Brand, Design & an Ecological outlook on the world

1.1 우리의 주변을 이해하는 관점

1.1.1 환경적 세계관의 확장과 재인식

1.1.2 디자인의 기능적 관점과 목표

1.1.3 디자인의 기법과 순환

1.2 포괄적 디자인의 의미와 생태계적 세계관

1.3 브랜드란?

1.1 우리의 주변을 이해하는 관점

1.1.1 환경적 세계관의 확장과 재인식

우리들은 우주와 인류와 문명의 기원에 대해서 익히 배워서 많이 알고 있을 것이라 생각한다. 지구의 나이가 46억년이라는 사실에 그저 막연할 따름이고, 흐르는 시간의 길이와 부피가 얼마나 되는지 그 상상의 양이 측정되어지지 못할 뿐이고, 그 엄청난 시간은 명실상부 우리 인간의 탁월한 진화의 결과, 동물적 본능으로도 느낄 수 없는 단위의 개념이다. 의학이 발달한 지금 이 시대에도 우리는 고작해야 100년은 거뜬히 잘 살 수 있다고 말하는 정도이기 때문에 지구가 살아온 시간의 나이를 체감하는 것은 그저 막막할 뿐이다.

실제로 있었던 사실인지 신화 속의 한 배경 같이 느껴진다. 이 단원에서 우리는 거창하게 지구의 나이에 대해서, 우리가 사는 일생에 대해서, 앞으로 우리의 후손이 살아가야 할 시간에 대해서, 그래서 현재 우리가 살고 있는 물리적 관념적 환경에 대해서 이야기해보고, 디자인이라는 다

채로운 색안경을 걸치고 우리가 살고 있는 세계를 바라보려 한다는 것은 미루어 짐작이 가리라 기대한다.

그래서 좀 더 구체적으로 왜 우리나라가 자연환경 또는 생태계(론/학) *Ecology*에 대해서 고민해야 하는 시간에 살고 있는지 알아야 할 필요가 있다. 이유는 의외로 간단하다. 지구는 유한하기 때문이다. 그렇다면 인간도 유한할 수밖에 없다. 어쩌면 지구보다 인간, 인류의 유한성이 더 짧을 수 있을지도 모른다. 이러한 유한성 속에 인류가 얼마나 오랫동안 평화롭고 안전한 환경에서 지속적으로 살아갈 수 있는가에 대한 고민을 해야 하는 시기이다. 또는 이미 예전부터 예견된 현실일 수도 있다. 그 위기의식이 일반화 · 공론화 되고 있기 때문에 우리는 고민한다.

우리가 매우 간절히 알기를 원하는 우주(지구)의 섭리에 의한 환경 변화이든, 인류에 의한 기술과 산업 발전이 만든 결과로 지구가 고통 받고 신음하는 시기라 여기고 있든 간에, 우리 인류가 지속해서 잘 살아갈 수 있느냐 또는 공멸하느냐가 걸려 있는지도 모를 심각한 변화를 겪고 있다는 이야기이다. 비단 이러한 사실은 물리적 환경에서만 다루어 질 수 있는 개념이라고 생각하겠지만 의식적 개념으로도 많은 갈등과 폐해를 끝없이 표출해 내고 있다. 이러한 사실들의 증명은 이 책에서 이야기하기에는 크고 끔직한 내용이라 접근할 용기가 나지 않는다.

[참고이미지 03]
National Geographic
Channel / USA

수많은 과학자들이 쏟아 내놓는 연구와 분석에 따르면 우리 지구가 이렇게 이상 징후를 보이는 데는 우선적으로 산업사회화의 지나친 지구자원 개발로 인한 불균형 현상, 지구온난화, 자연재해, 환경오염 등으로 인한 생태계 교란, 연료고갈, 자원의 한계, 인구증가, 지역불균형, 빈부의 격차 현상 등 지금 무수히 많은 위기상황들로 인해 벌어지고 있는 자연의 변화에 그 원인이 있으며 현재의 우리는 매우 복잡한 문제를 해결하라는 숙제를 떠맡아 들고 있다.

이러한 문제제기의 기저에는 우리 인간이 지구라는 생태계 속에서 계속 살아갈 수 있느냐 더 나아가 생존할 수 있느냐와 같은 절박한 현실을 얘기하는 것이고, 아슬아슬한 외줄타기를 하는 것처럼 지구의 물리적 정신적 생태계가 흔들리면 지구상의 최상위 포식자인 우리 인간은 지속적인 존재로서의 권위에 대해 대단히 심각한 타격을 입을 수밖에 없기 때문이다. 설령 생존을 이어나간다하더라도 유지의 생존인가 유희의 생존인가를 생각해 보지 않을 수 없다.

지구 곳곳에서 나타나는 물리적인 이상 현상들로 북극과 남극의 거대 빙하들이 녹아 떨어져 나가고, 태고의 만년설들은 녹아내려 흉물스러운 색깔의 알몸을 내보이는 자연의 변화를 우두커니 지켜보고만 있을 뿐, 우리가 잘못 판단했을 수도 있는 달콤하고 탐욕스런 시간을 되돌릴 방법은 막연하기만 하다. 이따금 급작스런 재앙이 있을 때마다 벌이는 수동적 대응 수준으로는 복구하기에 급급할 따름이다. 물론 첨단현대의 과학수준으로 예측이라는 준비를 하지 않는 것은 아니다. 이러한 현상들에 대해 소수의 지각이 있는 사람들이 모여 인간의 무분별한 개발과 경쟁적 심리에 대한 현재의 경각심을 애타게 아우성치고 있지만, 아마도 꽤 오래전부터 굴러가기 시작한 거대한 경제의 수레바퀴와 맞물려 인간이 가지는 탐욕의 가속을 막아낼 재간이 없고, 이기적으로 진화한 인간 본능의 결과로 인구증가에 따른 소비본능을 제어할 수 없는 것이다. 다른 각도에서 말하자면 거대상업자본주의 개념 속의 생산과 소비패턴을 막아낼 뚜렷한 대체방안을 찾지 못하고 있다.

그렇다면 우리는 브랜드를 공부하기에 앞서 또는 디자인을 전공하기에 앞서 이러한 현재의 문제를 인식하지 않을 수 없게 된다. 디자인의 최초 고민은 인간의 습성, 편리, 심미와 같은 인간(인체)중심적 생각에서 시작해야만 하는 관점에 놓이기 마련인데, 이제는 인간중심적인 디자인세계관을 다른 각도에서 해석을 해야만 하는 시대를 맞이하고 있다.

인류가 지구상에서 질 높은 삶을 지속하기 위해서는 인간중심적 사고에서 환경중심적 사고 또는 공동체중심적 사고를 우선에 놓고 인간을 생각하는 관점으로 변화해야 한다는 것이 본질적 디자인의 명제라고 생각해야 한다. 여기서 환경이라는 의미는 우리가 일반적으로 생각하는 물리적인 환경보다 더 큰 의미의 환경을 말한다.

인류의 지속성에 관련된 문제를 다룰 때는 거시적인 환경인식의 시작부터 강조해야 한다고 주장한다. 주장하는 환경은 어쩌면 우리를 시험하게 하는 생각의 구조를 바꾸고 실천하지 않으면 안 되는 종교적인 의미와 같은 본질적인 질문을 던지는 것이고, 사고思考의 기본으로 돌아가야 한다는 의미일 수도 있다. 그리고 모두가 어렵고 힘들 것이라 추측한다. 왜냐하면 그 답은 우리가 살고 있는 현실에 있고 주변에 있고, 우리 모두의 생각을 진지한 전환으로 이끌어내야 하고 확장시켜가야 하기 때문이다.

'왜'라는 질문을 던지고 '무엇'을 바꿔야 하는지부터 진지하게 고민해야 하는 재밌지 않은 이야기의 화두이다. 우리 인류가 쌓아온 다양한 문화의 축이 하나의 공통적인 목적을 포함하며 전환해야 함을 의미하기 때문이다. 생각을 바꿔야 하는데 생각은 습관의 위에 놓여 있고 습관은 본능 위에 놓여 있기 때문에 짧은 시간에 변화되기 쉽지 않다. 이 책에서 말하려는 생각의 틀을 이 시대의 총아 브랜드, 디자인, 브랜드디자인의 관점을 통해 그것의 세부적인 체계들을 들여다보고자 하는 것이다.

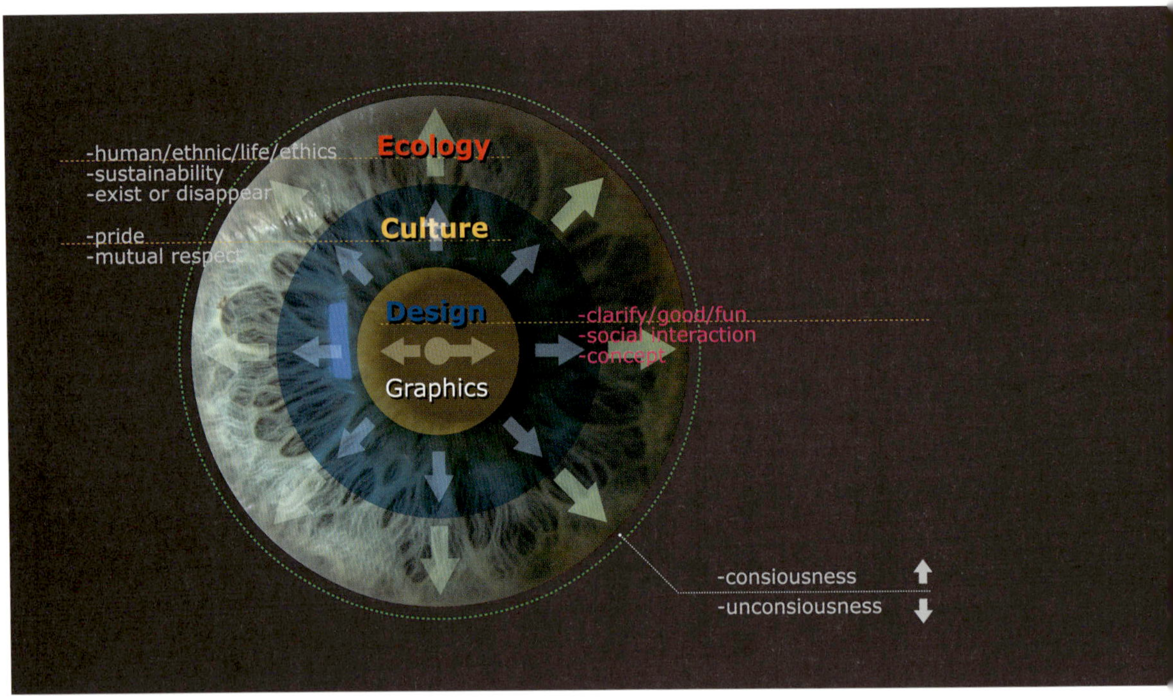

[표 01] 인간과 브랜드환경의 재이해와 인식의 확장

브랜드와 디자인(그래픽)의 개념을 중심에 놓고 생각해 보자는 것이다. 우리가 공부하는 디자인은 인간에 대한 생활습성이나 관습, 생활지역, 생활패턴을 이해해야 하는 문화적인 배경을 1차적으로 바탕에 두고 고민해야하는 분야이다. 이 단계에서는 매우 물질적인 개념을 바탕으로 하는 단계이기도 한데, 먹고, 입고, 쉬면서 살아야 하는 단계의 필연적인 문제가 존재하는 단계인 것이다. 재미가 있어야 하고 좋아야 하고 명확한 계산이 이루어져야 하며, 구성원 간의 본능적 상호작용의 개념이 있는 영역이다.

이 문화적인 배경은 지역에 따라 인종에 따라 기후에 따라 역시 무수히 많은 경우의 바탕을 만든다. 흔히 이 정도의 개념에서 디자인의 일반적 결론을 도출하지만 이제는 환경을 논하지 않으면 안되는 시대가 도래하였다. 1차적 바탕 위에 놓이게 되는 단계가 비非물리적인 단계인데 생각 또는 정신이 위치하는 단계이다. 이는 기본적으로 인간이 물리적인 존재이므로 존재를 유지시킴이 우선시 되기 때문이다. 그리고 생각해야 하는 단계이다. 이 생각이 바로 인간중심의 가치에서 환경중심의 가치로 우리의 인식이 이동을 해야 하는 이유를 앞에서 간략하게 설명하였다.

그래서 인간이 또는 인류가 지속적으로 질박한 삶을 영위하고 수준 높은 문화와 문명을 쌓아 나가야 하는 방법으로 생각의 전환을 해야 한다는 내용을 인포그래픽*infographic*의 형식으로 설명해 보았다. 이유는 정확히 모르겠지만 인류는 지속해 가야만 하고, 그 삶을 통해서 진실의 가치를 찾아야 하며, 그 가치 속에서 행과 불행의 균형까지 고려해야 한다.

지속의 가치 속에는 우리 인류가 스스로 관념(개념)적 공멸을 선택하고 물리적 존속을 선택할 것인가에 대한 극단적 철학마저 담고 있을 수도 있다. 궁극의 목표는 아름다움이 무엇이며, 그 아름다움을 바탕으로 하여 인간이 진정으로 상호간에 행복한 공존의 모색을 할 것인가 이며, 이는 전적으로 인간인 우리와 우리 안에 내재되어 있는 본능적 습관*attitude*에 달려있다는 것은 확실하다.

[참고이미지 04]
Discovery Channel / USA

1.1.2 디자인의 기능적 관점과 목표

우리의 인식*awareness*에 대한 관점은 긍정영역의 개념으로 확장하고 이동해야 하며 디자인과 개발의 초점에 대해서는 보다 목적적으로 집중하여야 한다. 기능은 더욱 단순해져야 하며 과장은 절제를 향하여야 하고 불필요한 역할은 기다림을 통해, 가장 중요한 환경적인 틀에서부터 시작하여 목적이 분명한 디자인관점으로 모아져야 한다. 우리는 생태계를 있는 그대로 유지시켜야 하고 보호해야 하는 확실한 목적성이 있어야 하기 때문에 디자인의 가장 기본적인 모토는 환경을 포함한 우리를 배재하고서는 성립될 수 없다. 환경의 개념을 배재한 디자인은 이제는 배척당해야하는 몰歿철학적인 디자인이기 때문이다. [표 01]의 개념은 다소 의식*consciousness*과 사고*thinking*에 대한 철학적인 의미를 강조한다면, [표 02]는 디자인(디자이너)의 사회적인 역할론을 강조하는 대목이다.

우선 환경적인 개념은 유기적인 행동과 방법으로 풀어져야 하며, 방법론적으로 지구라는 유한적 공간에게 해가 되는 결과물이 되어서는 안 된다는 것이다. 결과물은 문화적 습성, 나아가 문화를 바꾸는 계기가 되어야 하기도 하며, 지역적 다양성을 반영하여 과잉을 극복해야 하는 양립의 상황에 놓이게 된다. 이러한 상황을 가능하게 하는 것은 개념의 공유와 정보의 교류, 기능적 · 시각적인 사실을 바탕으로 하여야 한다. 이때서야 디자인은 본연의 역할을 진정성 있게 발휘하게 될 것이다.

우리 환경은 물리적으로 대기를 가지고 있고 대기 속에서 우리는 숨쉴 수 있으며, 생존해 갈 수 있는 경계의 개념에 해당한다. 이 물리적 공간을 유지시켜야 하는 필연성은 우리의 디자인 목적성과 맞닿아 있다고 강조한다. 목적성이 지켜지지 않으면 점차적으로 혹은 급진적으로 물리적 공간은 위협받게 될 수 있다. 현대는 이러한 생각에 매우 심각하게 도전받고 있다.

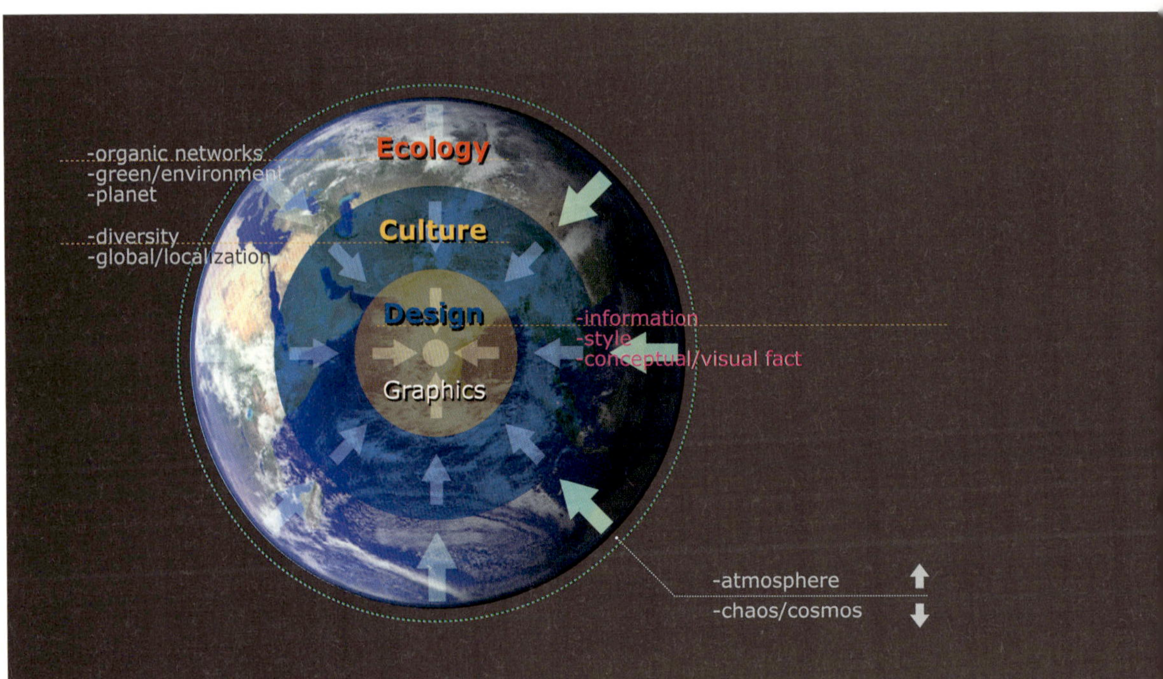

[표 02] 디자인의 환경적 관점에 대한 이동

1.1.3 디자인의 기법과 순환

현대는 디지털의 개념이 우리와 생각과 주류의 세상을 지배하는 세계임이 분명하다. 20세기 과학자들이 수월한 정보전달수단의 툴로서 연구하던 시기에 만들어진 결과가 이제는 돌이킬 수 없게 나의 일상생활환경의 패턴까지 바꾸어 놓은, 가장 이상적인 방안이 디지털, 디지털라이즈 Digitalize라고 한다. 과학적 수학적 접근으로의 해답을 수치로 명료하게 제시하는 시대이다. 이것을 디지털시대라 한다.

1800년대 후반 산업혁명이 몰고 온 역사적, 사회적, 경제적 가치를 새로 쓰는 디지털혁명은 산업혁명이 채 100년도 지나지 않은 시기에 방법은 다르나 기능은 같은 혁명으로 전 세계를 휩쓸고 있다. 이전의 산업혁명보다 비교도 안 될만큼의 속도로 자리 잡았다. 설레임을 이러한 경우 쓰는 말일지도 모르겠다. 설레임에는 미래에 일어나는 불확실성에 대한 약간의 두려움도 포함되어 있기 때문이다.

그런데 이 해답은 디지털적 방법론에서만 찾을 수 있는 것이 있고 찾을 수 없는 것이 있다. 이 또한 간단한 원리인데, 디지털은 디지털 스스로 감성을 창조해 낼 수 없기 때문이다. 디지털의 연산결과가 가져오는 우연성도 창조의 개념이라 주장하지만, 그 우연성마저도 사고를 가진 사람, 인간이 움직일 때 나타나는 가능한 결과로서 다소 아날로그적 보수주의 생각에서 기술이상주의자들과 대칭적 견해로 주장한다.

디지털 개념의 대세는 산업혁명에 비할 만큼 대단한 사회, 문화, 기술적 혁명의 의미를 역사에 남기고 우리의 삶을 윤택하게 만들 수 있겠지만, 산업혁명 당시에도 기술과 산업은 삶의 본질적인 문제에 대해서는 대안이 될 수 없었다. 인간의 감성을 기계가 대신할 수는 없었기 때문이었다. 지금도 우리의 정신적 기저에 가부좌를 틀고 확고히 자리하는 진정성에 대한 갈망은 그다지 다르지 않다. 표현수준에 대한 정밀함으로 완성도는 높아지고, 기술로 인한 무한표현력은 상상을 초월하는 현실이지만 사람만이 가지고 있는 감성을 만들어 낼 수 없는 것은 변하지 않았다.

곧, 전통적인 환경개념(아날로그환경)과 현대적인 환경개념(디지털환경)은 앞으로도 계속 공존해 갈 수 밖에 없을 것이다. 이는 분리되어 있는 별개의 환경이 아니라 서로 보완해주고 채워주는 역할이 되어야 하는 감성과 기술적인 환경이며 결합이다. 가상과 현실이 혼동될 정도로 현재의 뛰어난 기술 환경에서 인간이라는 아날로그적 형질은 반드시 배제할 수 없는 성질의 것이다. 따라서 디자인은 더욱 효율과 기능이 강조될 것이지만, 반대로 본능적이고 본질적인 심미성도 틀림없이 여전히 공존할 것이며, 성격이 다른 두 환경의 효율적 간극은 넓어지더라도 인간이 사는 세계는 현실세계의 감성으로 계속 존재할 것이기 때문이다.

[참고이미지 05]
History Channel / USA

그래서 디지로그*Digilogue*의 개념이 도출되지 않았나 생각된다. 애플의 창업자 스티브 잡스가 현대기술의 정수와 인간의 본질이 교차하는 접점의 좌표를 정확히 제시한 것도 그러한 맥락으로 해석된다. 두 가지 영역으로서 디자인적 기법은 무엇이 중요하다고 말할 수 없는 가치의 내용이다. 다만 본질의 성격이 어디에 있느냐에 대한 질문을 던지고 싶을 뿐이다. 기술은 환경을 보호해야 하는 책임을 가지고, 감성(인문)은 기술이 역할을 다할 수 있도록 모

▶이어령 전 문화부장관 / 디지로그 Digilog

[표 03] 디자인의 표현개념과 기술적 공존

아져야 하는 의무를 가지고 있다. 상호 폐혜적 역할을 만들지 않고 상호 보완적 사명을 다해야 하는 이성적 질문에 긍정적으로 대답할 수 있어야 한다.

1.2 포괄적 디자인의 의미와 생태계적 세계관

앞의 작은 단락에서 3가지 관점에 대해서 이야기해 보았다. 이 3가지는 연관성이 분리되는 별도의 개념들이 아니라 이미 연결되어 있어 작동, 순환되어야 하는 개념의 구조이며, 적용이 되고 있는 경우도 현실에서 나타나고 있다. 앞으로 추구해야 할 새로운 가치형태는 아니다. 더욱 강조하자는 의도이며 이러한 구조로 순환하고 있다는 구조를 정리하는 브리핑이다.

우리가 사는 세상은 3개의 각 영역에만 존재할 수 있는 환경이 아니기 때문에 가장 이상적인 효율적이고 심미적인 양질의 삶을 영위하기 위해서는 상호간의 적절한 이해와 공유가 필요한 구조인 것이다. 인식과 비인식의 관념적 세계에서만 살 수 없고, 디자인의 목적적 방법으로만은 의미가 없는 것이고, 현실과 가상만 존재하는 기술적 세계에서의 방법만으로는 우리 인간(인류)의 지속성을 담보할 수 없다. 그래서 제시한 3가지 관점의 틀이 겹쳐져야 이상적인 세계를 디자인하고 표현할 수 있다.

이제 우리의 디자인 세계는 실용적인 학문의 개념으로부터 나아가 실천적인 학문으로서 제안할 수 있는, 기본적 학문인 인문적 관점으로의 개념으로 중심축을 이동시키고 진화해 나가는 길 위에 놓여 있다. 그런 이유에서 거시적인 관찰(력)과 이해를 필요로 한다. 그 관찰(력)은 모양이나 생김새를 보는 차원*layer*을 넘어서는, 세상을 이해하고 비판하고 긍정을 제시할 수 있는 차원들의 결합을 말하는 것인데, 이것을 형성하는 것이야말로 디자인을 그리는 개념으로 이해하는 것이 아닌, 생각하는 개념으로 전환하게 하는 매우 중요한 기준이 될 것이다.

[참고이미지 06]
BBC Knowledge Channel
/ England

그에 따라 변화와 이동의 축을 읽을 수 있는 직관(력)과 관찰(력)이 생겨날 수 있으며, 사회와 문화와 집단에서 나오는 생각의 파장을 탐지하고, 트렌드*Trend*를 추출해 내어 서로에게 작용할 수 있어야 한다. 그래서 긍정의 방향으로 유도해야 한다. 디자인의 모든 동기와 에너지가 들어있는 판도라의 상자와도 같은 것이다.

■ awareness of ecology, design & graphicology

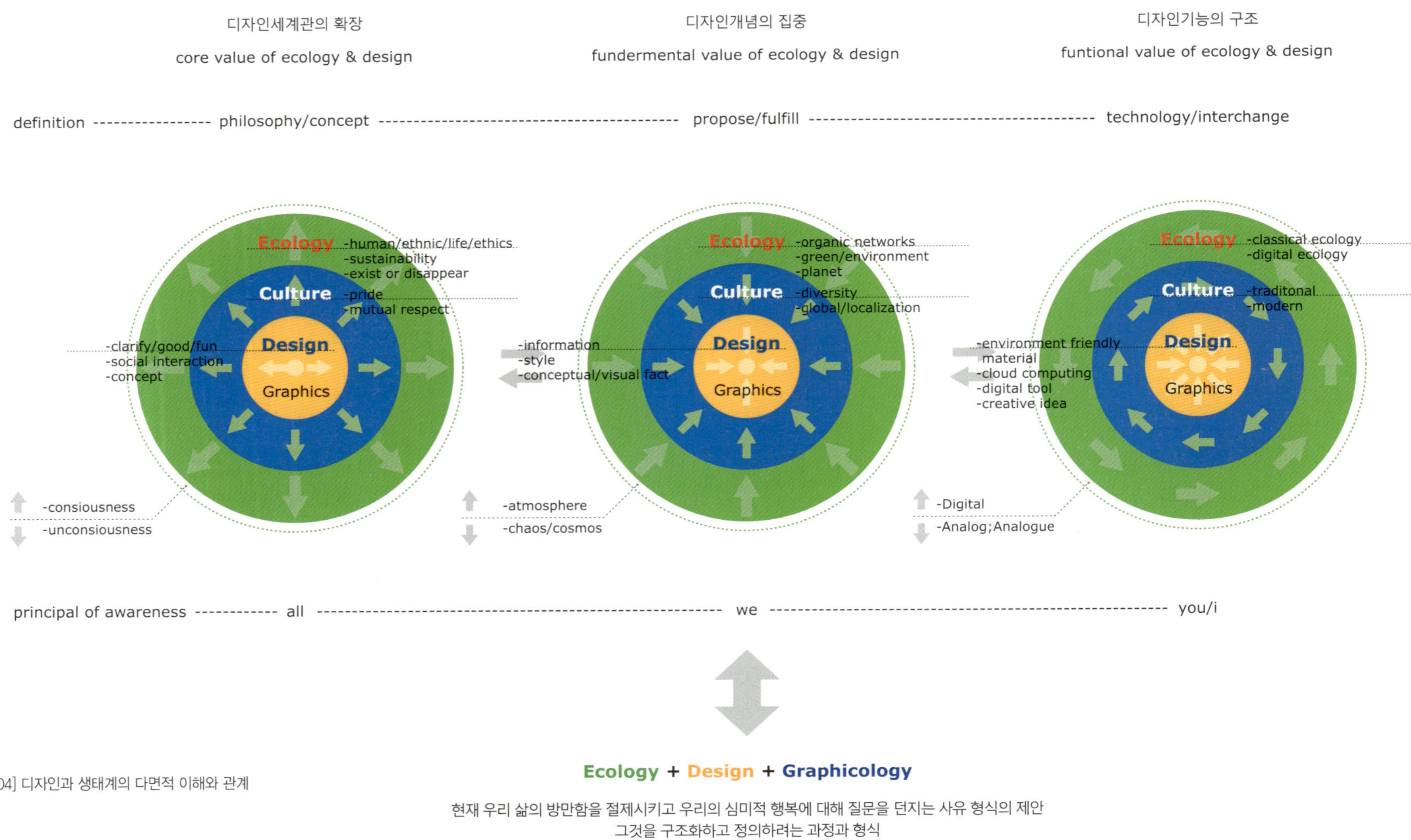

[표04] 디자인과 생태계의 다면적 이해와 관계

인간중심적 가치관	⇉	환경/공동체중심적 가치관
인간의 편리성 강조	⊂	환경의 균형성 강조
Human Expedient (Ergonomics)	=	Humane Balance (Equilibrium)
	⇑	
브랜드(디자인)의 인식과 행동전략에 부합하는 자발적 실천의 뒷받침이 전제		
Brand Design as Ecology + Graphicology		

[표 05] 브랜드와 디자인(개발) 가치 축의 이동과 역할

브랜드는 상표의 차원이 아닌 사용자;소비자들의 심리를 긍정적으로 유도해야 하는 광의의 개념으로 이해해야 하며, 디자인은 기능적 심미적 성질을 넘어서 효율적 · 생태적*Ecological* 개념으로 정의하여 결합시켜야 한다.

위의 [표 05]에서는 브랜드디자인의 의미를 그래픽에 대한 재해석과 접목을 시켰는데, 그래피콜로지*Graphicology*는 브랜드디자인의 기능적 원리를 설명하는 개념으로 정의하고자 한다. 그래피콜로지는 하나의 구조적 개념으로서 브랜드디자인이 가져야 할 책임이라고 이해하면 될 것이다.

다시 말해서 디자인의 철학은 인간(인체)의 성질, 인간의 습관 등 편리성과 사용성, 이해력 등의 인간 중심의 관점에서 환경중심 개념의 축으로 중심이 옮겨져야 한다는 논리이다.

생각하기에는 쉬울 수도 있으나 지속*Sustainable*적 가치*Value*를 바탕으로 행동*Action*과 전략*Strategy*과 실천*do*이 없으면 생태계의 구조는 더욱 심한 복잡계*Chaos*로 빠지게 되고 엉킨 실타래를 풀어내기보다 더 단단하게 고체화되는 어려운 구조의 단계로 들어갈 수밖에 없을 것이다. 초를 다투는 현대의 마케팅전략에 맞춰볼 때 반비례하는 이상주의적 개념의 주장일 수 있다. 그만큼 멀리 보고 꼼꼼하게 주변을 챙겨보자는 의미이다.

▶Graphicology™ 그래피콜로지

그래픽의 개념이 현대사회의 전반에 보편적 가치로서 자리매김 했음을 근거Fact로 이는 학문적, 개념적으로 다시 정의되어야 하며, 이를 사실로 공유하기 위하여 사회, 문화, 산업적 활용의 모양새를 확인해보고 증명하고자 제안Formal Propose하는 정체성에 대한 중요한 키워드이자 학명을 의미한다. 이에 정의한 단어(개념)의 공감정립에 대한 증명의 누적이 필요하며, 그래피콜로지Graphicology가 가지는 초기적 직관적 개념의 정의에 대해서는 인식과 공감을 나타내지만, 현재의 개념적 배경과 사실들을 수집 정리하여 증명해 나가야 하는 과제를 안고 있다.

그래피콜로지graphicology는 invisible value vs. visible value, invisible vs. visible 개념의 세계에서 물리적인 세계로 전환되는 행위의 모든 결과물은 그래픽 세계로의 진입을 전제한다는 것이다. 형태를 만들기 때문이다. 점 · 선 · 면 · 부피 · 연속은 시각적 표현의 의미가 가지는 무형적 개념과 유사하나 시각적 성질의 디자인Visual Communication Design의 기초 fundamental가 되는 성질로 설명할 수 있다.

자연적으로, 본능적으로, 의도적으로, 계획적으로, 생각은 개념을, 개념은 기록을, 기록은 문자를, 문자는 그림을, 그림은 그리기와 사진, 평면과 입체 관점의 세계로 표현된다. 유형Tangible의 개념과 무형Intangible의 개념, 정지Quiescence의 개념과 연속Sequence의 개념, 시각Visual의 개념과 청각Aural의 인지심리학적 개념 등에 모두 기초될 수 있으며, 현재와 미래 고도지식사회의 온 · 오프라인환경에 반드시 기초되어야 할 핵심 개념으로 다루어져야 한다고 저자가 주장하는 이론적 체계이다.

1.3 브랜드란?

브랜드의 기능은 아주 오래전부터 존재해 왔다. 이미 인간의 본능 속에 탑재되어 있는 사회유전적 · 문화유전적인 기능이었으나, 개념의 정리는 근세에 들어오면서부터 정리되기 시작하여 이제 구체적으로 정의하고 인지하였을 뿐이다. 그러나 브랜드는 사람과 사람들이 존재하고 마을과 부족이 형성되기 시작하는 시간 즈음부터, 문명이 시작되었던 시기부터 존재해 왔다. 살짝 전문적인 용어의 표현을 빌려 설명하면 문화유전적*meme*(밈) · 심리적*psychological* 영역의 관점으로 이해하면 브랜드가 가지는 속성을 찾아 이해하는데 어렵지 않을 것 같다.

고대 유물자료의 한 예를 관찰해 보아도 메소포타미아 지방에서 출토된 토기에 표시된 'S·P·O·R·(Senatus Populusque Romanus = the Senate and People of Roman, 거대로마제국)' 이라는 표시에서도 알 수 있다. 로마제국이 고대 서구를 제패할 때 자신들의 패권적 문화적인 역량을 생활도구에까지 표시하여 제국의 존재감을 표현했다는 의미이다. 이렇듯 브랜드라는 개념의 흔적은 이와 같은 유물에서도 역사와 문화와 소유의 흔적을 자연스럽게 확인할 수 있으며, 그 시기에 저 그릇이 누구의 것인지 어느 국가 어느 문화에서 생산된 표시인가를 확인시키고 싶어 한다는 개인적 · 집단적 소유본능과 영역표시본능의 의미도 추론해 볼 수 있을 것이다.

상표니 브랜드니 하는 표현의 등장과 차이는 가까운 과거의 시대적 · 지역적 표현과 사회발전으로 인한 문화적 가치의 표현가치의 절상이라고 해도 과언이 아니다. 기본적인 동기는 그 옛날이나 현대의 지금이나 한 가지 중요한 사실은 분명하고 동일한 맥락을 유지하고 있다. 개인을 둘러싼 환경이 소유한 기술과 그로 인해 생겨나는 독창성, 자신감, 전달(제품; 상품에 대한 신뢰)에 대한 진정성을 나와 내가 속한 집단 이외의 다른 사람들(구매자)에게 알리기 위함이고 배타적 독점권을 확보하려는 수단임은 분명하다.

개인이 표현한 예술적 결과물;그림에 자신의 이름 또는 특이한 흔적이나 사인, 그림의 형식으로 표시하여 후세에 명작으로 판정받는 사례도 상표, 브랜드의 개념으로 이해하면 쉬울 듯하다. 또한 이 의미는 인간의 본성, 즉 소유와 독점 욕구에 대한 확실한 표현방법 중 하나임은 틀림없다. 이렇게 유구한 문화적 본능의 세월이 흐르면서 브랜드라는 언어적 개념으로 자리 잡은 것이며, 영어권 문화의 배경에서 상업주의와 자본주의적 기반에서 출발한 것이기 때문에 우리나라에서는 상표라는 단어로 해석하여 표현한 것이다.

브랜드*Brand*라고 하는 언어 표현의 시작은 근대 미국의 개척시대에 개인의 소떼를 다른 사람이 소유하고 있는 소떼들과 분리하여 관리하고 소유의 의미를 표시하고자 하는 방법에서 유래되었다고 전한다. 그 당시 서부의 카우보이들이 거칠고 넓은 광야를 말을 타고 다니면서 수많은 소들을 내 것이라고 쉽게 구분할 수 있는 방법은 무엇이었겠는가. 소나 송아지의 궁둥이에 뜨겁게 달구어진 시뻘건 불도장(인두)으로 낙인으로 표시한데서 기인한다고 한다. 얼마나 동일한 개념인가.

광활한 벌판의 소떼의 주인이 누군가를 표시하는 것이나, 자동차와 같은 제품에 회사의 심벌을 붙이는 행위나 재료와 방법만 세련되어졌을 뿐, 오히려 환경적으로 문제를 일으키는 방법은 지금이 더 심각할 수 있다. 이 방법 또한 나의 것을 표시하는 배경은 내 것과 네 것의 차이를 두기 위한 소유본능과 구분본능이 작용한 사례가 발전된 것이다. 이러한 개척의 역사에서 시작되어 내 것을 확인하기 위한 방법은 날로 고도화 되어 법률의 개념으로 관리하고 나아가서 시각적 이미지로 경쟁하는 시대가 도래하게 된 것이다.

일상의 어느 날 TV를 시청하고 있던 중 누구나 한번쯤은 들어봄직한 유명브랜드 '샤넬'*CHANEL*의 제품 가격을 10% 인상한다는 소식을 TV뉴스(2012년 1월20일, YTN)를 통해 듣게 되었다. 나는 샤넬브랜드와 일상의 축이 다른 유형의 소비자임에도 뉴스의 소식과 함께 일시적으로 매출이 오를 수 있겠구나 라는 짐작도 같이 해 보았다. 왜냐하면 가격이 오르면 샤넬브랜드를 선호하는 소비자는 자신이 동원할 수 있는 가치수단의 재화로는 소유하기 더 어려워질 상황에 놓일 것이라는 심리가 기저에 존재하기 때문에 예상이 가능한 부분이다. 갖고 싶었던 제품을 사야 하는 적당한 이유가 마련된 것이다. 가격이 오르면 더욱 가지기 어려워진다는 사실은 납득의 상황이다.

소비자 심리에서 나타나는 희소성의 원리를 더욱 자극하게 하는 보도이다. 이런 내용도 뉴스의 기삿거리가 될 수 있다. 아마도 패션업계의 유명브랜드로서 사회적 의무와 책임을 다하는 전략적 기사화일 수도 있을 것이고, 그러한 사회적 책무의 이면에는 앞서 언급한 소비자 심리를 자극하고 관심 갖게 하려는 마케팅전략의 일환일 수도 있다.

이렇게 우리는 의류를 의류만으로 보지 않고 화장품을 화장품으로 인식하지 않고 제품을 제품으로 보지 않는 브랜드라는 무형의 가치체계로 마주하고 있다. 브랜드는 자신만의 독점적인 명칭과 명칭을 나타내는 모양;시각적 특징으로 구분하여 표시하고 전달하는데, 제품 특성의 기능상 예를 들어 보면 샤넬이 생산하는 가죽가방의 가죽 품질이 다른 무명회사 가방의 가죽에 비해서 비교도 안될 만큼 압도적으로 우수한 가죽이라서 명품의 반열에 올랐을까? 그 가죽의 소는 일반적인 식육소와는 다른 특별한 대접을 받고 자란 소의 가죽을 사용해서 명품이 되었을까? 혹시 그럴 가능성도 있을지 모르겠다. 제품을 만들기 위한 이 시대의 기술적 수준은 보편적 이해수준 위에서는 더 이상 큰 차이를 보이지 않기 때문이다.

분명 '좋다'라는 브랜드가 가지고 있는 가치에는 수많은 시간을 들여 기술을 개발하고 기술개발을 위해 막대한 투자도 했을 것이며 현재의 소비자들은 어떠한 모양과 기능을 원하는지 시대적 직관력도 동물적으로 리드해 가기 때문에 소유하고 싶은 가치를 가지게 된다. 또한 한땀한땀 제작하고 생산하는 현장 작업자들의 숙련된 기술로 만든 결과물은 우리에게 감탄을 연발하게 하는 완성도를 나타내기 때문이기도 하다. 이러한 완성도 높은 상품;제품의 사용을 통해 사용자로부터 각종 우수성을 인정받을 수 있는 인고의 시간, 노력이 있었기에 가능한 결과가 우리가 인지하고 있는 브랜드의 실체이다.

이제 현실은 그렇지 않은가. 소위 짝퉁(다른 상표를 도용한 가짜제품)과 진품을 상표부착의 노출이 없는 상태에서 전문가에게 진위구분을 의뢰해도 구분하지 못하는 경우가 생겼다. 이것 또한 우리의 현실이다. 기술적인 숙련도이든 탁월한 모방력이든 상품;제품에 대한 본질적 완성도에 변별력의 일반적 기준으로 판단이 어려울 만큼 기술은 보편화 되었다는 사실을 얘기해준다.

이것이 절묘한 브랜드가 가지는 시대적 사회적 잡음의 접점이다. 짝퉁은 진품이 투자해 온 시간적 · 물리적 · 정신적 가치의 밥상에 숟가락만 얹어 놓는 모양새이니 진품의 입장에서는 어찌 속내가 편하겠는가. 이것이 바로 브랜드가 가지는 독점적 권리이다. 충분히 이해가 되는 부분이다.

그러면 왜 샤넬*CHANEL*과 같은 브랜드에 전폭적인 신뢰를 보내고 있는가에 대해 궁금하지 않은가. 소위 우리들에게 잘 알려진 샤넬과 같은 명품브랜드나, 일반적으로 특정분야의 상품을 대표하고 전문성을 표현하는 물건에 대한 가치*Value*를 우리는 브랜드라 표현한다고 말했다. 그래서 집단적인 공감대를 형성시켜 만들어진 가치를 공유하고 인식하는 것이다.

이러한 형形이상학적 가치를 가지기 위해서는 여러 가지 필수 기본요소들이 모여서, 치밀하고 정교한 전략의 뒷받침을 받아야만 긍정적이고 특징적이고 인상(느낌)에 남는 '브랜드'라는 가치를 가질 수 있는데, 우리들에게 매우 친밀한 호감이 있거나 혹은 우수한 브랜드라는 인식의 범주안에 들게 하기 위해서는 기본적으로 준비해야 할 3가지 요소를 추출해 볼 수 있다.

브랜드이미지 형성의 기본 3요소는 [표 08]로 요약해 볼 수 있다. 첫째는 제일 중요한 요소, 즉 '제품'이 존재해야 한다. 샤넬브랜드의 경우, 연상되어 떠오르는 제품들은 고가의 의류, 화장품, 핸드백, 액세서리와 같은 제품들이다. 그리고 이 제품의 수준은 낮은 가격도 아닌 매우 높은 가격으로 형성되어 있다는 사실도 같이 인지된다.

이것은 쉽게 누구나 가질 수 있다는 생각이 들지 않는다. 그래서 더욱 가지고 싶다는 소비자의 사회적 보상심리를 자극하게 된다. 소비자는 이런 쉽게 가질 수 없는 제품을 소유함으로써 다른 사람과의 사회적 신분적 차이의 만족감을 얻게 된다고 한다. 이 이야기에 대해서는 앞으로 브랜드 디자인에 대해 이야기를 전개하다 보면 무수히 많은 브랜드를 만나게 될 것이므로 기업의 입장에서 또는 소비자의 입장에서 적용해 보면 이해에 도움이 될 것이다.

두 번째 요소로서 이름*Name*, 명칭의 요소이다. 샤넬은 세계 패션디자인 역사에 획을 긋는 업적을 보인 인물의 이름이다. 그녀의 이름이 제품명, 이제는 포괄적인 개념의 브랜드명으로 우리에게 인지되고 있는 것이다. 아마도 이 사실을 모르는 사람도 적잖이 있으리라 생각한다. 브랜드의 명칭에 대한 의미는 전달될 필요성이 중요하지 않아졌다. 의미보다는 기능적인 측면을 많이 강조하는 것이 추세이며 신생브랜드나 기존브랜드의 공통적인 이미지전략이다.

샤넬이라는 제품들이 무엇이 다른 제품들에 비해 좋고, 차별화 된다는 사실을 홍보전략 차원에서 광고로, 구전으로, 그림(표식) 등의 방식으로 무형의 감성적 이미지를 무의식적인 차원으로 전달되고 학습 당하고 있기 때문이다. 그래서 우리는 샤넬의 정도를 인지하게 된다. 그리고 소유하기를 갈망한다.

세 번째로 샤넬을 연상시키는 중요하고 기본적인 요소는 시각적인 상징물이다. 이것은 흔히 말하는 로고 또는 심벌이라는 요소인데, 상품에 표시 또는 부착되어 앞서 말한 요소들에 대한 무한신뢰를 일거에 전달해 주는 중요한 수단이자 도구이다. 뉴스에서 자주 등장하는 기사인데, 특정 나라로부터 불법 밀반입되는 '짝퉁'브랜드를 적발했다는 성과의 소식을 자주 접하게 된다. 불법 복제품*Imitation*, 가짜라는 말이다. 어느 것이 가짜인지 가만히 살펴보자. 잘 구분하지 못할 것이다.

오리지널 제품을 생산하고 관리하는 사람들조차 제품의 품질을 구별해낼 수 없는 정교하게 잘 만들어진 제품이라고 말하는 것을 무엇으로 진짜 브랜드를 구별할 수 있을까.

그 짝퉁제품에도 어김없이 샤넬과 같은 로고나 상표가 반드시 표시, 부착되어 있다. 그리고 저렴한 가격으로 지하경제에서 비밀리에 유통되고 있다. 이렇게 브랜드는 소비자들에게 신비한 힘을 전달할 수 있는 에너지를 가지고 있다. 그래서 브랜드이미지 세계에서는 상표법을 만들어 해당 브랜드가 쌓아올린 가치를 복제하여 사용하지 못하게 법적으로 통제를 하고 있는 것이다.

[참고이미지 07]
Interbrand / England

이 상표의 조형적 솔루션을 제공하는 것이 바로 디자인 영역에서 해결하는 역할이자 임무이다. 따라서 브랜드디자인을 진행하는 것은 심미적 주관성을 만드는 것이 아니라 여러 가지 복합적인 조건과 상황 속에서 대표성을 찾아내는 중요한 작업을 의미하는 것임을 우리는 알아줄 필요가 있다.

[참고이미지 08]
SAMSUNG / Korea Rep.

참고로 매년 브랜드 가치의 평가를 발표하는 인터브랜드의 자료에 따르면 세계 100대 브랜드 순위 안에 놓인 브랜드 중 우리 국적의 브랜드는 많이 눈에 띄지 않는다. 다만 좀 더 많이 보이지 않아서 아쉬울 뿐이다. 왜 그런 마음이 드는지 설명하기가 쉽지 않지만 대단하다는 생각도 함께 든다.

[참고이미지 09]
HYUNDAI Motors / Korea Rep.

100대 브랜드 중 미국이 60%에 가까운 숫자를 나타내고 있다. 전체적으로는 미국을 중심으로 유럽이 합세하여 서구문화의 주도 아래의 흐름을 읽을 수 있다. 역사적 문화적 역량인지 기술적 역량인지 유전적 역량인지 아니면, 다른 가치의 역량인지 각자가 가늠할 수 있을 것이라 판단한다.

[참고이미지 10]
KIA Motors / Korea Rep.

[참고자료 01] 세계 100대 브랜드의 국가별 대륙별 구분

/	Nations		Count		Region
1	Germany	독일	9	32	Europe
2	France	프랑스	7		
3	Netherlands	네덜란드	3		
4	Italy	이탈리아	3		
5	Switzerland	스위스	3		
6	United Kingdom	영국	2		
7	Spain	스페인	2		
8	Sweden	스웨덴	2		
9	Finland	핀란드	1		
10	United States	미국	55	58	America
11	Canada	캐나다	2		
12	Mexico	멕시코	1		
13	Japan	일본	7	10	Asia
14	Korea	한국	3		
=			100		

[참고자료 02] 2012 Ranking of the Top 100 Brands

Rank	Brand	Region/Country	Sector	Brand Value ($m)
1	Coca-Cola	United States	Beverages	77,839
2	Apple	United States	Electronics	76,568
3	IBM	United States	Business Services	75,532
4	Google	United States	Internet Services	69,726
5	Microsoft	United States	Computer Software	57,853
6	GE	United States	Diversified	43,682
7	McDonald	United States	Restaurants	40,062
8	Intel	United States	Electronics	39,385
9	SAMSUNG	Korea Republic	Electronics	32,893
10	TOYOTA	Japan	Automotive	30,280
11	Mercedes Bentz	Germany	Automotive	30,097
12	BMW	Germany	Automotive	29,052
13	Disney	United States	Media	27,438
14	CISCO	United States	Business Services	27,197
15	hp	United States	Electronics	26,087
16	Gillette	United States	FMCG	24,898
17	louis Vuitton	France	Luxury	23,577
18	ORACLE	United States	Business Services	22,126
19	NOKIA	Finland	Electronics	21,009
20	amazon	United States	Internet Services	18,625
21	HONDA	Japan	Automotive	17,280
22	PEPSI	United States	Beverages	16,594
23	H&M	Sweden	Apparel	16,571
24	AMERICAN EXPRESS	United States	Financial Services	15,702
25	SAP	Germany	Business Services	15,641
26	NIKE	United States	Sporting Goods	15,116
27	UPS	United States	Transportation	13,088
28	IKEA	Sweden	Home Furnishings	12,808
29	Kellogg's	United States	FMCG	12,068
30	Canon	Japan	Electronics	12,209
31	Budweiser	United States	Alcohol	11,872
32	JP Morgan	United States	Financial Services	11,471
33	HSBC	United Kingdom	Financial Services	11,378
34	Pampers	United Kingdom	FMCG	11,296
35	NESCAFE	Switzerland	Beverages	11,089
36	ebay	United States	Internet Services	10,947
37	ZARA	Spain	Apparel	9,488
38	GUCCI	Italy	Luxury	9,446
39	Volkswagen	Germany	Automotive	9,252
40	SONY	Japan	Electronics	9,111
41	PHILIPS	Netherlands	Electronics	9,066
42	L'OREAL'	France	FMCG	8,821
43	accenture	United States	Business Services	8,745
44	THOMSON REUTERS	Canada	Media	8,444
45	Ford	United States	Automotive	7,958
46	Heinz	United States	FMCG	7,722
47	Colgate	United States	FMCG	7,643
48	Goldman Sachs	United States	Financial Services	7,599
49	DELL	United States	Electronics	7,591
50	CIRTI	United States	Financial Services	7,570

Rank	Brand	Region/Country	Sector	Brand Value ($m)
51	SIEMENS	Germany	Diversified	7,534
52	DANONE	France	FMCG	7,498
53	HYUNDAI	Korea Republic	Automotive	7,473
54	Morgan Stanley	United States	Financial Services	7,218
55	Audi	Germany	Automotive	7,196
56	Nintendo	Japan	Electronics	7,082
57	Nestle	Switzerland	FMCG	6,916
58	AXA	France	Financial Services	6,748
59	XEROX	United States	Electronics	6,714
60	adidas	Germany	Sporting Goods	6,699
61	CATERPILLAR	United States	Technology	6,306
62	Allianz	Germany	Financial Services	6,184
63	HERMES	France	Luxury	6,182
64	KFC	United States	Restaurants	5,994
65	Panasonic	Japan	Electronics	5,765
66	Sprite	United States	Beverages	5,709
67	MTV	United States	Media	5,648
68	Cartier	France	Luxury	5,495
69	facebook	United States	Internet Services	5,421
70	TIFFANY & Co.	United States	Luxury	5,159
71	AVON	United States	Luxury	5,151
72	PORSCHE	Germany	Automotive	5,149
73	NISSAN	Japan	Automotive	4,969
74	VISA	United States	Financial Services	4,944
75	SHELL	British	Energy	4,788
76	Santander	Spain	Financial Services	4,771
77	3M	United States	Diversified	4,656
78	Adobe	United States	Business Services	4,557
79	Johnson & Johnson	United States	FMCG	4,378
80	Kleenex	United States	FMCG	4,360
81	Jack Daniel's	United States	Alcohol	4,352
82	BURBERRY	British	Luxury	4,342
83	Johnny Walker	United States	Alcohol	4,301
84	PRADA	Italy	Luxury	4,271
85	JOHN DEERE	United States	Technology	4,221
86	Pizza Hut	United States	Restaurants	4,193
87	KIA	Korea Republic	Automotive	4,089
88	STARBUCKS	United States	Beverages	4,062
89	CORONA	Mexico	Alcohol	4,061
90	SMIRNOFF	United States	Alcohol	4,050
91	RALPH LAUREN	United States	Apparel	4,038
92	Heineken	Netherlands	Alcohol	3,939
93	BlackBerry	Canada	Electronics	3,922
94	MasterCard	United States	Financial Services	3,896
95	CREDIT SUISSE	Switzerland	Financial Services	3,866
96	HARLEY-DAVIDSON	United States	Transportation	3,857
97	YAHOO	United States	Internet Services	3,851
98	MOET & CHANDON	France	Alcohol	3,824
99	FERRARI	Italy	Automotive	3,770
100	GAP	United States	Apparel	3,731

▶ FMCG : fast-moving consumer goods

Chapter 02

브랜드와 디자인

What Brand & Design is.

2.1 브랜드와 디자인, 브랜드디자인

2.2 브랜드와 브랜드디자인의 개발과 흐름

2.3 브랜드와 시각적 상징이미지와 확장성

2.4 브랜드이미지의 인식과 3요소

2.5 브랜드이미지의 인지와 과정

2.6 브랜드와 아이덴티티디자인

2.1 브랜드와 디자인, 브랜드디자인

브랜드와 디자인에 대한 표현방법과 브랜드디자인에 대한 표현과 의미의 해석은 차이를 좀 두어야 한다. 당연히 브랜드는 상표, 이제는 기업을 대체하여 의미하는 포괄적인 개념의 의미이고, 디자인은 일반적으로 시각적 조형성을 우선하여 받아들이는데 망설임이 없을 것이라 생각한다. 따라서 브랜드와 디자인을 각각 두 개의 의미로 이해하는 것이 쉽다. 그런데 브랜드디자인으로 표현하면 의미상 해석이 달라질 수도 있다.

일반적으로 디자인이라는 개념은 조형적 언어로 생각하기 쉬우나, 이제는 반드시 그렇지는 않은 시대에 놓여 있다. 디자인이라는 용어는 상당히 넓은 전문영역에서 사용하는 단어의 표현이다. 예를 들면 기업에서 인사관리를 담당하는 부서에서도 디자인이라는 표현을 사용하고, 공학과

관련되는 엔지니어들도 디자인이라는 개념의 단어를 사용한다. 이럴 때 디자인이라는 의미는 효율적인 구축, 구성, 관리 등등의 개념의 시스터메틱*Systematic* 체계적인 조직적 의미로 사용하는데, 이 원론적인 기능이 디자인의 장식적 · 심미적 기능을 넘어서 구조적인 의미를 포함하여 정의하는 수준이 되었다. 그래서 브랜드와 디자인을 붙여 사용할 경우 브랜드 자체를 구축한다는 의미로 해석될 수 있는 미묘한 언어적 표현의 뉘앙스에서 차이를 가질 수 있다.

브랜드와 디자인은 서로 다르게 분류되는 두 가지의 실체적 사실을 나타내는 표현이며, 브랜드디자인은 앞의 두 가지 기능과 성격을 하나의 개념으로 모으는 표현이다. 브랜드를 위한 시각적 상징이미지를 구축하기 위한 모든 행위와 과정으로 이해하여야 하는데, 브랜드 내 · 외부의 인적, 물적, 동적 상황에 대한 구조를 이해하고 사용자와 공급자가 편리하게 인식할 수 있는 서비스의 개념을 시각적으로 설계하는 것이라 말해야 브랜드디자인의 정의에 가까워 질 것 같다. 그래서 브랜드와 디자인, 브랜드디자인이라는 표현에서 오는 미묘한 단어의 뉘앙스를 구별해 보고자 한다. 이 책을 통해서 다루려고 하는 초점은 브랜드 덩어리 전체를 기획, 계획하는 것이 아니다. 브랜드디자인은 사용성과 편리성과 시각적(상징) 체계에 기반을 둔 브랜드이미지의 설계, 그것이 브랜드디자인이라고 말할 수 있다.

우리 주변에서 브랜드라는 표현은 언제부터인가 전문가들이나 일반인들의 입을 통해, 가슴을 통해 자연스럽게 불리게 되었다. 구체적인 시발점을 기준할 수는 없지만 피상적인 개념으로라도 브랜드라는 표현을 곧잘 접목시키는 것은 분명하다. 곧잘 듣게 되는 브랜드들은 이러한 것들이 있다. 우리가 교육받은 영역의 개념 중 가장 큰 구분에 해당하는 개념에도 브랜드라는 의미가 붙여진다. 국가브랜드라 한다. 그 국가 안에는 도시와 문화가 있기 마련이다. 도시브랜드라 하고 문화브랜드라고 한다. 도시와 마을 안에는 공공의 관계성이 성립하게 되므로 공공브랜드라 한다.

그 밖에 생활브랜드, 의료브랜드, 학교(학원)브랜드, 스포츠브랜드, 패션브랜드 등으로 브랜드라는 의미는 다양한 콘텐츠와 결합하여 해당 영역을 포괄하여 분류하는 전문용어로 자리 잡았다. 무수히 많은 콘텐츠의 분류에 브랜드라는 단어를 붙이면 OOO브랜드의 개념으로 포장할 수 있는 재료들이 주변에 많이 있을 것이다. 이때 특성과 분류의 기준을 잘 설정하여야 한다.

	수직적 개념	↔	수평적 개념
↓	기업(회사) [도시/국가]	↔	기업 ; [도시/국가] = 브랜드 (=상표)
↓	브랜드(상표)	↔	

[표 06] 기업(회사)과 브랜드의 일반적 개념과 이동

브랜드는 어떤 대상이 가지고 있는 일반적 특성을 표현하던 의미에서 일반적 특성을 가지는 브랜드들의 포괄적 개념으로 분류하는 전문적인 일반용어로 자리매김하였다. 그런데 아직 브랜드마다 갖추어야 하는 자질의 실체는 내용을 충분히 만족시키지 못하고 있다.

콘텐츠의 내용보다 과장된 브랜드의 이미지는 일종의 허구이다. 극단적으로 표현하면 사기*fake*이다. 브랜드는 무엇보다 다양하고 진실하고 진정성 있는 내용으로 구성되어야 하며, 매우 체계적인 조직력과 그에 대한 관리능력과 관심이 집중되고 뒷받침되어야 한다.

그리고 상호 관계적이고 우호적이고 생산적이고 유익하고 공익적인 요인들도 포함되어 있어야 한다. 그래야만 다른 학교, 다른 도시, 다른 나라, 다른 문화들과 다름을 강조할 수 있고, 비로소 서로의 우월성을 주장하면서 선의의 자웅을 겨룰 자격을 갖출 수 있게 된다. 이러한 내용의 콘텐츠를 갖추지 못하고 브랜드라 불리는 것은 브랜드라는 의미를 부여하기에 민망하기 때문이다.

앞의 표에서 보듯이 일반적으로 브랜드라고 인식하던 개념은 기업(회사)에서 판매하는 하나의 상품의 개념, 제품의 분류개념으로서 수직적 종속적 개념으로 이해하여 왔다면, 이제 브랜드의 의미는 기업(회사)마저도 곧 브랜드로 표현하는 개념으로 수평적 이동과 격상 및 확장을 의미한다고 보면 된다. 기업 내부의 제품관리체계에 따르는 분류개념이 아니라 기업 외부환경에서 등장하는 유사하고 다양한 특성을 지닌 집단군을 설명하는 것이고 분류하는 기준이 된 것이다. 이 브랜드와 브랜드디자인의 개념적 축을 이루는 것이 서비스의 개념이다.

따라서 국가나 도시와 같은 개념도 포괄적인 개념의 상표로서 즉, 브랜드의 개념으로 이해할 수 있을 것이다. 개념적 영역의 부피 기준을 표시하는 측정 · 측량 단위의 척도개념으로 소통을 하고 있다. mm, cm, km, mL, L, kL와 같은 단위 기능과 유사하다고 할까?

→

브랜드의 표현과 접점	주관적 연상 브랜드
글로벌브랜드	IBM, SAMSUNG, NOKIA, APPLE...
다국적브랜드	Coca-Cola, DANONE...
국가브랜드	USA, KOREA, UK, RUSSIA, CHINA... 총 237개국(세계지도정보기준)
도시브랜드	I♥NY, I amsterdam, Hi Seoul...
생활브랜드	DOVE, LION... FMCG
가전브랜드	삼성/지펠, LG/디오스, SONY/워크맨...
스포츠브랜드	나이키, 아디다스, 프로스펙스, 아식스...
패션브랜드	버버리, 프라다, 페라가모, 에르메스, 샤넬, 랄프로렌...
화장품브랜드	AMORE, AVEDA, BIOTHERM, christian dior...
엔터테인먼트브랜드	JYP, YG, SM, CJ...
애니메이션브랜드	Dizny/미키마우스, MGM/톰과제리, ICONIX/뽀로로, Pixar/토이스토리...
게임브랜드	리니지, 스타크래프트, LOL....
만화브랜드	스누피/CHARLIE BROWN, 고바우영감/김성환, 공포의외인구단/이현세...
뮤지컬브랜드	캣츠, 레미제라블, 미스사이공, 오페라의 유령, 명성황후...
소프트웨어브랜드	ADOBE, ORACLE...
식품브랜드	풀무원, 종가집, 한살림, 기코만, 하인즈...
레스토랑브랜드	McDonald, Bennigan's, TGIF, Outback...
자동차브랜드	MERCEDES BENZ, BMW, AUDI, TOYOTA, FORD, HYUNDAI...
학교(원)브랜드	Harvard, MIT, Oxford, 서울, 도쿄...
의료브랜드	SMC/삼성, 경희, 知&美, 베스티안...
...	...

↓

[표 07] 브랜드 접점의 확장과 사례브랜드의 주관적 연상

[참고이미지 11]
Les Miserables / USA

Les Misérables

[참고이미지 12]
ADOBE / USA

Adobe

[참고이미지 13]
Disney / USA

Disney

[참고이미지 14]
Jurassic Park / USA

JURASSIC PARK

▶ LOL ;
league of legends

▶ FMCG ;
fast-moving consumer goods

그 밖에 캠페인브랜드, 금융(은행,보험 등)브랜드, 백화점브랜드, 식음료브랜드, 항공브랜드, 관광브랜드 등으로 결합하여 확장 표현해 나갈 수 있다. 유사한 특성의 집단끼리 분류하여 표현해 보자.

2.2 브랜드와 브랜드디자인의 개발과 흐름

하나의 브랜드를 구축하고 시장에 선보이는데 필요한 과정은 송아지 궁둥이에 불도장 찍는 정도의 노동적인 간단한 과정으로만 끝나는 시대는 아니다. 시장에 송아지를 선보일 것인지 눈에는 보이지도 않는 산소*O_2*를 선보일 것인지와 같은 선택에서부터 시작된다. 그래서 제품의 발생과 함께 고민해야 하는 흐름의 전략이 만들어졌다. 제품은 소비자의 필요에 의해 개발되기 마련이고 기업은 소비자가 필요로 하는 제품을 생산하게 되며, 제품의 등장을 시장과 소비자에게 알려야 한다. 그래야 소비자들은 제품의 등장과 기능과 이미지에 대해서 인지하기 시작한다. 이것이 일반적이고 간단한 브랜드 개발의 흐름이다.

이러한 흐름 선상에서 브랜드의 개념은 개입이 된다. 다음의 [표 09]와 같이 체계적이고 합리적이고 보편적 형식 과정의 흐름*Flow*으로 브랜드와 브랜드이미지에게 정체성을 입히게 된다. 브랜드의 기획에서 소비자 도달까지 각 과정에는 매우 치밀한 전략과 전술이 포함되어 있는데 브랜드디자인을 이해하는 차원에서 요약하여 추출하였다.

브랜드 또는 브랜드디자인의 개발과정은 위에서 아래로 진행이 되며, 각 과정에서의 개발내용은 왼쪽에서 오른쪽으로의 흐름으로 구성되어 있다. 보통 전략적 브랜드의 개발은 이 흐름에 의해서 개발된다. 표에 따르면 전체적인 흐름 중 브랜드디자인 개발의 영역과 내용과 그리고 작용을 이해할 수 있다. 간단하게 개발단계의 위치로 보면 도표에 해당하는 과정에 위치해 있다. 개발과 생산단계에 주로 위치해 있다. 제품의 론칭 전 단계에 위치해야 하는 것이 일반적이다.

소비자에게 브랜드이미지를 형성시키기 위해서는 3가지 요소를 중심으로 접근하는데 대체적으로 제품, 명칭, 상징성을 가지고 다가간다. 제품은 브랜드를 관장하는 기업–브랜드가 곧 기업인 경우도 많다–에서 관장을 하며 명칭의 개발 단계에서는 네이밍개발 전문업체에 아웃소싱을

하여 개발하는 것이 합리적으로 판단되지만 기업 내부적으로 아이디어를 도출하여 결정하여 개발하는 경우도 많다. 이 경우의 차이는 명칭에 대한 중요성은 법률적으로 보호를 받을 수 있는 성질의 대상이기 때문에 전문가 집단의 도움은 브랜드주체의 선택이며 정체성 확보에 책임이 따르는 영역이다. 뒤에서 다루는 상표권에서 좀 더 자세히 다루겠다.

비교사례		사용문자의 일반적 경향 및 특성	
음 료	→	고딕체	모던함, 현대적, 단순함
주 류	→	명조체	장식적, 고전적, 전통적

[표 08] 음료와 주류브랜드에 사용되는 문자의 일반적 시각이미지의 특성

[참고이미지 15]
CHIVAS REGAL / USA

[참고이미지 16]
Gatorade / USA

브랜드디자인에 해당하는 상징성의 개발은 문자 또는 그림을 다루는 영역이기 때문에 전문가 집단의 역할이 강조될 수밖에 없다. 브랜드의 시각적 이미지를 형성시키는 상징물은 대개 독창성을 많이 강조하는데 독창성의 영역은 정해진 바가 없으므로 호불호好不好가 강하게 나타나는 영역이다. 그러나 많은 브랜드가 존재하는 관계로 정확한 통계로 분석하기에 어려움이 있지만 우리가 인식하는 형태와 형식의 큰 범주의 틀에서는 대체적으로 유형이 정해져 있다고 본다.

예를 들면 음료와 주류의 관계를 문자의 스타일로 구분한다면 음료의 경우 장식적이지 않은 고딕체의 문자를 많이 사용하는 경향이 있으며, 주류의 경우 음료제품의 디자인에 사용하는 문자체와는 달리 명조체와 캘리그래피(손글씨체)를 이용한 장식적인 문자를 사용한다는 일반적 특징이 나타난다. 이러한 사회적 경향이 독창성의 범주에 해당하기 때문에 개발과 판단에서 전문가의 역할이 도움이 되는 것이다.

이러한 개발과정을 통하여 브랜드이미지를 형성시키게 되는데, 개발의 순서에는 기업의 특성, 보안, 목적, 비용 등 여러 가지 이유의 원인으로 브랜드디자인 개발과정에 있어 가변성은 어떤 형태로든 존재하기 마련이다.

브랜드의 자체 기능만으로 브랜드를 유지하는 경우도 많으며, 디자인 개념을 강조하지 않으며 훌륭한 성과를 내는 브랜드도 많다. 그러나 디자인의 개념적 구조를 도입하여 훌륭한 성과를 내는 브랜드는 더 많다. 광의적 관점에서 디자인을 도입하여야 할 것인지 관찰해야 할 것인지는 브랜드 자체적 철학에 달려 있다. 합목적적인 디자인 개발의 접근에는 다양하고 효과적이고 효율적인 방법이 많다. 여러 방법론 중의 하나이다. One of Them의 의미로 폄하하고자 하는 것은 아니다.

		→ 순환	
시장변화에 따르는 요구와 제안	전략수립	시장의 조사와 분석	사회·문화적 직관
	제품(상품)기획	연구와 분석	문화적 제안
			배경의 이해
		시뮬레이션	컨셉트의 설정
개발 & 생산	제품(상품)	수익설정	시장의 이해
		가격결정	환경적 제안
	브랜드네이밍	의뢰/내부	배경의 이해
		개발/내부	컨셉트의 설정
		보고	개념적 제안 언어적 제안
		결정	
↓ 순환	브랜드디자인	의뢰/내부	배경의 이해
		개발/내부	컨셉트의 설정
		보고	개념적 제안 조형적 제안
		결정	
	홍보/광고/프로모션	개발	배경의 이해
			컨셉트의 설정
			방법적 제안
			실행
유통, 영업 & 구매	가이드라인	소비자 접촉	판매
		가격	가격재결정
피드백 & 수렴	만족도	조사와 평가	
	AS	기술적, 심리적 충족	
환원	사회적 기여		
시장의 재평가	기여의 인정	긍정의 평가	♥에 접근

[표 09] 브랜드의 개발과정과 흐름

2.3 브랜드와 시각적 상징이미지와 확장성

앞서 언급한 샤넬*CHANEL*의 사례설명에서 보듯이 하나의 브랜드는 론칭*Launching*과 함께 이미지의 형성과 상징에 대한 인식 과정의 성공 단계에 이르면 소비자들의 보편적 인지범주에 들게 되고, 브랜드(기업)는 얻어진 형성이미지를 자산으로 자연스럽게 사업내용의 범위를 점차 확대해 나갈 수 있는 발판을 마련하는 개념으로 발전되며 초기 브랜드의 기능적 개념은 축소되며 개념은 확대되는 과정을 거친다. 초기 샤넬은 사회적이고 기능적이고 파격적인 의상을 제안하는 부띠끄 살롱에서 출발을 했지만 현재의 샤넬브랜드와 비교할 때 큰 차이가 있다. 개념과 역할은 확장되고 기능은 세분화되는 과정이 브랜드의 형성과정이며 브랜드의 속성이다.

샤넬의 경우 확장성은 다양한 패션트렌드를 반영하는 문화적 코드의 분야로 제품의 범위를 세분화시켜 확장시켜 의류뿐만 아니라 대중의 패션 트랜드를 선도하는 리딩브랜드의 지위를 확보하였다. 이러한 확산과 전략을 브랜드의 세분화전략*expansional segmentation Strategy*이라 표현하는데, 일반적 브랜드의 경우 론칭에서 안정기를 거쳐 성공과 확장의 과정을 거치기 위해서는 많은 자본의 투자도 필요하지만 시대를 읽는 과정의 인고의 시간을 통과하고, 소비자들이 인지하기 쉽지 않은 브랜드(기업)의 내부적 활동의 가치까지 이해시켜야만 획득할 수 있는 독점적*exclusive* 이미지이다. 세분화는 한 개를 여러 개로 나누기보다도 여러 개를 하나로 묶는 의미가 더 합리적이다.

샤넬은 그 오래전 여성의류분야에서 파격적인 사회적 실험과 제안으로 성공의 평가를 받았지만, CHANEL No.5를 통해 본격적인 유명세를 타기 시작한다. 그래서 의류로 유명세를, 여성을 관련으로 한 각종 아이템으로 사업의 내용을 다각화시켜 사례의 사진 내용과 같이 화장품, 핸드백, 액세서리 등의 영역으로 확장시키고 관리를 철저히 하고 있다. 더불어 제품이 갖는 특성상 인간중심환경과 자연환경적 영역에까지 관심과 집중하는 브랜드의 역량을 다양한 영역에 걸쳐 샤넬의 브랜드이미지를

[참고이미지 17]
CHANEL, Gabrielle Chanel, 1925 / France

높이는데 힘쓰고 있는 모습을 보여준다. 이는 외부적으로는 사회적 공익적 역할을, 내부적으로는 경영의 수익적 차원에 이르는 포괄적 브랜드 전략의 축을 형성한다. 그래서 샤넬브랜드가 사회, 문화, 예술 분야에서 역사적으로 성공적인 평가를 받는 글로벌브랜드로서 평가받는 것이 아닌가 해석한다. 필자는 샤넬브랜드의 일상과 관련이 없는 생활패턴을 가지고 있으며 TV뉴스를 통해 접한 기사를 브랜드의 대중적 속성과 특수성을 연결시켜 예로 들기 좋은 우연한 사례로 발췌하여 설명하였다.

패션트렌드 주도 아이템의 브랜드		
		의류
		이너웨어
		향수
		화장품
		장식품
		액세서리
		핸드백
의상	→	쥬얼리
		구두
		시계
		욕실용품
		스킨케어
		피부연구
		...

[표 10] 샤넬CHANEL 브랜드영역의 확장

▶**인지 認知 perception**
자극을 받아들이고, 저장하고, 인출하는 일련의 정신 과정. 지각, 기억, 상상, 개념, 판단, 추리를 포함하여 무엇을 안다는 것.

▶**인식 認識 awareness**
일반적으로 사람이 사물에 대하여 가지는, 그것이 진眞이라고 하는 것을 요구할 수 있는 개념. 또는 그것을 얻는 과정.

[자료이미지 01] 글로벌 브랜드이미지의 사례와 생성

1870 1887 1898 1900 1900 1906 1907

1909 1909 1912 1916 1917 1919 1925

1933 1934 1935 1938 1945 1951 1952

1953 1955 1956 1957 1958 1960 1961

1961 1961 1962 1965 1965 1971 1971

1972 1974 1975 1976 1977 1981 1984

1986 1988 1993 1995 1995 2005 2012

2.4 브랜드이미지의 인식과 3요소

대체적으로 브랜드라고 호칭하는데 일반적 이해의 차원에서 큰 혼동을 일으키지 않는다. 우리에게 많이 친숙해 있는 단어이고 너무 자연스럽게 형성되었다. 대체적으로 약 20년 정도 남짓의 시간으로 우리는 브랜드에 대한 인식이 보편적으로 형성되었다고 해도 과언이 아니다. 이 브랜드는 상품(제품)에 대한 모든 것을 담아 메시지를 전달하려고 애쓰고 소비자는 전달받는다. 한마디로 소통하려하는 내용이 모두 담겨 있다. 그러나 브랜드가 무엇이냐고 질문을 받으면 잠시 머뭇거릴 수 있다. "음... 그 제품. 그거 말하는 거 아니야? 상표 아니야?" 이런 유형의 대답이 일반적일 것이다.

참 많은 의미와 내용과 기능을 내포하고 있기 때문에 짧게 설명할 수 없다. 이러한 이유의 속 내용을 잘 들여다보면 브랜드를 의미하는 제품인 상품의 실체도 발견하게 되며, 혹은 상품을 판매하는 샵마스터의 이미지도 떠오를 수 있고, 제품에 부착되어 있는 상표의 그림이나 글자도 연상되고, 기능적 품질에 대해서도 점수로 가늠할 수 있는 저마다의 경계선도 보일 것이라 연상해 보는데, 그 밖에 브랜드에 대한 수많은 사실과 허구와 사연들을 브랜드라는 보통명사이자 일반명사로 우리에게 포괄적인 메시지로 소통하고 있기 때문에 더욱 설명하기가 복잡하고 힘든 전문용어이다. 브랜드는 우리가 이해하는 이 정도로 알고 있으면 훌륭할 것 같다.

여기서 좀 더 전문적인 용어로 접근해볼 필요가 있다. 그러면 브랜드이미지는 무엇인가. 브랜드이미지는 어느 특정의 브랜드를 연상하게 되는 감성적인 표현의 단어들이 담는 '무형의 것'을 브랜드이미지로 표현하면 적당할 것 같다. 각각의 브랜드가 가지고 있는 이미지에는 여러 가지 독특한 성질을 가지고 있다. 예를 들면 첨단적이다, 정교하다, 차갑다, 따뜻하다, 부드럽다, 친절하다, 엉성하다, 강력하다 등의 다양한 연상이미지를 떠올릴 수 있는데, 이러한 이미지를 연상하는 우리들은 저마다 성별, 연차별, 계층별 다양한 차이를 가진 주관적인 사실들임에는 틀림없다. 그러나 우연이든 우연이 아니든 묘하게도 정확하게 특정한 브랜드에게 보편적인 연상의 영역;범주를 떠올리는 이미지를 가지고 있다는 것이다. 이것이 해당 브랜드가 가지고 있는 브랜드이미지이다.

그래서 브랜드와 브랜드이미지는 표현하는 내용에 있어서 차이가 좀 있다. 브랜드는 물리적 · 관념적 · 행동적 · 정서적 등의 모든 것을 담고 있는 총체적인 '브랜드 자체'의미로 이해하는 것이 맞으며, 특정 브랜드에 대해 연상되는 구체적인 감성을 브랜드이미지라고 표현해야 적절하다.

이러한 이유로 브랜드와 브랜드이미지를 분리하여 정리해 보고자 하며, 계속하여 브랜드이미지와 브랜드디자인은 상호연관성을 가질 수밖에 없는 시각적 · 청각적 성질을 포함하고 있다. 따라서 브랜드와 브랜드디자인은 또한 상호연관적 성격을 가지고 있다고 말할 수 있다. A=B, B=C, A=C의 개념이라고 할까.

정확하게도 우리는 생활 속에서 브랜드라는 표현을 총체적으로 일반적 성격의 호칭으로 사용하고 있음을 알 수 있다. 그러나 브랜드디자인을 알기 위해서 브랜드나 디자인만을 이해해서는 이해의 공식이 성립되지 않는다는 것을 추론해 볼 수 있을 것이다. 그렇다면 브랜드디자인을 이해하거나 개발하고 관리하기 위해서는 연결되는 접점들을 잘 발견해 내야 한다.

브랜드가 가지는 속성, 브랜드가 연상시키는 이미지, 브랜드를 상징하는 대상, 이 삼박자를 잘 맞추는 것이 중요하다. 브랜드를 1인칭으로 이미지를 2인칭과 일치시키고 3인칭의 관점까지 동일하게 메시지를 전달시키는 전략이 브랜드디자인의 기저에 깔려있다. 1인칭은 브랜드(기업)를, 2인칭은 해당소비자, 3인칭은 불특정다수의 모두를 의미한다.

→

	브랜드	브랜드이미지	브랜드디자인
	자체의 총체적 정의	브랜드를 떠올리며 연상되는 감성적인 표현들의 집합	브랜드에 대한 이미지를 연상시키게 만드는 상징과 체계
일반적 추론	개념적, 물리적, 전략적, 계획적, 시간적, 역사적, 경제적, 시각적, 청각적, 미각적, 촉각적, 기술적, 서술적, 풍자적, 시대적, 전통적, 기능적, 감성적, 허구적, 도덕적, 구전적, 상징적, 심미적, 공익적, 실천적, 정서적, 감성적 등	연상적, 청각적, 미각적, 촉각적, 시각적, 심미적	시각적, 청각적
	↑	↑	↑

그래픽디자인 체계로서 시각적 구조 Visual Structure & Graphic Design System

↑

아이덴티티와 개념적 구조 Identity & Conceptual Structure, Graphicology

⇕

상품 ≒ 브랜드 ≒ 브랜드이미지 ≒ 브랜드디자인 ≒ 아이덴티티디자인 ≒ CI ≒ 심벌마크

[표 11] 브랜드와 이미지와 디자인에 대한 속성과 아이덴티티와의 관계

이와 같이 브랜드에 대한 이미지를 형성하게 하는 데는 중요한 요소들이 있는데, 그 중 핵심적인 요소들을 추출해 보았다. 면밀히 들여다보면 이들 각 요소의 특징과 관계 사이에는 또 다른 세계의 매우 정교하고 세밀한 형성메커니즘*Mechanism*을 구성하고 있다. 이 3가지의 관점으로 브랜드를 형성하는 기본요소를 설명해 보겠다.

브랜드를 형성하는 3가지 요소는 제품(상품), 명칭(이름), 상징(기호)의 요소로 분류할 수 있다. 첫째, 상품(제품)의 경우를 보자. 우리는 흔히 제품이나 상품을 유형적인*Tangible* 관점에서 생각하는 생각의 습관이 있다. 그러나 좀 더 생각해 보면 고도산업사회, 첨단선진사회라는 표현으로 옮겨 갈수록 제품에 대한 개념은 무형적인 개념이 많이 강조되고 있다는 사실도 알 수 있다. 3차 산업이 서비스산업이니 무형의 상품은 당연히 있게 마련이지 않은가.

예를 들면 정보산업, 컨설팅산업, 금융산업 등 각종 무형의 서비스 영역 등에서 만들어지는 개념이 무형적인*Intangible* 제품이나 상품으로 엄연히 존재한다. 무형적인 상품의 개념에서는 또 다시 정지*Quiescence* 개념과 연속*Sequence* 개념의 상품으로 분류해 볼 수 있는데, 이 또한 우리나라가 선진산업의 구조로 가기 위해서는 무형적인 산업구조를 매우 중요하게 인식하고 평가되어야 하는 부분이다.

무수히 많은 무형의 산업의 예를 열거하지 않아도 잘 알 수 있을 것이며, 서비스산업에 대한 아쉬움과 안타까운 현실임은 대체적으로 공감하고 있으리라 생각한다. 아쉬움의 원인이야 들추자면 매우 복잡한 상황이라, 어찌되었건 디자인산업은 유형적인 산업이 아니라 무형적인 산업에 해당한다.

더불어 이 제품의 영역에는 가장 중요하게 강조되어야 할 것이 '물건 좋다'라는 평가가 따라야 하는데, 좋다는 것은 보기에 좋은 것도 포함이 되지만 무형의 성질에는 안정적인 감성과 감동을 전달할 수 있어야 하며, 앞서 얘기한 기능적으로 현실적으로 나아가 우리 환경적 관점에까지 무해할 수 있는가에 대한 기본적인 철학이 담겨 있어야 한다. 사람은, 우리 소비자는 확장되어가는 상업자본주의사회와 소비중심사회에서 교육받는 진정한 가치를 헤아리는 방법을 알아가고 있기 때문이다.

둘째, 명칭*naming*의 영역도 복잡계의 개념덩어리인데, 명칭도 브랜드이미지를 형성하는데 매우 중요한 요인으로 자리 잡았다. 상품(제품)을 소비자가 발음할 때 얼마나 인상적이고 호의적이고 내용을 압축시켜 기능적으로 불릴 수 있는가에 목적이 담겨있다.

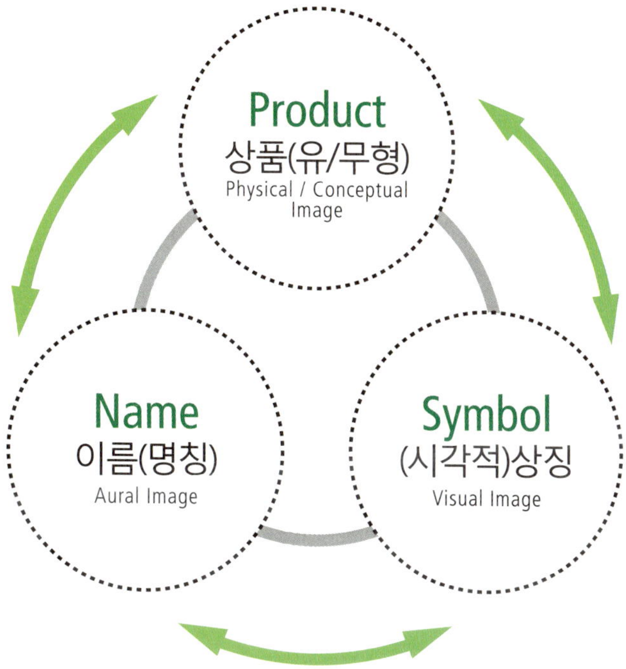

[표 12] 브랜드이미지의 인지관계와 3요소

오래되고 익숙한 브랜드는 이미 학습의 단계를 넘어선 명칭이 많기 때문에 대상이 되지 않을 수 있다. 새로운 브랜드의 명칭은 설명한 목적성을 반영하여 법률적인 안전망까지 확보를 받는 것이 현재의 브랜드명의 작업의미이다.

소비자(고객)의 마음(심리)으로부터 불리는 상품의 브랜드 명칭은 유일한 고유성을 가지고 있어야 하는데, 점차 단어선택의 법률적 보호를 배경으로 한 독점적 경쟁이 치열해져 일반명사 보통명사 등의 인식이 수월한 명칭은 제도적으로 포화상태에 이르렀다. 그래서 나타나는 명칭의 형식이 의미와 의미가 혼합된 처음 세상에 등장하는 명칭;이름이 나타나는 것이다. 처음 접하는 소비자는 사전적으로는 도저히 알 수 없는 명칭을 학습 받아야 하는 것이다. 이러한 일반적인 선택의 기회마저 줄어들어 제도권 밖에서는 변화무쌍한 트렌드의 변화를 받아들일 수밖에 없는 야생상태에 놓이게 될 수도 있다.

상표의 이름은 법적으로 보호를 받을 수 있는 성질이고, 배타적인 권리를 행사할 수 있다. 때문에 매우 신중한 과정을 거쳐 이름을 결정하는 것이 필요하다. 일회적인 히트제품(상품)을 성공시키고 사업을 접어도 되는 사안이라면 이 항목에 해당되지 않을 뿐더러, 자유로이 사용하고 싶은 이름을 붙여 상표로 사용하여도 된다. 또한 모두에게 개방되어 있는 이름을 사용하여 상표명을 이용해도 무방하다. 이 또한 자유로워 명칭에 대한 법적인 보호를 요구하거나 제재할 필요가 없는 것이다. 달리 말하면 사이좋게 모두가 같이 공유해서 써도 좋다는 의미로 해석할 수 있다. 잘 생각해서 선택해야 할 부분이다.

이제 3번째 요소인 상징에 대해서 이야기 해보자. 이 영역은 시각적으로 만족시키는 심미적인 부분이 많이 작용하는 영역이다. 상징물의 결정은 브랜드(기업)의 소유주;주체이거나 브랜드에 관여하는 다수의 구성원;집단적 오너쉽에 의해 결정되기도 하는데, 이 상징이라는 개념은 여러 가지 형식으로 구분하여 설명할 수 있다. 특성상 이 부분은 많은 이야기가 필요한 내용이므로 뒷장에서 자세하게 소개하기로 한다. 더불어 상징에 대한 특성 중 시각적 상징과 함께 청각적 상징도 있다.

[참고이미지 18]
intel / USA

4개 전후 정도의 음표를 이용하여 짧은 멜로디를 만들어 반복적으로 전달해 줌으로써 소비자들에게 상징성을 부여하는데 대표적인 사례로 인텔의 딩딩딩딩~! SK텔레콤의 딴딴따단딴~! 들이 있다. 연상이 되는가. 리듬의 영역이라 문자로밖에 전달할 수 없는 한계가 있다. 이와 같은 개념의 리듬을 사운드 로고라 부른다.

[참고이미지 19]
SK / Korea Rep.

이러해서 브랜드나 브랜드의 이미지는 우리들에게 언제 어떻게 어떤 형식으로 의식적으로든 무의식적으로든 학습되고 혹은 강요받고 있는지도 모르게 전달되고 있다. 하나의 브랜드를 효율적인 관점으로 빠른 시간 안에 긍정의 경제적으로 정량적인 목표에 다다르게 하기 위해서는 날카로운 관찰력으로 무장한 인적 자원과 적지 않은 자본력과 이 전략을 지속적으로 가동시켜 이끌어 갈 수 있는 뜨거운 열정을 가진 에너지, 그 에너지를 가진 오너쉽과 팔로우쉽이 핵심으로 작용할 수밖에 없다.

그렇지 않으면 말(입)*oral tradition*을 통한 즉, 구전전략만을 펼치면서 성공이라는 심리적 상태에 이를 때까지 생산, 판매, 활동에만 매달려야 하는 다소 힘들기도 하겠지만 순수한 상황에 놓이게 될지도 모른다. 이 경우의 브랜드는 장인정신을 강조하는 산업구조 전략에 맞을 확률이 높다. 물론 거대자본의 많은 다국적 브랜드들도 이 구전마케팅을 구사하지 않는 것은 아니나 자신만의 특별한 브랜드로 성장시키는 데는 방법도 자본도 초월하는 매우 많은 사랑이 필요하다는 의미이다. 사랑이라는 단어를 특별히 대체할 단어가 없다.

브랜드는 냉혹하고 치열한 열정과 함께하는 매우 오랜 시간의 투자로 인해 형성되는 것이기에, 거시적 판단과 치밀한 전략과 전술에 소홀하면 '화무십일홍花無十日紅'을 면치 못하는 것이 혹자의 인생이라는 브랜드의 특성과 유사하다고 비유해보고 싶다. 평판이라는 단어를 대입해 보면 어떨까.

다른 각도의 관점에서 브랜드를 이야기하자면 제품의 강점–튼튼/저렴/푸짐 등–하나의 특성만 가지고 승부하는, 브랜드의 개념이 필요 없는 시장도 많기는 하다. 그러나 예상되는 성공의 확신이나 사세의 확장과 경영을 해야 하는 상황이 오게 되면 이러한 개념적 시스템은 반드시 필요해 지는 것이고, 대부분의 성공한 브랜드나 브랜드이미지가 구축되는 특징은 이 3가지의 요소를 중심으로 발생되는 가치 활동들을 튼튼히 지키고 관리하고 있다는 공통점을 가지고 있다.

상품Merchandise / 제품Product	
유형적 개념 Tangible	무형적 개념 Intangible
정지적 의미 Quiescence / 연속적 의미 Sequence	정지적 의미 Quiescence / 연속적 의미 Sequence
고추장, 된장 등 식품류	의료
약(품)	교육
의류, 신발 등	통신
집, 주택	금융, 보험 등
스마트폰, TV, 냉장고 등 가전	문화
자동차	법률
선박	여행
화장품	서비스
...	...

[표 13] 상품(제품) 개념에 대한 인식과 구분

위의 표에 나열한 제품;상품의 의미는 좌우 대칭적 개념을 설명하려는 것이 아니다. 우리 생활 주변에서 발견할 수 있는 흔한 제품을 연상, 나열해본 것이며 순서상 의미도 없는 제품군들이다. 수직적 방향의 개념으로 단순 나열한 사례이며, 우리가 인식하고 있는 상품의 종류와 개념은 일일이 나열한다는 것이 무의미하다. 무수히 많은 제품개념 중 의도적 구분기준에 맞추어 간략한 표로 제품 유형의 개념을 정리해 보았다.

▶이미지image란?

심상心想, 표상表象, 내적內的 부재상不在象, 인상印象, 형상形象 등으로서의 의미뿐만 아니라 대상물에 대한 개인의 감정이나 태도, 평가, 연상 등의 심리적 요인까지 통합한 개념으로 사용된다. 오늘날 이 용어는 개인의 이미지, 정치가와 정당의 이미지, 기업의 이미지 등 매우 폭넓게 사용되고 있다. 그러나 이미지의 개념은 아주 추상적이고 애매할 때가 더 많다. (정시화, 그래픽커뮤니케이션디자인; 미간행 시각디자인 교재, 104p, 국민대학교 조형대학 시각디자인학과, 1996)

2.5 브랜드이미지의 인지와 과정

다음의 그래프는 브랜드이미지가 소비자 또는 우리에게 인지되는 일반적 과정에 대한 흐름을 설명하기 위하여, 단면적 내용들을 연결하여 다이어그램으로 표현하였다. 브랜드이미지를 연상하게 되는 각 단계별*Stage*로 핵심 형성요인을 구분하여 나누어 보았다. 브랜드이미지를 형성시키는 기본요소를 중심으로 소비자에게 전달되는 물리적 개념적 단계와 시간적 흐름의 과정을 다른 공간과 같은 시간에서 이루어지는 내용을 분리하여 설명한 것이나 전 과정이 하나의 통일된 흐름의 개념은 아니다.

그래프의 윗부분을 구성하는 핵심요소를 중심으로 하여 확산되는 연쇄적 활동으로 이루어 아랫부분 도착과 반복까지는 시간과 장소의 개념이 일치하지는 않으며, 부분적으로 각각 영역과 역할은 분리되어 작용하며, 수평적 또는 수직적 상호 영향을 주는 의미이다. 복잡하게 얽히게 그림을 겹쳐 놓으면 알아 볼 수 없으나, 겹쳐진 그림마다 하나의 레이어*Layer*로 이해하면 명료하게 분리되어 있는 상황이라는 것을 알 수 있다. 경우에 따라서는 겹쳐있고 경우에 따라서는 분리되어 있는 관점의 표현이다. 브랜드이미지가 우리에게 인지되는 기나긴 시간과 단계의 공간에서 일어나는 활동을 하나의 그래프로 펼쳐보고자 하였다. 도표의 크기처럼 같은 공간, 짧은 거리이거나 적은 시간으로 이루어지는 간단한 과정으로 이해하기에는 매우 많은 내용과 의미를 포함하고 있어 각 영역과의 관계를 연결시켜 가면서 이해해야 한다.

브랜드이미지를 구성하는 기본적인 성질의 3가지 요소가 확정이 됨과 동시에 본격적으로 브랜드의 개념으로 시장 활동이 이루어진다. 흔히 이를 마케팅 활동이라 말한다. 브랜드디자인은 제품에 실려져 시장을 통해 소비자에게 1차적으로 전달되기도 하지만, 미리 계획된 전략을 통해 브랜드이미지를 경쟁시장에 진출시키는 방법과 비교해 보면 시간과 노출에 있어서 인식에 대한 성공을 약속할 수 없다. 그래서 브랜드는 노출전략을 수립하는데 그에 필요한 마케팅 방법은 무수히 많이 전술로써 행해지고

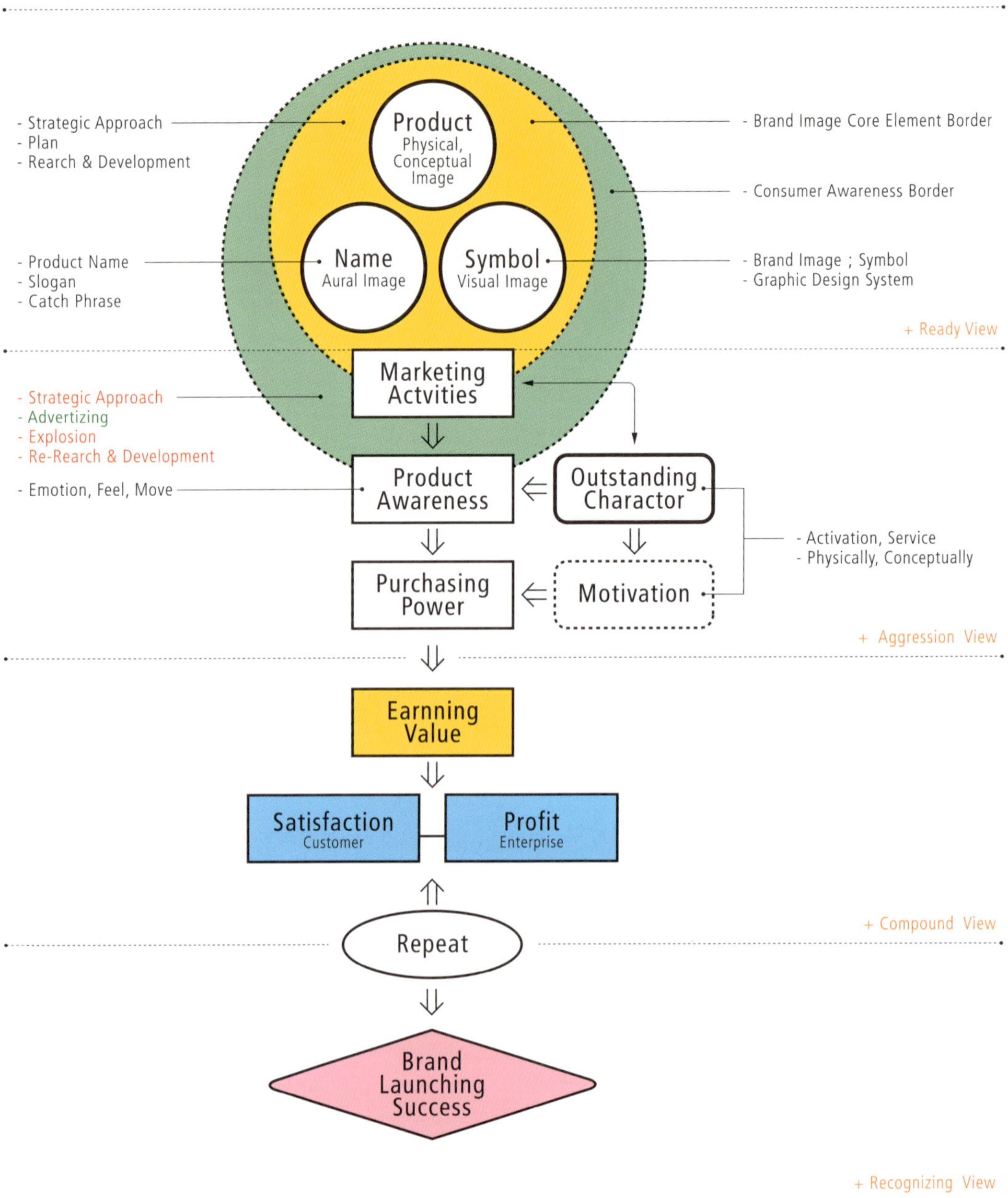

[표 14] 브랜드이미지 인식의 형성과 다면적 구조

있다. 당연히 자본의 뒷받침이 수반되면 브랜드이미지 형성의 확산 속도는 투자의 양에 비례할 수 있다. 브랜드디자인의 틀에서 이 내용은 많은 마케팅개론서로 대신한다.

해당 브랜드는 다른 브랜드와 차별되는 사건이 만들어지거나 의도하지 않은 동기가 작용하여 이미지에 대한 소비자의 관심을 작동시키기도 한다. 이때 발생되는 되는 동기는 우연과 긍정의 요인이며 시장 활동의 수단으로 확장시킬 것인지는 브랜드의 마케팅 전략에서 선택할 사안이다. 그러나 우연의 동기는 제품이나 브랜드의 인식과 구매에 예상치 못한 영향을 미치게 된다. 계획된 일반적인 시장 활동의 프로세스에 부스터를 장착하는 의미로 해석될 수 있으나 과정을 잘 관찰해야 한다.

이러한 일반적 프로세스와 함께 우연하고 특별한 주변적 결합의 동기를 통해 소비자는 더욱 호의적이고 만족스러운 브랜드이미지를 소유하게 되며, 브랜드는 자체적인 가치의 이미지를 얻어 상승시키며 수익으로 연결하게 된다. 이러한 프로세스의 반복은 브랜드와 이미지를 인식시키는데 성공으로 이끌게 된다. 브랜드이미지를 형성하는 핵심 3요소 중 디자인 요소에 해당하는 구체적인 내용과 역할에 대해서는 브랜드디자인의 시각적 체계에서 소개한다.

소비자의 필요와 시장의 요구는 상품(제품)의 생산의 계획을 작동시킨다. 이 생산계획의 과정이 형성되는 단계에서 대체적으로 조형적 개입도 필요로 한다. 제품 자체에 대한 기능적 · 구조적 · 조형적 설계의 계획이 포함되기 때문인데 제품 자체에 대한 디자인 개념은 제품의 성질로 포함하였으며, 3가지 요소에서의 디자인 개념은 제품과 관련된 이미지를 연상시키는 상징성을 갖는 디자인 개발과 과정을 의미한다. 두 가지 요소에 걸쳐져 있는 디자인적 개념은 상호간에 영향을 줄 수 있는 역할을 다하기도 한다. 상품이 만들어지고 명칭이 붙여지고 상징성이 결정됨과 함께 시장 활동에 필요한 전략을 준비하고 완성하게 된다.

경쟁적인 시장에서 벌어지는 활동은 상품과 상품간의 경쟁이기도 하지만, 브랜드와 브랜드, 사람과 사람과의 경쟁관계의 논리이기 때문에 경제적 · 물리적 관계적인 충돌에서 피할 수 없는 적극성을 나타내어야 하는 영역이다. 수립한 계획에 따라 차근차근 진행되는 일반적인 업무형태의 과정은 필수 기본적으로 행해져야 하는 것이지만, 상황의 변수에 노출되는 계획은 수립단계의 의미를 일시적으로 긍정적 또는 부정적으로 흘러가게 만들 수도 있다. 그레이샴의 법칙 '악화는 양화를 구축한다.'그렇다면 '양화는 악화를 구축할까'라는 흥미 있을 법한 의미로 해석해 보면 반드시 단면적인 효과만 있는 것은 아니다. 적절한 시기에 나타나는 기회요인을 잘 활용하는 전술적 기지가 필요하기도 하다.

브랜드 Brand	+	디자인 Design
	=	
마케팅 Marketing	+	시각이미지체계 Visual Image Structure
	⇑	
	아이덴티티 Identity	

[표 15] 브랜드와 디자인의 기능적 역할과 의미

이러한 복합적인 구조 속에서 소비자는 생활에 필요한 가치를 얻게 되며, 브랜드(기업)는 긍정의 경제적 가치를 획득하며, 반복 순환적 구조는 브랜드에 대한 인지과정을 통해 인식의 단계에 이르게 만든다. 거대 자본이 뒷받침하는 브랜드와 일반적으로 자본력이 약한 브랜드 중, 경쟁에서 우위를 점할 수 있는 브랜드는 어떠한 요소를 강조해야 할까. 그 핵심요소가 핵심 중의 핵심이었던 시기가 있었다.

2.6 브랜드와 아이덴티티디자인

업무상 흐름의 맥락으로 관찰해 보면 브랜드와 디자인이라는 표현 중, 디자인과 브랜드의 개발 프로세스의 관점으로 볼 때 대개는 디자인의 개발이 주로 후차적인 과정에 놓여 있으므로 종속적*Post*인 개념의 표현으로 이해하는 것이 적절하다고 겸손하게 표현해 보고 싶다. 시각적 이미지 개발 관점으로 볼 때의 표현이다. 그러나 후차적인 과정에 있는 작업이라도 선차적인 내용에 대한 전체를 이해하지 못하면 후차적인 작업이 제대로 이루어지기가 쉽지 않다. 그러니 전체의 과정에 같이 공유될 수밖에 없으며, 소비자의 요구와 시장의 필요조건에서 선행되어야 하는 사안이 디자인의 개념으로부터 출발하는 경우가 우리 인식을 지배하기 시작하였다. 결론부터 얘기하면 아이덴티티디자인은 브랜드의 필요선택적인 조건으로 하나의 맥*Flow*인 셈인데 대체적으로 브랜드를 론칭시키고 성공시키기 위해서는 디자인이 필요충분적인 조건으로 바뀌게 된다.

브랜드 Brand	⊃	브랜드디자인 Brand Design
브랜드(기업)의 이미지를 바탕으로 이윤추구를 위한 총체적인 활동 : Branding	⊃	시각적 상징이미지를 전제한 활동

⇓

하나의 특징적이고 지속적인 (시각적)이미지를 형성

[표 16] 브랜드와 브랜드디자인의 관계와 이해

세상은 변화하고 그에 맞춰 어떤 특정한 개념은 때때로 확장되기도 하는데, 브랜드디자인이 그러한 예에 해당하는 것이라 말할 수 있다. 브랜드를 형성시키고 브랜드에 언어적 · 시각적 이미지를 입혀 소비자와 소통할 수 있게 만드는데, 이러한 브랜드 개발과 형성의 활동 중심에는 '이미지'라는 공통적인 표현이 있다. 이 이미지는 단어의 일반적 속성상 시각적 기능을 더 강조해서 해석하기 마련이기 때문이다.

1960~70년대 성공가도를 누리던 일본의 디자인경영기법이 브랜드와 디자인에 대한 개념적 이론을 잘 설명해주고 있다. 시각적 이미지, 그 중에서도 상징적 체계에 대한 접근을 소비자에게 인식시켜줌으로서 대내외적인 경영 전반에 효과적인 결과를 나타내었다는 평가를 받았다. 그래서 CI/BI디자인은 기업경영상 마케팅 분야의 한 방법론으로 전성기를 누리게 된다. 그리고 보편적으로 적용되기 시작하였다. 이 시작의 디자인 개념이 한국으로 수입된 DECOMAS; *Design Coordination as a Management Strategy*이다. 당시 일본 경제의 성공가도와 함께 했던 디자인의 역할에는 대표적인 기업이미지 디자이너 '나카시니 모토오'라는 대표적인 인물이 있었는데, 이를 다시 새로운 개념으로 정리하여 'NEW DECOMAS; *Design Conscious Management Strategy*' 의미로 격상시켰다. '경영전략으로서의 디자인 코디네이션'*Design Coordination as a Management Strategy*의 개념에서 '경영전략으로서의 디자인에 대한 인식'*Design Conscious Management Strategy*으로 전환하는 '인식'이라는 중요한 의미를 담고 있다. 우리 사회와 브랜드에서 강조하는 '인식'이라는 중요한 키워드가 등장한다.

이어서 한국의 기업들도 자신들만의 기업경영기법의 하나로써 저마다의 기업들에게 시각적 이미지(체계)를 본격적으로 도입하게 되는데, 국내의 경우도 많은 디자인 사례를 남겼다. 특히 금융권의 은행들이 대표적으로 우리의 기억에 상징이미지(체계)들을 남겼다. 또한 대기업, 중견기업들을 위주로 기업이미지를 주로 도입하였다. 여기에서 구축된 시각적 상징이미지 또는 이의 체계를 아이덴티티디자인*Identity*

*Design*이라고 말한다. 기업의 정체성을 시각적 상징(체계)으로 정리하여 소비자를 포함한 외부의 요인에게 긍정적 이미지를 전달하고, 긍정의 경제적 효과와 가치를 획득하려는 전략적 방식이 아이덴티티디자인의 도입인 것이었다. 아이덴티티디자인은 뉴욕의 L&M;*Lippincott & Margulies*라는 디자인 회사의 월터 마귤리스*Walter Margulies*가 이 개념의 용어를 도입하면서 일반화되기 시작하였다. 물론 DECOMAS에서도 아이덴티티의 개념을 핵심 가치체계로 설명하고 있다. 이 책에서도 데코마스가 설명하는 CI개념의 아이덴티티 틀을 기초로 브랜드디자인을 설명하려고 한다.

차츰 기업이미지디자인에 대한 관심은 일반 소비자에게까지 확장되었으며, 비슷한 시기에 서구문화의 국내대중화와 미국의 디자인영향과 함께 발전 과정을 밟으면서, 기업의 이미지디자인은 두각을 나타내었고 기업이미지디자인은 기업에서 제품으로 하향 확장되어 적용되기도 하고, 제품은 기업으로 상향 확장되어 커다란 개념의 상표로 시각적 영향을 포괄하게 되었다. 아이덴티티디자인에서 브랜드디자인으로 연결하여 표현하는 배경은, 설명한대로 디자인 역할의 발전과 확장성의 유사한 사회적 인식의 맥락으로 볼 수 있다.

/	기술記述적 의미
브랜드디자인	: 아이덴티티디자인 전문영역에 대한 진화적 표현 : 브랜드의 아이덴티티를 상징하는 시각적 디자인
아이덴티티디자인	: 브랜드이미지의 시각적 기본상징체계를 형성하는 전문적 기술技術의 정의

[표 17] 브랜드디자인과 아이덴티티디자인의 관계

중요한 사실은 지금 지칭하고 있는 브랜드디자인은 이러한 아이덴티티디자인(흔히CI/BI)이라는 시각적 체계의 역할이 축을 이루고 있다는 것이다. 아이덴티티디자인의 시각적 체계를 기초로 접근하는 것이라 브랜드디자인이 한 단계씩 확장되는 개념은 동일하므로 사회적 인식을 더하여 유사하게 해석하면 이해가 쉬울 것이다.

가만히 생각해 보면 브랜드의 속성상 시각적 요인이 매우 중요하게 작용하는 것은 브랜드 개념의 형성 동기에서 이야기한 인간의 본능적인 속성과 유사하게 닮아 있다. 결국은 브랜드는 카우보이가 자신의 송아지들을 식별하는 수단에서 출발했듯이, 사회 속에서 집단과 문화와 성질을 식별하게 해주는 기능은 아주 옛날이나 지금이나 다를 바 없는 기능적 역할을 하고 있다. 이러한 인간본능적 사회본능적 기질을 상업적으로 적용시키고 발전시킨 결과가 **DECOMAS**의 기능이었고 아이덴티티디자인의 개념이었고 브랜드디자인으로 확장된 것으로 판단한다.

▶케빈 로버츠 Kevin Roberts
CEO Worldwide,
Saatchi & Saatchi, Love Mark

혹자는 브랜드디자인을 재확장시켜 러브마크*Love Mark*라고 표현하고 집중하여 설명하기도 한다. 러브마크의 개념은 브랜드가 가지는 특성 중 높은 고객충성도에 해당하는 상표만이 가지는 특성들과 집합으로 해석한다. 더 나아가 브랜드라는 표현도 현재의 우리와 소비자 심리와 정서를 일반적인 의미로만 담기에는 불충분하다고 판단하여 '사랑'의 개념을 담아서 표현해야 한다는 주장을 내놓는 것이다. 그만큼 브랜드와 이미지와 디자인에 대한 소비자의 충성도를 수용할 수 있는 존재여야 한다는 것이다.

전체적으로 다시 정리해보면, 브랜드디자인이라는 용어는 과거에서부터 있었던 것이 아니었다. 과거에는 브랜드라는 용어로 통용되었다. 그리고 우리의 의식 속에 포괄적으로 시각적 상징(체계)인 디자인에 대한 개념이 포함되어 있어 왔다. 그러나 우리는 그것을 분리해 생각하지 않았던 것뿐이다. 그리고 브랜드에 대한 시각적 상징(체계)에 대한 정의는 별도로 시각디자인이라는 전문적인 전공분야에서 개념과 프로세스와 조형적인 차원으로 발전해 왔다. 이제까지 우리가 들어보았음직한 경영전략의 일환으로서 인식**DECOMS, CI/BI** 또는 아이덴티티디자인으로 시각적 상징체계를 발전시켜 왔고 확장시켜 왔다. 브랜드라는 한 가지의 공통된 사실을 두 개의 다른 각도에서 표현해 온 용어적 개념이 자연스럽게 브랜드와 아이덴티티디자인, 브랜드와 디자인, 브랜드디자인으로 접근되었다고 추론한다. 환경은 브랜드디자인이라는 표현으로 극히 자연스러운 운명적 결합을 이끌어냈다.

현재도 많은 사람들이 CI/BI개발 과정에서 탄생시키는 시각적 상징(체계)물은 해당 브랜드로 연결시키게 하는 시각적 매개 역할을 하게 있으며, 따라서 아이덴티티디자인은 브랜드의 시각적 체계를 이루는 기본적이고 필수적인 체계로서, 총체적인 브랜드를 개발하는 과정에서 반드시 필요한 부분의 필수요소로 인식되고 있다. 이것이 현재에 브랜드디자인으로 자연스럽게 호칭할 수 있게 진화해 온 사실의 흔적인 것이다.

↓	→	Branding (All of Activities for Making a Brand)	←	↑
↓		BRAND		↑
↓		Brand Image		↑
↓		Brand Design		↑
↓		Identity Design (CI/BI/EI/UI...)		↑
↓		Basic Design System / Application Design System ; Graphic System		↑

[표 18] 브랜드와 아이덴티티디자인의 관계와 개념적 연결성

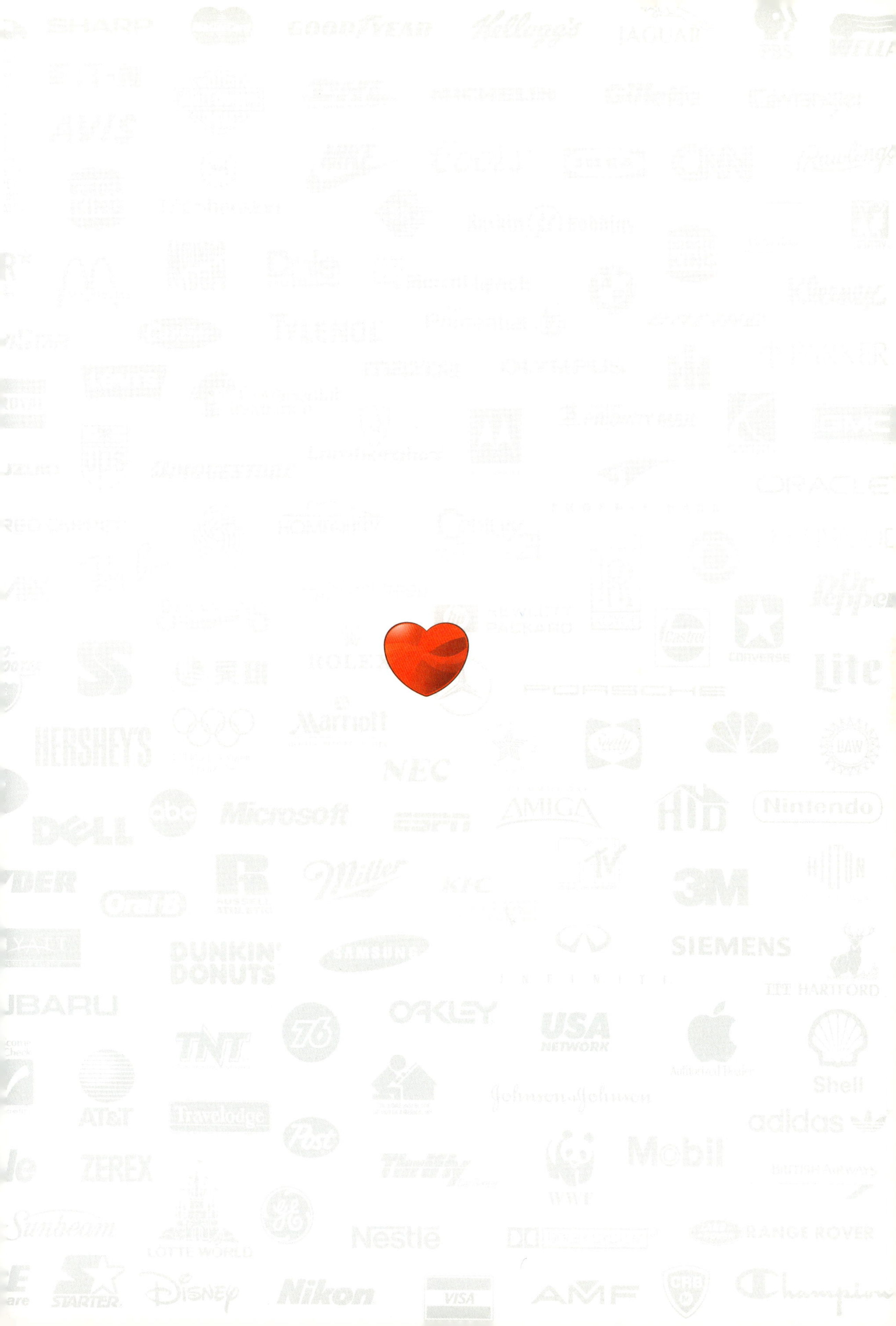

EUROOPAN UNIONI
EUROPEISKA UNIONEN
IDENTITY

Chapter 03

아이덴티티 디자인이란?

What is Identity Design?

3.1 아이덴티티란? Identity
3.2 아이덴티티디자인과 마케팅믹스
3.3 우리나라 아이덴티티디자인의 개념과 시작
3.4 아이덴티티디자인 개발의 주요내용

3.1 아이덴티티란? Identity

번거롭더라도 네이버*NAVER*의 사전으로 아이덴티티*identity*의 의미를 다시 한 번 검색해 보자. 찾아보면 신원, 신분, 정체, 좀 더 아래로는 '동질성'이라고 해석되어 있다. 이 표현은 미국에서 수입된 영어권 언어의 개념으로서, 앞서 이야기한 시각적 이미지를 기업(브랜드)의 경영전략의 일환으로 활용하기 위한 방법의 핵심의미이며, 기업에 이 의미를 대입했을 때는 '기업의 정체성'*Corporate Identity*이라고 해석할 수 있다. 또는 '브랜드의 정체성'*Brand Identity*이라고도 말할 수 있다. 시각적으로는 '이미지의 일관성'으로 해석해야 한다.

[참고이미지 20]
NAVER / Korea Rep.

이 단어를 2가지 경우의 디자인적 관점으로 구분해 보면 정체성은 추상적 의미에 해당하는 성질이며, 일관성은 시각적 체계의 표현으로 인해 균일하게, 일정하게, 같은 형식의 이미지로 보이게 하는 구상적인 의미로 해석할 수 있다.

↓	identity	↓
정체성 正體性	↔	일관성 一貫性
개념적 접근 Invisible	↔	시각적 접근 visible
브랜드(기업)의 기질, 성격, 성향, 성질	=	시각적 체계
포괄적, 내면적	=	표면적
…	=	…

[표 19] 아이덴티티(디자인)의 2가지 해석과 이해

앞서 이야기한 브랜드는 아이덴티티디자인의 사전적 의미의 속성과 연관시켜 정리하여 연결시킬 수 있다. 아이덴티티디자인은 정체성과 일관성을 강조하는 시각적 시스템인데, 브랜드는 이러한 시각적 기능성을 강조하여 자기이미지에 대한 상승의 탄력을 받게 하는 에너지를 제공받는

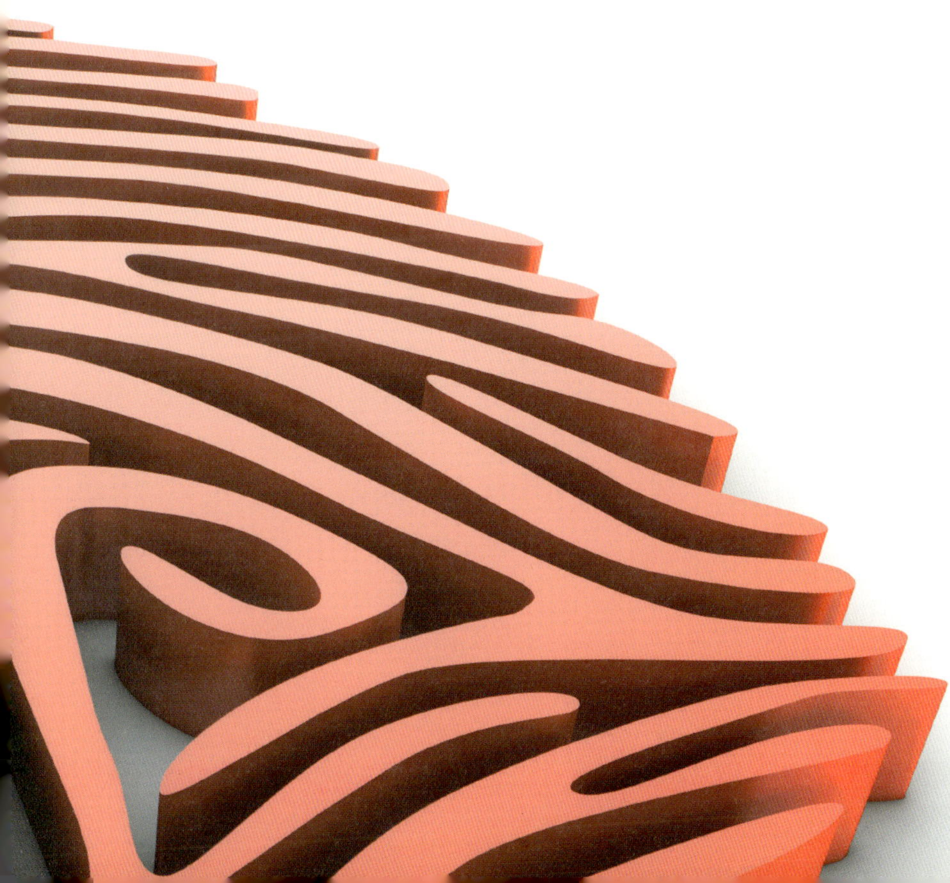

관계이다. 그래서 브랜드와 이미지, 디자인과 아이덴티티의 관계는 상호 연관적으로 해석할 수 있는 것이다. 과거 아이덴티티디자인이라는 표현이 발음하기 어려웠던 시절 사회적 조형적 발전의 인식을 거치며 브랜드디자인이라는 발음하기 쉬운 표현으로 전환될 수 있는 중요한 접점이 여기에 있는 것이다.

그래서 아이덴티티란 브랜드의 정체(성), 회사의 정체(성), 혹은 개인의 정체(성)로 직역할 수 있는데, 바로 이들에 해당하는 정체(성)에 대한 표현이며, 대표적 알림(홍보)의 표현수단이 디자인(시각적 체계)이 되는 것이다. 즉, 시각적 상징이미지로 대표성을 갖게 하고, 상징의 표현 체계를 통해 일관된 시각적 메시지를 전달하는 것인데, 이 아이덴티티디자인의 개념에는 시각적 정의만 있는 것이 아니다.

정체성;아이덴티티 개념의 도입과 성립의 초기에는 3가지의 키워드로 요약되었다. 하나는 이미 언급한 가장 대표적인 요소로 시각적인 아이덴티티(VI/*visual identity*)이며, 둘째는 행동의 의미로서 아이덴티티(BI/*behavior identity*), 셋째로는 의식(정신)적 의미로서 아이덴티티(MI/*mind identity*)를 구성하여 NEW DECOMAS를 정의하였다.

그런데 디지털 환경의 도래와 확장에 따라 지금은 온라인 환경에 대한 중요성을 강조하여 웹아이덴티티(WI/*web identity*)의 개념까지 추가되어 4가지 관점으로 이해하여야 한다는 것이 현실적인 분석이라고 주장하는 사람도 적지 않다. 혹자는 이 4가지 요소에 더하여 최고경영자CEO의 아이덴티티(PI/*president identity*)까지 언급하는 사람도 있으나, 아직 현실적으로나 학문적 체계로 뚜렷하게 인정하지 않는 경향도 있으며, 기능의 활동성과 적용성에 따라 브랜드이미지를 형성시키는 요소로 굳이 분류하여 정의할 필요가 없는 듯하다. 개념의 학문적 정리는 낡은 시대적 소산이거나 굳이 분류하여 정의할 필요가 없는 공공연한 사실이며 필요의 의미를 찾지 못하는 것이라 여기는 듯하다. 브랜드이미지나 아이덴티티를 형성하는 커다란 틀 속에서 첨삭의 의미는 미미한 논쟁 정도의 사안이므로 포함시키든 포함시키지 않든 현실에 영향을 미치지 않는다는 생각이다. 생각해 보면 회사나 브랜드의 정책수립과 결정은 최고경영자의 결정을 중심으로 움직이기 때문에 정책결정권자의 철학이 반영되는 것은 자연스러운 것이며 일리가 있어 보이는 분석의 견해이기는 하다. 그러나 대체적으로 3가지 핵심의 분류구조에 동의하는 편이다.

시각적인 부분은 디자인(조형적 작업의 결과물)의 개발로서 막대한 시간적 · 정신적 · 심미적 노동의 과정으로 존재하게 되는 것이고, 행동적인 내용과 의식적인 내용은 관계자들에게 일관된 메시지를 전달하고, 전달받은 메시지를 동일하게 이해함으로서 동일한 행동을 하게끔 해야 하기 때문에 구성원에게는 많은 교육을 통해 훈련과 시간이 인식의 의지가 필요한 부분이다. 그래서 사내에서는 구성원들에게 밀착하여 다가갈 수 있게끔 체계적이고 다양하고 흥미롭게 구성된 컨텐츠의 교육을 통해서 동일한 정체성을 찾아가게 만드는 것이 포괄적 접근에서의 브랜드(기업)아이덴티티 개발이며 핵심이라고 말할 수 있는 것이다.

그러나 우리나라에서는 일반적으로 이 체계에 대한 인식의 확장은 많이 이루어졌으나, 거대 자본을 배경으로 한 중견 대기업들로 이루어지는 경향이 많기 때문에 자본력이 막강하지 않은 자기브랜드의 소유나 홍보가 필요하지 않은 중소기업이 이러한 시스템을 수용하기에는 쉽지 않은 것이 현실이기도 하다. 이유는 중소기업의 특성상 투자할 수 있는 자본과 관련된 물적, 인적 인프라가 부족한 상황에서 쉽지 않으며, 많은 중소기업이 원청과 하청의 지배구조(B2B, OEM)를 가지고 있으면 더더욱 이러한 브랜드 전략의 필요성을 느끼지 못하고, 자기브랜드 개발의 필요성을 느끼고 있으나 구조적으로 보류할 수밖에 없는 것이 보다 현실적인 실정이다. 왜냐하면 소비자들을 직접 찾아다니는 브로드한 대외적인 활동을 할 필요가 없고, 브랜드의 도입과 확장에 다른 리스크 관리가 부담스러울 수도 있기 때문이다.

[참고이미지 21]
구 우신전자, 신 PASECO
/ Korea Rep

PASECO

그러나 중소기업이라 할지라도 소비자를 대상으로 브랜드(B2C)를 창출, 유통시키는 회사에게는 브랜드디자인에 대한 개념을 잘 적용하면 글로벌브랜드로 성장해 가는데 많은 도움이 될 수 있으며 필요하리라 생각한다. 자기만의 고유 시각적 이미지를 만들고 구축해 갈 수 있으며, 경영성공에 이를 수 있는 가능성의 기반을 마련하게 될지도 모른다. 아니, 된다고 본다. 된다. 개념의 과포장이라고 생각할 문제가 아니다. 이제는 자기PR을 강조하는 시대도 지나가고 있는 흐름이기 때문에 역설적으로는 자기이미지 확보는 기본이 되어야 한다.

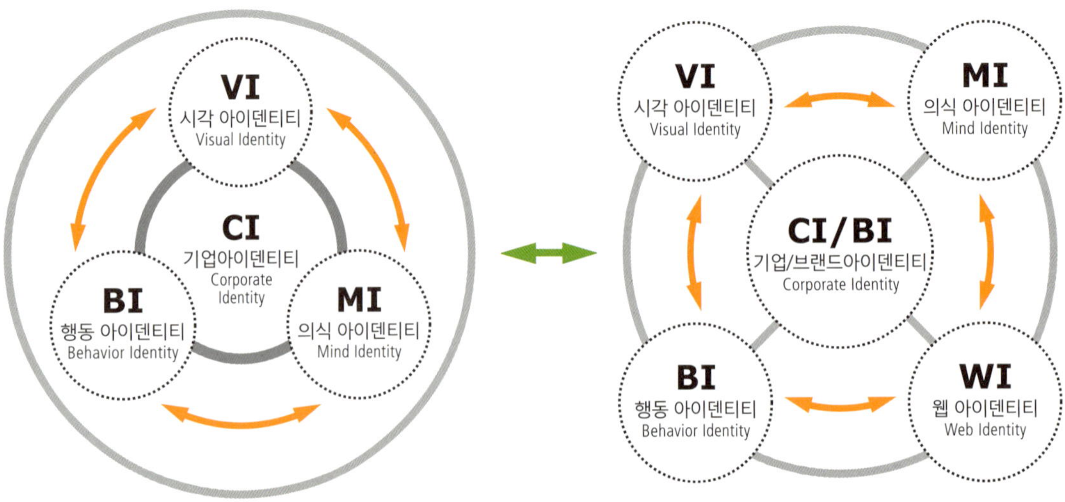

[표 20] 아이덴티티 개념의 체계와 디지털 환경의 생성으로 인한 아이덴티티의 요소의 변화 관계

또 다른 이유는 개발 필요성에 대한 인식부족에서 오는 문제도 상당하다. 예를 들자면 특별한 의미의 만남이 있고 지속되어야 한다고 생각해 보자. 이 만남에는 적절한 형식이 필요한 자리들의 연속인데 어떤 스타일의 옷을 입어야 하는지 설정해 보자. TPO, 시간*Time*과 장소*Place*와 여건*Occasion*에 맞는 옷을 입혀 놓아야 하는 자리인 경우이다. 형식의 공감을 통해 내용의 공감을 얻어내는데 동의할 수 있는 경우에 해당되지 않을까. 그러나 적절한 스타일의 의상코드를 설정해 놓아도 스타일이 계속 유지되어야 하는데 그렇게 되기 힘든 경우가 많아서 초기적인 디자인 개발과 적용단계에서 멈추게 되는 것도 지금 현실의 어려움이고 풀어야 할 요구자의 역량이다.

▶B2B : Business to Business

▶B2C : Business to Customer

▶DECOMAS : Design Coordination as a Management Strategy

▶NEW DECOMAS : Design Conscious Management Strategy

결론적으로 자기 아이덴티티를 찾는 작업은 기업이나 브랜드의 크고 작음에 관계없이 모두 해당될 수 있는 것이며, 현대에는 이러한 시각적 이미지를 이용한 방법으로 소비자와 소통하는 방식이 매우 강조, 강화되고 있다는 사실이 중요하다는 것이다. 이제는 '소문난 잔치에 먹을 것 없다' 이기보다는, '보기 좋은 떡이 맛도 좋다'는 말이 더욱 근거 있는 시대적 맥락을 대변하고 있는 세상이다.

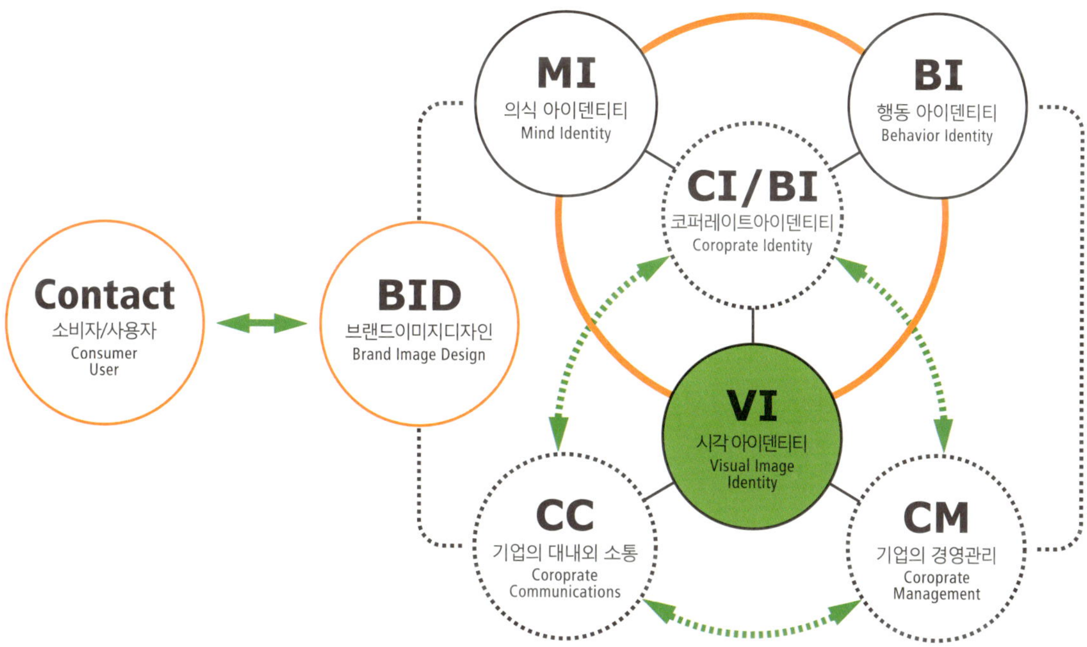

[표 21] 시각 아이덴티티를 중심으로 하는 브랜드(기업)의 작용과 소비자 접촉

[표 21]처럼 아이덴티티에 대한 이해의 정도도 확장을 하게 되는데 이러한 전체적인 환경이 아이덴티티디자인을 강조하기도 하지만 이러한 각각의 영역을 하나로 묶어 브랜드라는 개념으로 발전시키고 있다는 것이 지금의 추세이다. 따라서 브랜드는 이와 같은 아이덴티티의 개념을 기본으로 형성되며 아이덴티티의 형성은 시각적 요소를 중심으로 브랜드의 전략을 전달하는데 집중하고 있는 것이다.

3.2 아이덴티티디자인과 마케팅믹스

아이덴티티의 개념을 앞 단락과 같이 이해한다면 아이덴티티디자인은 브랜드(기업)에 대한 구체적 요소들을 대상으로 시각적 일관성을 형성시키는 작업, 브랜드(기업)가 계획하는 전략에 따라 적절한 심벌마크와 효과적인 시각적 체계를 구축하는 작업이 아이덴티티디자인이다. 이렇게 상징이미지(심벌, 로고)를 만드는 것에는 기업이나 브랜드에 대한 '정체성' 찾기의 의미와 '일관성'이라는 표준화된 시각적 형식을 가지게 된다는 두 가지 의미를 부여할 수 있다. 이 두 가지 성격으로 소비자들에게 목적한 브랜드이미지를 완성시켜가는 중요한 도구가 되기 때문에 매우 본질적인 키워드의 결합이다.

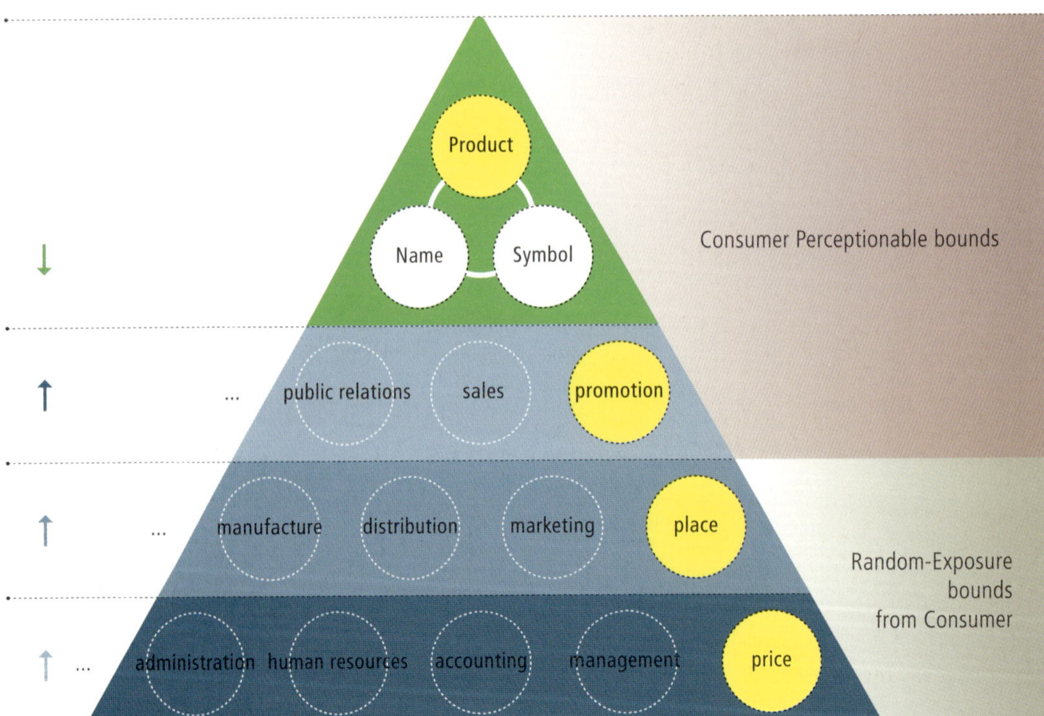

[표 22] 브랜드(기업)이미지와 시각상징체계의 노출과 소비자와의 인지접점

디자인의 개발을 통해서 완성된 가장 핵심적이고 상위의 개념인 시각이미지를 심벌마크 또는 로고라고도 부르는데, 우리는 이 그림의 형식체계를 통해서 브랜드에 대한 모든 정보를 전달받게 되고 신뢰를 전하게 된다. 해당 브랜드에 대한 핵심적인 내용을 우리 주변에서 흔히 접하게 되는데 다음 표와 같이 각 영역별로 세밀하게 관찰해보면 소비자가 쉽게 많이 인지할 수 있는 영역과 생산자가 주로 인지할 수 있는 영역을 나누어 관찰할 수 있다. 해당하는 환경에서 놓이게 되는 모든 디자인 적용매체를 대상으로 조형적 작업을 하는 것이 아이덴티티디자인의 기본적 기능이며, 이 개발 행위를 시스템*System*구축 또는 프로그램*Program*이라 부른다.

이 디자인시스템에는 조형적인 성격을 강조하고 있지만, 내용적인 영역에서는 브랜드(기업)의 마케팅 개념과 연결되는 부분을 매우 많이 전제한다. 디자인의 특성상 시각적 이미지는 마케팅 활동의 전면에 놓이기 때문에, 가장 중요한 요소로 상품(제품)이 있어야 하고, 가격이 있고, 유통이 있으며, 홍보가 있어야만 상품(제품)을 소비자들에게 인식시키고 품에 안기게 할 수 있다. 이때 소비자(고객)에게 중요하게 작용하는 요인으로 이미지가 있는데, 해당하는 이미지를 어떻게 포지셔닝*positioning*(자기좌표형성과 인지)시키는가가 바로 브랜드의 전략이자 마케팅활동에 해당한다. 해당 마케팅 활동의 성격을 시각적으로 전달해 주는 것이 아이덴티티디자인이자 브랜드디자인이라고 설명하고자 하는 것이다.

마케팅과 브랜드는 매우 밀접한 관계형성의 논리에 있다. 마케팅 활동은 브랜드를 인식시키기 위한 활동이라 표현해도 과언이 아니기 때문이다. 마케팅은 상품을 대상으로 활동하는 것에서 브랜드를 대상으로 움직이는 것이라고 정의해도 되는 일반성 속에 있다. 마케팅개론에서 등장하는 믹스이론은 중요한 시장에서의 핵심가치를 설명해 주고 있다. 이들 핵심가치와 소비자와의 생성 접점을 연결시켜보면 브랜드이미지의 핵심요소와 만나는 접점을 구분하여 발견할 수 있다. 마케팅 믹스와 브랜드이미지의 핵심 요소에 만나는 접점은 상품을 중심으로 교차하게 된다.

시장은 물건이 있어야 존재하는 공간이며, 브랜드에도 물건이 있어야 성립되는 개념이기 때문에 둘 사이의 교차점은 상품영역에 위치할 수밖에 없다. 상품을 중심으로 확산되는 가치 개념은 각기 다른 형식으로 전개된다. 상품을 중심으로 한 브랜드는 명칭과 상징을 가지며, 시장은 가격, 유통, 홍보의 역할로 전개된다. 그런데 시장에서의 핵심기능은 브랜드에 대한 이미지를 결정짓는 소비자의 인지환경과도 맞닿아 있다.

[표 23] 마케팅믹스4P와 브랜드의 관계

더하자면, 브랜드가 아이덴티티디자인의 체계*System*를 도입하여 브랜드이미지에 필요한 시각적 전략을 구축하는 이유에는 다음과 같은 몇 가지 대내외적이고 사회적인 배경을 가지게 마련이고 필요한 상황에 놓이게 된다.

① 브랜드(기업)의 사회적 환경변화에 대처
② 브랜드(기업)의 기능적 심미적 활동에 따르는 이미지의 차별화 어려움 해소
③ 브랜드(기업)의 대형화에 따른 분권화, 체계화 필요
④ 제품의 다양한 분화전략에 따르는 이미지전략 요구
⑤ 효율적인 커뮤니케이션 수월성
⑥ 시각이미지의 라이프사이클의 단축; 노후화
⑦ 국제적 코드의 이미지 충족 등의 다양한 이유의 배경이 있다.

▶The four P's of marketing

4P전략(product, promotion, place, price)의 4개로, marketing mix의 대표적 요소. 단순히 4P's라고도 한다. 기업이 기대하는 마케팅 목표를 달성하기 위해 마케팅에 관한 각종 전략 · 전술을 종합적으로 실시하는 것. 현대 마케팅의 중심 이론은 경영자가 통제 가능한 마케팅 요소인 제품, 유통경로, 판매가격, 판매촉진 등 이른바 4P를 합리적으로 결합시켜 순환시키는 것을 말한다.

* 네이버 지식백과 인용

3.3 우리나라 아이덴티티디자인의 개념과 시작

우리나라 격동의 근대사와 함께 디자인 문화는 수입된다. 그리고 자체적인 토양의 문화적 특성을 바탕으로 발전한다. 다양하고 유익한 문물은 물리적 · 정신적으로 가난하고 궁핍했던 이 땅에 대한민국의 광복과 한국전쟁을 전후하여 경제적 원조와 사회적인 배경의 계기로 들어오기 시작한다. 지은이는 3공화국의 '경제개발 5개년계획'의 산업화 시동시기에 유 · 소년기를 보냈던 세대이기 때문에 우리의 사회성장 배경에 대해 막연하게 회상해 볼 수 있다. 내가 산으로 들로 뛰어 다니면서 유 · 소년기를 보내던 시절에 지금 이야기하려고 하는 역사적인 의미가 있었다는 이 구조적 사실들을 미리 인지할 수 있던 여유가 있었더라면 얼마나 좋았을까 라는 망상에 사로잡혀 본다.

아무튼 보릿고개를 갓 넘기는 경제적 수준을 가진 즈음 디자인이라는 문화현상은 70년대를 통과하면서 급속도로 우리 생활문화 속에 관여하게 된다. 디자인을 세계사적인 관점으로 관찰해 보면 이미 서구 선진국인 유럽과 미국에서 심지어는 일본에서도 통합적인 개념의 디자인을 적용하는 작업이 이미 필요하다는 사실을 인지했다는 것이 우리가 극복할 수 없는 현실이라는 것이 현재 나에게 아쉬움과 분함의 감정이다. 그러나 짧은 시간에도 불구하고 많은 성장의 결과는 산업화의 결과만은 아니다. 우리 디자인도 우리의 문화적 토양에서 질박한 발전을 이루었다. 그러나 양적인 발전이라는 견해에 한 표 던진다. 앞에서 언급한 일본의 경제성장에 따른 가치문화 현상들이 수입되는데 그 중 하나가 바로 디자인 개념이다. 잠시 개인적인 상념을 이야기했다.

다시 돌아와서, 물론 그 이전의 우리 근대사에서 디자인, 조형적 역할이 없었던 것은 아니다. 미술이나 예술의 의미로 표현하던 미약한 시기가 있었다. 광고(디자인)를 예로 언급하자면 조선말 대한제국의 시점까지 흔적을 찾아갈 수 있지만 도안, 응용미술 나아가 디자인이 개념의 형식을 갖추는 모습이 나타나는 시기는 그다지 멀지 않은 시기에 아이덴티티디자인의 역사도 있다. 그곳에 바로 우리 아이덴티티디자인 개념의 시작점이 있다. 당시 아이덴티티디자인의 대표적 성과는 대기업과 금융기관을 포함한 중견기업을 위주로 한 시각이미지를 개발하는 CI를 중심으로 퍼져 나가기 시작했기 때문에 응용미술 또는 산업미술의 관점에서는 하나의 디자인 표현방법 정도로 인식되었던 시기였다. 그래서 아이덴티티디자인이라는 명칭도 발음하기 쉽지 않을 뿐더러 필기하는데도 짧지 않은 기다란 문자구조는 낯설 수밖에 없었다. 대체 표현으로 CIP, CIS라는 개념으로 아이덴티티디자인을 이해하는 수준이었다.

이 표현은 당시 경제 · 문화 강국이었던 일본 디자인 문화에서의 접근방식인 '신新경영전략으로서 디자인 인식 New DECOMAS'를 수입하는 과정에서 시각적 영역만 강조된 개념으로 이해한다. 본질적이고 기능적인 경영전략에 대한 개념을 강조하기 보다는 조형적 결과물에 관심이 집중되었기 때문에 CI, CIP와 같은 표현이 익숙해진 것이다. 알고 보면 이니셜이 나타내는 의미가 아이덴티티였는데도 깊은 이해를 하지 않았던 것이다. 물론 시각이미지를 결정하기 위해서는 기업 활동의 목표나 목적의 의미에 부합하는 디자인을 선택한 것은 당연했을 것이기 때문에, 이러한 개념의 확립과 내용에 대한 전달과 설득에 대한 공감적 갈증은 더욱 심했을 것이라 추측한다.

이러한 이해는 우리나라 사회 · 문화 수준의 양적 질적 성장과 함께 일본문화의 영향력에서 서구(미국)문화의 영향력으로 중심축이 옮겨가면서 미국 디자인문화의 영향으로 자연스럽게 아이덴티티디자인에 대한 이해를 깊게 하도록 유도한다. 물론 우리나라 디자인 스스로도 일본 디자인문화에 의한 경험적인 사실을 배경으로 핵심 개념을 받아들일 수 있는 준비와 호기심이 충만해지는 질적 수준에 이르렀기 때문이라고 생각한다. 더불어 세계는 미국의 팍스아메리카나 기치아래 시장의 확장과 글로벌리즘은 강조되기 시작하였고, 이 거대한 흐름을 수용할 수밖에 없는 상황에서 우리나라의 경제적 폭발력도 디자인 발전에 한몫을 했다. 그러나 지금은 수요와 공급의 불균형으로 인한 공급이상과잉현상으로 디자인에 대한 역할은 문화적 · 경제적 가치하락의 고비를 맞는 비판적인 현상도 있으며, 디자인 장르를 더욱 구체적으로 분할, 세분화시키는 긍정적 역할도 하고 있다.

70년대 후반을 지나면서 80년대와 함께 서구(미국)의 대중적 문화현상의 정의와 키워드는 포스트모더니즘이 주류로 등장하는 시기였는데, 포스트모더니즘의 개념적 특징인 불균형적인 다양성의 조화와 함께 미국의 디자인 문화의 수입은 아이덴티티디자인을 더욱 개념적으로 이해시키는데 영향을 준다. 이즈음 이미 미국이나 세계 디자인의 흐름을 이끄는 디자인 거장들은 이때와 이전의 모더니즘시대의 인물들이었다. 체이스맨해튼 뱅크, NBC를 디자인한 아이반 세마이예프*Ivan Chermayeff*, IBM을 디자인한 폴 랜드*Paul Land*, AT&T의 솔 바스*Saul Bass*, I♥NY의 에이프릴 그레이만 등 많은 디자이너와 회사들이 그래픽디자인과 아디덴티티디자인을 성공적인 결과와 함께 선도하게 된다.

[참고이미지 22]
CHASE MANHATTAN BANK, NBC, AT&T / USA

이러한 국제적인 상업자본주의의와 신자유무역주의에 발맞춰 교육도 디자인의 개념을 넓히는데 한몫을 다한다. 80년대 초반부터 불기 시작한 유학의 훈풍이 일어나기 시작한 후 현재까지의 결과는 교육으로 인한 문화적 수입의 영향도 아이덴티티디자인 개념의 확립에 많은 영향을 끼쳤다고 볼 수 있다. 그리고도 시장은 팽창하고 치열한 경쟁구조에서 아이덴티티디자인은 기본의 시각적 형식으로 자리 잡고, 개념이 강조되는 브랜드의 의미가 더욱 중요하게 인식되는 시기가 온 것이다. 그러나 디자인 역할의 현실적 시장가치는 반비례하는 결과를 초래하고 있다.

3.4 아이덴티티디자인 개발의 주요내용

아이덴티티디자인 개발과 시스템의 구성은 크게 3단계로 설정할 수 있다. 가장 기본적인 내용이며 과정이며, 가장 상위 개념의 상징물(심벌마크/로고)을 개발하는 단계로 시작한다. 이 시각상징물이 개발되고 결정됨에 따라 비로소 기획된 브랜드에 적합한 시각이미지를 쌓아 나가는 시각적 초석이 만들어지는 셈이다. 그런데 이 초석을 아무렇게나 놓게 해서는 안된다. 결정된 이미지가 가지는 최상의 조형적 컨디션을 유지하기 위해서, 정해진 위치와 서로간의 배치, 크기의 조정, 색상의 활용 등 여러 가지 사용규정을 마련하게 된다. 이러한 룰을 만드는 것이 초석과 함께 기둥을 세우고 집의 골격을 잡는 핵심적인 작업단계로 이해하면 된다. 이 단계까지를 기본체계*Basic System*라고 부른다. 브랜드이미지디자인의 기본체계, 아이덴티티디자인의 기본체계, 혹은 베이직시스템이라고 부른다.

이 기본체계를 세우고 나면 좀 더 구체적인 적용 대상들이 줄을 잇는다. 세부적인 사항에는 구성하려는 필요대상에 따라 매우 다양한 내용의 그룹으로 구성되어 있다. 내부에서 사용해야할 부분, 외부에 노출시켜야 할 부분, 더리는 전국 또는 전 세계를 돌아다녀야 하는 이동수단까지도 있을 수 있다. 이러한 구체적 적용 대상들에게 일관된 시각이미지로 적용될 수 있게끔 체계를 세우는 작업이 연속적으로 이어진다. 이 개발과정을 응용체계*Application System*라 한다. 이 응용체계를 설정할 때 기본체계의 다음단계로 생각되는 것은 당연하나 경우에 따라 상호 보완적인 조형적 역학관계를 이루면서 세밀한 부분의 오류를 점검하게 된다. 따라서 동시적으로 기본과 응용의 상호적 체계에 좋은 조형적 실마리를 제공할 수 있고 시각적 체계로 자리 잡게 할 수 있다.

▶CIP : Corporate Identity Program

▶CIS : Corporate Identity System

이 두 과정을 통과함으로써 우리가 세우려고 하는 상상 속 이미지의 집은 비로소 형태를 갖추게 된다. 이 단계까지는 관계된 내부구성원과 개발자 일부만 볼 수 있는 집의 개념이다. 여기까지는 집의 구조와 모양을 결정짓는 시각적 계획의 단계였다.

그러면 다음은 당연히 실제로 집을 짓는 단계로 넘어가야 한다. 이것을 시공이라 하며 실제적용이라 한다. 실질적인 물리적 제작비용이 들어가는 단계이다. 브랜드(기업)관계자와 디자이너는 설정된 범위를 확인하고 적절한 재료를 선택하여 계획한 시각이미지가 표현되도록 진행한다. 대체적으로 금전적인 투자가 들어가는 부분이므로 신중하게 판단하여 효과적으로 선택하도록 유도한다. 제작과 설치 후에는 되돌릴 수 없는 상황이 되므로 여러모로 검토의 과정을 거쳐야 한다.

기본체계와 응용체계의 수립을 통해서 제작을 하게 되는 과정을 설명했는데, 제작을 정확하게 실행하기 위해서는 일종의 지침서;사용서;활용서;시방서와 같은 개념의 정리된 자료가 필요하다. 구두전달로 업무를 진행하기에는 브랜드의 특성상 한계가 있을 수 있다. 그래서 만드는 것이 매뉴얼인데, 우리는 여기에 시각이미지 표준화작업*Standardization*이라는 제목을 붙이게 된다. 이 매뉴얼에는 브랜드를 상징하는 심벌마크(또는 로고)를 중심으로 이루어지는 기본체계와 기본체계를 적용할 다양한 매체들의 집합인 응용체계에 해당하는 내용들을 어떻게 사용해야 하는지 자세하게 수록되어 있다. 영어적 표현으로는 매뉴얼*Manual*, 순화시키면 디자인적용지침서로 표현하는데, 실제 현장에서 활용하는데 매우 정확한 내용을 담고 있으며, 반드시 담아야 한다.

이 일련의 개발과정들은 브랜드를 상징하는 시각적 일관성을 소비자들이 인지시키고 전달받을 수 있게끔 하는 전략적인 과정이다. 그래서 개발의 시간과 과정과 비용도 적지 않게 들어간다. 여기서는 커다란 흐름으로만 설명하기로 하고, 각 단계별 구분에 해당되는 내용은 그림 자료와 함께 뒤에서 다시 설명하도록 하겠다.

/	Structure	구 성 내 용
Step I	Basic [Design] System	- 심벌마크(로고), 워드마크 등의 유형 - 국·영문 로고타입 - 국·영문 좌우상하 시그니처 - 전용서체 - 그래픽패턴(캐릭터) 등
Step II	Application [Design] System	- Stationery (명함, 레터헤드, 대소봉투 등) - Package System 포장류 - Vehicle 차량류 - Uniform 유니폼류 - Sign System(signage) 등
Step III	[Design] Manual	- Basic System 사용규정 - Application System 사용규정 - 공식 활용 데이터 - 책자의 형식과 온라인매체의 형식 등
Step IV	Working & Building	- 소재확인과 선택 - 제작비용과의 관계 - 규정 데이터 준수 - 안전성과 환경시공 등

[표 24] 아이덴티티디자인의 개발내용과 단계

PI
HI
UI
EI
BI

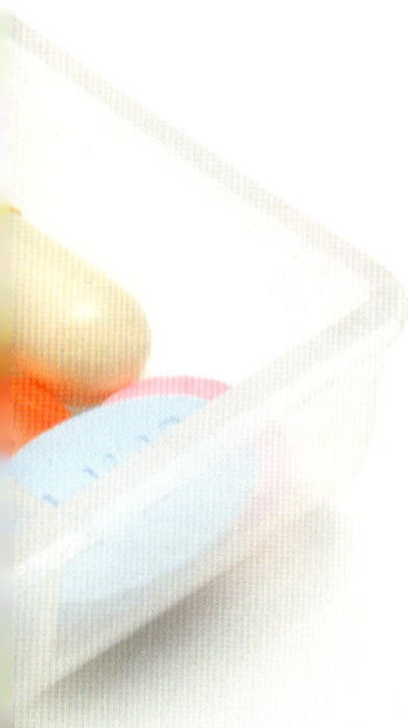

Chapter 04

아이덴티티 디자인의 분류와 이해

Classification of Identity Design

4.1 아이덴티티디자인의 언어적 표현과 의미

4.2 아이덴티티디자인 표현의 유형

4.2.1 CI

4.2.2 BI

4.2.3 EI

4.2.4 UI

4.2.5 HI

4.2.6 PI

4.2.7 WI

4.2.8 기타

4.1 아이덴티티디자인의 언어적 표현과 의미

CI·BI 또는 CI디자인회사라는 말을 심심치 않게 듣고 편하게 말한다. 그리고 이 책의 앞에서도 수도 없이 표현과 의미에 대한 언급을 반복한다. 이처럼 항상 용어의 정의에 대한 이해를 통해서, 내용을 이해할 수 있고 배경을 추론할 수 있듯이, 왜 현재 우리는 CI라는 표현이 특정 디자인 장르의 보편적 표현단어가 되었을까 질문하지 않을 수 없다. 궁금함을 늘 가져왔고 다양한 내용에 해당하는 표현방법이 있는 데도 불구하고 아이덴티티디자인의 대명사가 된 사회적인 배경에 대해서 생각해 보면, 알아보고 싶고 재밌는 공부가 될 수 있다고 생각한다.

이 단락에 해당하는 표현상 언어적 의미의 설명이 영어권 국가가 아닌 우리나라에서만 있는 문화적 현상일 수도 있다고 생각한다. 보편적으로 영어권 국가에서는 통칭 그래픽디자인에이전시 정도의 표현으로 접하게 된다. 그런데 우리나라에서는 앞서 언급한 바와 같이 일반적으로 CI·BI라

는 표현으로 가장 많이 알려져 있고 CI디자인회사로 많이 소통한다. 상당히 함축적이고 기능적인 표현이라 생각한다. 대표성만을 강조하여 소통하는 방법이 좋지 않은 방법이라 생각하지는 않는다. 단지 덧붙이고 싶다면 내용에 대한 이해도 부탁한다는 노파심에서 따져보고 싶은 것이다.

첫 번째 이유는 디자인 문화가 수입되는 과정에서 대표적인 프로젝트의 형태가 국내의 대기업을 대상으로 가장 많은 이루어진 시각이미지표준화작업 CIP*(Corporate Identity Program)*, CIS*(Corporate Identity System)*디자인이라는 이유로 인해 다른 여러 개념의 아이덴티티디자인의 대명사가 되었다고 추론한다. 아이덴티티디자인의 속성을 이해하면 내용상 적용하기에 모호한 사실을 발견하게 되므로 관행적으로 대표하여 사용하고 있는 것으로 판단한다. 어찌보면 우리나라에서는 아이덴티티디자인의 개념이 자리 잡기 이전에 중견기업을 중심으로 도입이 된 언어적 표현의 이니셔티브*Initiative*라고 봐도 무리가 없을 듯하다. 지금도 아이덴티티디자인의 개념이 확립되지 않았음에도 불구하고 브랜드디자인으로 넘어가려고 하는 것은 표현의 기능면에서 역할을 다하지 못하고 있기 때문이라 판단한다.

두 번째는 아이덴티티디자인이라는 단어를 정확하고 자연스럽게 발음하고 소통하기에는 우리나라 사람들의 문화적 구강구조로는 쉽지 않은 사회적 습관을 갖고 있음이 분명하기 때문에 더욱이 명칭의 인식에 어려움이 있었다고 추측을 해본다. 씨아이피. 씨아이. 아이덴티티디자인. 코퍼레이트아이덴티티디자인. 발음만으로 비교해 보아도 청각적 촉수가 어느 방향으로 작동하는지 알 수 있을 것 같은 느낌이다.

또한 짧게 축약하여 표현하기를 좋아하는 오늘날 현대인들의 습성에 비춰볼 때 발음상의 길이가 좀 긴 것도 사실이다. 따라서 짧게 부르면서 포괄적인 의미전달까지 할 수 있는 기능성까지 더해져 지금과 같은 소통형식으로 고착화되었다고 판단한다.

따라서 요인이라면 발음상 쉽게 발음할 수 있는 단어도 아니기 때문에 브랜드 또는 브랜드디자인이라는 용어로 변화해 가는데 더욱 수용성면에서 가속시켰을 수도 있다고 생각한다. 물론 현실적 흐름이 표현의 변화를 이끈다는 사실에 수긍함에도 불구하고 좀처럼 쉽게 불릴 수 없는 사실에 대해서 정확하게 알고 넘어가자는 차원에서 마음이 편하지는 않다.

아이덴티티디자인은 위와 같이 사회적 문화적 기능적 등의 원인으로 우리에게 보편화되지 못하고 브랜드의 확산과 함께 브랜드디자인으로 자연스럽게 이동하게 되는 순서를 밟고 있다. 결과적으로 아이덴티티디자인이라는 표현은 대중적으로 확산되지 못하고, CI에서 브랜드디자인으로 변화되는 과정이라 이해해도 과언이 아니다.

	표현의 변화		표현의 이해
↓	Mark	→	상표Trademark, 마크Mark, 메이커Maker
↓	CIP, CIS	→	Corporate Identity Program, Corporate Identity System
↓	CI/BI	→	Corporate Identity, Brand Identity
↓	Identity Design	→	CI
↓	Brand Design	→	Brand Design
↓	?		ex) Love Mark

[표 25] 시각적 이미지체계에 대한 표현의 발전

4.2 아이덴티티디자인 표현의 유형

아이덴티티디자인이라고 정의하고 표현하는 배경에는 다양한 의미들을 내포하는 이니셜 표현들이 있다. 이를 축약하여 문자로 나타내는데, 이때 제일 많이 듣고 발음하게 되는 이니셜 표현이 아이덴티티디자인의 대표주자 'CI'이다. 이유는 앞서 언급한 바와 같이 사회적 · 문화적 배경이 작용했다.

아이덴티티디자인을 개발하는 기업이나 디자이너 입장에서 보면 프로젝트의 성격에 맞게 정의하고 구분하여 호칭하는 것이 프로젝트에 대해 더욱 정확한 이해의 모습을 보여 줄 수 있을 표현으로 보이기도 하지만 전문가적인 인상은 후차적이더라도 디자인을 필요로 하는 요구자에게 정확한 개념을 전달해 줄 수 있는 중요한 표현적 선택이기 때문에 애써 구분을 해보고자 한다. 사실과 자기정체에 대한 이해를 담고 있기 때문이다.

축약형 표현에는 기본적으로 아이덴티티디자인이라는 표현의 'I'의 이니셜은 계속 공통적으로 사용된다는 것을 알아차릴 수 있다. 하지만 프로젝트의 성격에 따라 첫 글자 위치에 자리하게 되는 이니셜은 다양한 프로젝트의 정체성을 나타내는 대표 이니셜로 자리할 수가 있는 것이다. 의도적으로 정확하게 구분해서 표현하는 문화사회적 습관에 길들여 있지 않다보니, 구체적이고 정확한 의미의 이니셜을 사용해서 오히려 궁금해 하거나 낯선 상황이 연출될 때도 더러 있다.

다음의 표를 참고로 아이덴티티디자인의 축약형 표현인 이니셜을 이해하는데 도움이 되기를 바란다. 이니셜 표현을 이해한다는 것은 프로젝트의 정체를 정확하게 이해할 수 있다는 의미도 되기 때문에 구분하여 살펴보면 정체성을 이해하는데 도움이 될 것이다. 어간*Stem*의 기능에 해당하는 부분과 어미*Prefix*의 기능에 해당하는 부분으로 구분하여 이해의 수월함을 위해 도표형식으로 정리해 보았다. 도표사례 밖의 상황에 필요한 적합한 표현이 필요할 경우, 표현 단어를 변화시켜 정확한 디자인 개발의 의미로 소통할 수 있는 구조의 결합방식인 것이다.

Sorts of Initial Words	Full Word	
	Meaning of Prefix	Meaning of Stem
CI	**C**orporate **C**ommunity **C**ompany **C**ity **C**ollege **C**ampaign **C**EO **C**oncept **C**LUB ...	**I**dentity
BI	**B**rand **B**ureau ...	**I**dentity
EI	**E**vent **E**nvironment ...	**I**dentity
FI	**F**oundation	**I**dentity
HI	**H**ospital	**I**dentity
SI	**S**tore	**I**dentity
PI	**P**ersonal **P**romotion **P**ublic **P**resident **P**ark **P**roject ...	**I**dentity
TI	**T**eam	**I**dentity
UI	**U**niversity	**I**dentity
WI	**W**eb	**I**dentity
....	...	...
VI	**V**isual	**I**dentity

[표 26] 아이덴티티디자인의 축약형 표현의 유형과 의미의 유연성

어미변화는 단어의 뒷부분에서 변화하는 것을 말하는데 이니셜의 결합에서 나타나는 어간과 어미의 내용 변화에 대한 이해를 돕기 위해 어간과 어미에 해당하는 해석을 반대로 위치시켜 설명하였다.

CI에는 Corporate, Community, Company, City, College, Campaign, CEO, Club 등의 의미들을 대입하는 것이 가능한데 이 중 몇 가지의 개념은 언어적 개념으로는 이해가 되나 의도적으로는 분류하지 않고 Corporate로 통칭하여 사용하기도 한다.

앞으로 CI 뿐만 아니라 다른 아이덴티티디자인의 경우에 해당하는 시각적 사례는 너무 많아서 이루 나열할 수 없다는 것은 미루어 짐작할 수 있을 것이다. 따라서 우리생활 속 국내외 환경에서 많이 접했을 수 있는 몇 가지씩의 이미지들을 사례로, 브랜드와 아이덴티티디자인의 상징이미지로 소개하도록 하겠다.

다른 표현의 이니셜의 영역에서도 마찬가지로 이니셜이 가지는 의미는 복합적이지만 이니셜은 하나로 쓸 수 있다는 사실을 발견하게 될 것이다. Brand, Bureau, Event, Environment, University, Hospital, Store, Personal, Promotion, Public, President, Park, Team, Web, Foundation, Visual에 이르기까지 다양한 의미와 동일한 이니셜의 의미를 표현한다.

호의적이고 개성적인 상징이미지를 갖는 것은 소비자들에게 긍정적인 메시지를 전달할 수 있는 훌륭한 도구가 된다.

▶Meaning of Stem :
활용어가 활용할 때에 변하지 않는 부분 / 어간語幹

▶Meaning of Prefix :
용언 및 서술격 조사가 활용하여 변하는 부분 / 어미語尾

4.2.1 CI

주로 기업에서 아이덴티티디자인을 도입하는 사례에 대한 표현이다. 현재는 대기업 중소기업을 가리지 않고 이 디자인시스템을 도입하는데 주저하지 않는 편이다. 그러나 어떤 시점에서, 왜 아이덴티티디자인 시스템을 도입해야 하는지 충분한 이해가 전제되어야 전략에 활용할 수 있는데 대개 전략적 접근보다는 시각적인 개발 자체에만 초점이 맞춰져 있다. 많은 기업들이 이 디자인시스템을 도입함으로서 호의적이고 긍정적이고 전문적이고 체계적인 이미지키워드를 소비자에게 전달하는데 성공을 거두고 있기 때문이다.

+ Corporate Identity

[사례이미지 01] amazon.com / USA

아마존은 A에서 Z까지, 심벌마크 디자인에서 의미하는 것과 같이, 모든 것을 소비자에게 제공해줄 수 있으며, 항상 편리하고 기분 좋은 쇼핑을 제공하며 미소를 바탕으로 서비스한다는 아마존 기업의 철학을 표현한다고 한다. 대표적인 온라인 브랜드 중 하나이다.

[사례이미지 02] 신세계 / Korea Rep.

백화점브랜드의 목적에 맞게 최상의 서비스 가치를 제공한다는 철학으로 세상에 없는 서비스까지 제공한다는 의미를 담았다고 한다. 세상에는 7개의 꽃잎을 가진 꽃이 없다고 한다. 신세계그룹의 상징이기도 하다. 1999년 발표하였다.

+ City Identity

[사례이미지 03] I♥NY / New York City / USA

우리나라에 도시브랜드 개념을 도입하게 만드는 결정적인 역할을 한 대표적 사례이미지이다. 그래서 우리나라의 200개가 넘는 대다수 지방자치단체에서는 도시브랜드 이미지의 개발이라는 쓰나미를 맞게 된다. 브랜드는 상징이미지의 개발만으로 만들어지는 것이 아니다. 스스로 생겨나는 이미지의 컨텐츠가 있어야 한다. 그리고 우리 모두가 해당 컨텐츠에 공감하여야 한다.

[사례이미지 04] I amsterdam / Amsterdam City / Netherlands

도시의 정체성을 나타내는 문자와 단어의 구조를 도시의 이름과 절묘하게 결합시켰다. 문자의 결합동기 자체가 곧 디자인으로 완성되었다. 문장구조의 의미는 '나는 암스테르담이다'를 자신감 있는 감성으로 전달하고 있다. 메시지와 시각적 기능이 매우 단순하고 명료하다. 문자는 기표에 해당하는 그래픽 개념의 결정체이다.

[사례이미지 05] Hi Seoul / Seoul City / Korea Rep.

도시의 친근하고 역동적이고 활기찬 서울의 이미지를 지구촌에 전달하기 위하여 선정하였다. i 문자로 나는 곧 우리를 연결하고 반갑고 환호할 때 팔을 들어 나타내는 사람의 이미지를 연상시킨다. 색상은 빨강, 노랑, 파랑의 삼태극의 이미지를 연상한다. 이후 하이서울과 함께 슬로건 Soul of ASIA라는 문구와 결합하여 사용하는 혼합형이 등장하기도 한다.

+ Campaign Identity

[사례이미지 06] 우리강산 푸르게 푸르게 / 유한양행 / Korea Rep.

우리나라의 대표적인 환경 캠페인 중 하나. 유한킴벌리에서 수십 년 동안 실행해 오고 있는 대표적인 장수 캠페인으로, 기업브랜드의 이미지를 긍정적으로 인식, 상승시키는데 일조하였다. 조형적인 측면에서도 시간의 흔적을 느끼기 힘들 만큼 무난한 형태를 갖추고 있다.

[사례이미지 07] CND ; Campaign Nuclear Disarmament / England

영국의 보수당이 핵폭탄 실험을 행동으로 옮기려 하자 이를 제지하기 위하여 평화주의자들이 동맹하여 비핵화운동을 벌이는 계기가 되었다. 영국의 디자이너 제럴드 홀톰에 의해 개발되었는데 정확한 사용규정의 의미보다도 형태가 가지는 주요한 메시지가 더 중요하게 전달되어, 더러는 굵게 더러는 가늘게 표현하는 경우도 많이 볼 수 있다. 현재는 반핵, 반전, 평화의 상징을 구호할 때 포괄적인 기능으로 전 세계에서 확산되어 사용되고 있다. 의미는 해군에서 사용하는 수신호에서 동기를 찾았다고 전해지나 후일, 재밌는 에피소드도 소개 되었다. 하드락, 헤비메탈 등 강렬한 성격의 문화형태에서 두려움, 긴장, 저항 등의 메시지로도 등장한다.

4.2.2 BI

주로 제품의 개별 브랜드 전략에 적용하는 경우의 아이덴티티디자인을 브랜드라 표현해 왔으나, 이제는 브랜드의 개념이 확장되어 기업이 곧 브랜드이고, 브랜드가 곧 기업이 될 수 있으므로 적절한 판단으로 해석해야 한다. 이 단에서는 우리가 브랜드로 인식해왔던 사례들을 중심으로 소개해 보고자 한다.

브랜드에는 단독브랜드가 있고 패밀리브랜드(엄브렐러브랜드)의 개념이 있다. 패밀리브랜드를 엄마브랜드로 설정하자면 엄마한테는 여러 명의 자녀를 두고 있는 것이 당연하듯이 아들1, 2…, 딸1, 2…, 또는 손자1, 2…들이 있을 수 있듯이, 여러 브랜드를 거느리고 대표로 관리하는 체계를 말하는 것이다. 이를 브랜드 분화*Segmentation*라는 용어를 사용하기도 하는데, 단독브랜드이더라도 확장에 따르는 관리체계를 갖기 위해서는 분화의 과정을 거치는 경우도 있다. 예를 들어 코카콜라는 이제 다국적 브랜드이기도 하지만 코카콜라 컴퍼니로서 기업의 이미지를 대표하는 기능을 한다. 코카콜라 컴퍼니 아래에는 수많은 음료브랜드와 자子브랜드들을 거느리고 있는 거대한 빅마마브랜드이다.

그래서 커다란 개념의 브랜드는 회사가 주로 그 역할 맡고 있으며, 소위 기업브랜드라 표현한다. 이 단락에서 말하는 개념의 브랜드는 단일제품 관점의 사례들로 이해하면 된다. 덧붙여, 단일의 제품을 상징하는 브랜드이미지가 기업브랜드이미지로 성장하는 경우도 많이 생겨난다. 이제 브랜드라 하면 아이덴티티디자인을 가져야 하는 대상에게 전부 적용할 수 있는 개념이 되었다.

+ Brand Identity

[사례이미지 08] Coca-Cola Company / USA

공신력 있는 단체의 발표에 따르면 매년 세계 최고의 가치로 평가받는 브랜드이며 너무 잘 알고 있는 브랜드이미지이다. 코카콜라는 이미 다국적 브랜드이기도 하지만 코카콜라 컴퍼니로서 기업의 이미지를 대표하는 브랜드의 역할을 맡고 있다. 코카콜라 컴퍼니는 산하에 많은 음료의 하위 브랜드를 거느리고 있는 거대 빅마마 브랜드이다.

[참고이미지 23]
코카콜라 컴퍼니 소속의
브랜드 중에서

[사례이미지 09] The HITE / Korea Rep.

조선맥주의 운명을 바꾸어 놓은 역작, 하이트맥주를 의미한다. 하이트맥주의 대성공으로 조선맥주는 더하이트 the hite로 사명이 바뀌게 된다. 다시 하이트는 진로를 인수 합병하여 HITEJINRO로 변화되었다. 진로의 브랜드가치는 지워 버릴 수 없는 가치이기 때문에 사명을 병기하는 구조가 된 것이다. 이러한 사례는 심심치 않게 나타난다. 일본의 음향기기 전문브랜드 KENWOOD도 이와 유사한 사례에 해당한다. 하위의 상품브랜드가 상위의 기업브랜드를 대치하는 경우이다.

[참고이미지 24]
KENWOOD / Japan

[참고이미지 25]
HITEJINRO / Korea Rep.

+ Bureau Identity

[사례이미지 10] 대한민국 법무부 출입국 · 외국인 정책본부 KIS, Korea Immigration Service / Korea Rep.

특정 주제에 대한 정보를 제공, 관리하는 사무처 또는 부서 정도로 이해하면 되겠다. **FBI**의 개념이 대표적인 표현사례에 해당한다. 조직과 같은 규모의 차이는 있겠지만 부서의 기능을 나타내고자 할 때 상징이미지를 통하여 전달한다. 법무부 산하에 있는 대한민국 출입국관리국**KIS**의 사례이다. 대한민국을 상징하는 태극의 이미지와 입출국을 통해 드나드는 인구의 활동성을 사람의 이미지를 통하여 태극의 리듬감과 함께 결합시켰다.

[사례이미지 11] 미국연방수사국 FBI, Federal Bureau of Investigation / USA

일명 **FBI**, 영화에서 많이 등장하는 대상이기도 하다. 강력범죄와 그들을 쫓아 징벌하는 권선징악 역할의 영화 소재로 자주 등장한다. 특히 해당 역할의 배우가 입은 점퍼 뒤쪽 등판에 표시된 장면으로 자주 볼 수 있는데, 공식적인 상징이미지는 위와 같이 별도로 존재한다. 영화와 현실에서는 주로 볼드*Bold*한 고딕체를 이용하여 **FBI**를 표시하는데 인식기능의 효과적인 측면에서 대체용으로 많이 사용한다. 공식적인 이미지는 매우 장식적이고 근엄한 이미지를 전달하고 있다.

4.2.3 EI

사전적으로 사건, 사고, 일... 정도의 의미이지만, 그대로 해석하기에는 스케일의 스펙트럼이 너무 다르게 표현될 수 있는 디자인적 표현이다. 조그마한 어느 마을의 장기자랑잔치의 성격에서부터 전 세계 수십억 인구의 대다수에게 관심을 집중시킬 수 있는 특별하고 스펙터클한 거대한 대회까지 행사의 이미지를 상징하는 시각이미지 작업을 일컫는데 사용할 수 있다.

그러나 흔하게 구분하여 사용하지 않는 표현이라고 경험적으로 이야기하고 싶다. 언급했듯이 우리나라에서는 모두 CI로 통칭하여 사용하는 환경이다.

이 일회성이지만 주기적 개념의 행사는 규모에 따라 매우 큰 차이를 발견할 수 있는데, 2002년 우리나라를 엄청 오랫동안, 무려 한 달하고도 몇 년을 지나 지금도 그 여운으로 들었다 놨다 하다가 결국은 뒤집어 놓은 2002한일월드컵이 기억나지 않는가? 김연아, 박태환, 장미란, 이용대 등과 같은 스포츠스타를 배출하는, 4년에 한 번 온 국민을 일순간 스포츠공화국으로 만들어버리는 동·하계 올림픽대회도 있다. 게다가 우리 귀에 너무나 익숙해서 감동 없이 들리게 된 각종 엑스포*EXPO*들도 여기에 해당하는 크고 작은 이벤트의 개념으로 해석할 수 있다. 어쩌다 엑스포의 의미가 동네 강아지 이름처럼 친근하게 들리게 되었는지 모르겠다.

+ Event Identity

[사례이미지 12] 2002 한일월드컵 / Korea Rep.

2002 FIFA WORLD CUP KOREA JAPAN

2002 FIFA WORLD CUP KOREA JAPAN

2002 FIFA WORLD CUP KOREA JAPAN

2002년 전 세계를 깜짝 놀라게 했던 한일월드컵 대회의 휘장이다. 이 디자인은 영국의 인터브랜드에서 개발했다. 월드컵사상 최초로 2개의 나라에서 개최된 사례로 공동개최의 의미를 남겼다. 우리는 흔히 가장 왼쪽의 디자인을 기억하는데, 실제로는 한국용 엠블럼과 일본용 엠블럼을 스페셜 버전으로 개발하였다. 오른쪽 두 개의 이미지는 눈여겨보지 않으면 잘 구별이 잘 되지 않을 것이고, 처음 보는 사람도 많을 것이다. 실제로도 많이 사용되지는 않았다. 한국용은 파란색을, 일본용은 빨간색의 이미지가 돋보이게 개발되었다. 개인 간이든 국가 간이든 목적을 향한 주도권의 표시의미는 이름의 표기순서와 방법에서도 민감하게 나타난다. 한번은 KOREA/JAPAN의 순서를 일본에서 자의적으로 JAPAN/KOREA로 표기했다는 것이 미묘한 문제로 기사화 된 적이 있다. 알파벳의 순서상 J가 먼저인 점을 감안해 일본에서 폐막식을 유치하는 데서 표시의 순서를 정리했다는 이야기가 있다.

[사례이미지 13] 2012 런던올림픽 / UK

올림픽을 상징하는 역대 심벌마크의 조형패턴과 비교해 볼 때 2012 숫자를 디자인모티프로 사용하였다는 점에서 참신한 시도의 의미를 갖는 조형으로 생각된다. 역대 올림픽의 휘장을 보면 구상적 독립적인 이미지를 모티프로 주로 사용하였으나, 런던올림픽은 2012 숫자를 이용하여 개발된 것이 다른 점이다. 유니온잭슨(영연방기)을 배경으로 하는 휘장을 활용형으로 다양한 색상으로 활용이 가능하게 응용 타입들을 개발하여 활용하였다.

[사례이미지14] 2012 여수세계박람회 / Korea Rep.

전 세계의 문화적 · 기술적 문물을 소개하는 가장 큰 규모의 박람회. 디자인의 역사에서는 파리세계박람회가 가장 유명하다. 2012년 한국의 여수에서 개최한 세계박람회이다. 물의 도시를 상징하여 여수의 지리적 특성과 박람회 테마의 특성을 상징하고 있다. 우리는 동 · 하계 올림픽, 월드컵, 세계박람회, F1그랑프리를 유치하여 대회유치의 그랜드슬램을 달성하였다.

4.2.4 UI

서울대, 연 · 고대, 하버드대, 예일대, UCLA 그리고 해병대... 등 대학(교)의 시각적 상징이미지와 체계를 개발, 도입하고자 할 때 사용하는 표현이다. 이 표현은 적잖이 많이 분류해 쓰이는 표현으로 목적성이 분명한 이유인 듯하다. 서구문화에서는 잘 모르겠으나, 우리나라에서는 College Identity라고 잘 쓰지 않는 편이다. 대개 UI라고 통칭한다. 미루어 짐작할 수 있을 것 같은 이유는 우리나라의 특별한 문화적 인식이 배경에 자리 잡고 있기 때문이라고 추측한다.

+ University Identity

[사례이미지 15] HARVARD University / USA

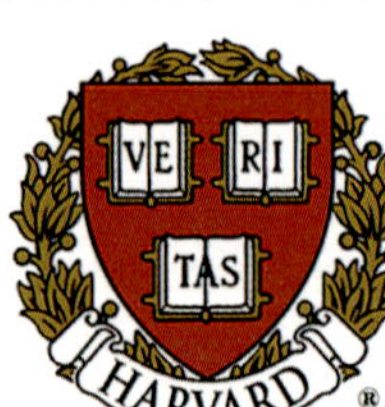

전통적이고 보수적인 느낌을 전달해 주고 있다. 오래된 전통적 문양의 양식으로 역사성 있다는 느낌까지 받는다. 장식적이고 묘사적이고 다소 복잡해 보이기까지 하다. 하버드의 시각적인 상징물은 이 대학의 명칭보다 인지도 측면에서 낮은 편이다. 이름이 모든 것을 포함해 주고 있기 때문에 장식적 휘장의 식별력을 위한 홍보활동은 강조하지 않는 편이다. 이 대학의 상징체계는 각 단과대학별로도 독자적인 상징이미지를 갖고 있다. 잘 살펴보면 유사성의 범주 내에서 특징들을 부여하여 상징화 하였다.

[사례이미지 16] MIT : MASACHUSETTS Institute of Technology / USA

하버드대학교와는 달리 상당히 간결한 시각이미지이다. 모던하다고 표현한다. 학교의 전통성도 물론 있겠지만 첨단 기술적 학문을 연구하는 특성을 강조하여 전통적 성향이 강한 이미지보다는 첨단적 성향이 나타나는 현대적 양식으로 컨셉트를 잡은 듯하다.

[사례이미지 17] 서울시립대학교 / Korea Rep.

서울특별시가 재단법인으로, 미국대학의 경우로 보면 주립대학교 기능에 해당한다고 볼 수 있는 우리나라의 대표적인 공립대학교이다. S를 모티프로 매우 간결한 조형적 특징을 나타내고 있다. 1996년 개발되었다.

[사례이미지 18] 국민대학교 / Korea Rep.

1970년대 중반을 시점으로 급속한 인지도의 상승으로 유명해진 국내 Top3의 조형대학으로 평가받으며 명성을 쌓아 가고 있다. 특성화된 특정 분야에 두각을 나타내어 해당 분야에서의 명칭에 대한 인지도는 높아졌지만 일반인들에 대한 심벌마크의 인지도는 평범한 편인 듯하다.

4.2.5 HI

삼성의료원, 아산병원, 세브란스병원, 차병원 등 의료기관브랜드의 상징이미지에 적용될 수 있는 디자인개발 개념을 일컫는다. 역시 특정한 목적이 분명한 이유라서 구분하여 잘 표현하는 편이다. 이제는 병원도 동네 병의원도 어떤 형태로든 브랜드의 힘이 없으면 생존에 위협을 받는 세상이 되어버렸기 때문에, 오직 디자인만이 원인은 아니지만 적절하고 호의적인 내용을 표현할 수 있는 이미지의 브랜드디자인이 필요하기는 하다.

요즘 각급 병 · 의원들은 의료서비스 전문브랜드로 진화하고 있으며, 중대형, 중소형 각 지역별 병의원들과 서로 연대하여 하나의 브랜드를 설정하고, 단일한 브랜드이미지로 서비스의 품질연대와 규모의 확장전략을 통한 연합브랜드구축의 일환으로 도입하기도 한다.

+ Hospital Identity

[사례이미지 19] 아산병원 / Korea Rep.

서울 강동구에 있는 현대그룹 산하에서 운영되는 병원브랜드이다. 전국에 있는 중소형 병의원을 네트워크로 연결하여 의료서비스의 연대를 구축하고 있다. 서울, 금강, 강릉, 영덕, 보령, 정읍, 보성, 홍천에 아산병원이 있다. 재단을 상징하는 심벌마크를 병원의 브랜드이미지로 대표하고 있다. 재단은 다양한 사회적 활동의 내용을 포함하고 있다.

[사례이미지 20] The Brooklyn hospital Center / USA

도입된 시기가 다소 오래된 심벌이다. 그러나 조형의 핵심적 형태요소(동그라미, 사각형, 삼각형)들을 이용하여 균형감 있게 병원의 특징과 잘 결합시켜 내구성면에서 잘 표현된 사례로 발췌하였다. 포지티브, 네거티브 면적이 잘 활용된 매력적인 조형성을 가지고 있다.

[사례이미지 21] 의료서비스전문브랜드 知&美 / Korea Rep.

치과를 중심으로 하여 피부과, 성형외과 등으로 의료서비스의 영역을 확장시켜 나가고 있는 의료서비스브랜드이다. 의학과 미학을 더한다는 의료서비스 철학을 시각적 메시지를 표현하였다. 진정성 있는 의료서비스의 평판의 확보와 전문 의료서비스 브랜드로서의 운명적 역할인 공익성, 윤리성 등을 다양한 홍보 전략으로 브랜드의 신뢰도를 높여나가야 할 것이라 생각한다.

4.2.6 PI

퍼스널컴퓨터PC의 퍼스널*personal* 의미로 '개인의' 라는 의미를 표현하고 있다. 사람 개개인에 해당하는 상징이미지도 개인의 브랜드로 해석할 수 있다. 세상에 하나밖에 없는 나만을 정의한 아이덴티티 그리고 디자인으로, 자신을 상징하기 위한 아이덴티티디자인의 개발 개념을 의미한다. 움직이는 회사, 걸어다니는 기업이라는 표현이 어색하지 않은 지금의 시대처럼 개인이 곧 기업이고, 기업이 곧 브랜드인 세상인데, 개인의 이미지를 개인으로 보아야 할지 회사의 개념으로 이해해야 할지 모호한 기준도 없지 않다.

그러나 특별히 나만을 위한, 나만의 특징을 전달하는 방법으로 퍼스널아이덴티티라고 정의하여 분류한다. 주로 디자이너, 사진작가, 연예인, 정치인, 스포츠스타 등 자신을 시각적인 그래픽체계를 이용하여 강조, 포장하고자 하는 특별한 개인에게 분류되는 표현이다. 개인의 특성과 취향이 강한 만큼 디자인 표현기법과 형식에서도 다양한 표현양식이 나타나는 것이 특징이기도 하다. 또한 퍼스털아이덴티티의 관점에서 의상, 사무용품, 가방, 액세서리 등과 같은 개인의 일상 속에서 필요한 톤과 매너에 대한 감각적 센스 등을 자문해 주는 사업영역과도 함께 움직인다.

+ Personal Identity

[사례이미지 22] Mark Rose, Designer, Photographer / USA

자신의 이름 이니셜을 이용하여 입체감을 이용하여 두 개의 이니셜을 절묘하게 하나의 이미지로 표현하였다. 그림자 부분으로 튀어나온 돌기

의 모양이 재치 있게 돋보인다. 무채색의 이미지로 중립적인 성격을 나타내고 있는 듯하다.

[사례이미지 23] Rihanna ; Robyn Rihanna Fenty, Singer / USA

[참고이미지 26]
Grammy Awards / USA

[참고이미지 27]
Billboard / USA

연구조교에게 소개받은 미국에서 활동하는 가수 리한나*Rihanna* 개인을 상징하는 심벌마크. 공식 웹사이트를 통해서 심벌마크를 캡처했다. 1988년 바베이도스 생으로, 2013년 그래미 어워드 최우수 쇼트폼 뮤직비디오 상을 수상했으며, 현재까지 전 세계적으로 250만장의 앨범과 600만의 싱글앨범 판매고를 올리고 있다. 빌보드 핫 100 역사상 11개의 싱글 1위에 이름을 올린 최연소 아티스트로 평가되는 대단한 가수인가 보다.

블랙컬러 R의 조형적 이미지가 거칠고 투박하고 부러진 듯, 저항과 자유를 상징하는 감성이다. 남성적인 이미지마저 느껴진다. 리한나의 이미지와 리한나 노래의 감성을 예상할 수 있을 것 같다.

+ Public Identity

[사례이미지 24] velib'/ France

환경과 자원의 효율적인 사용으로 경제적 가치를 높이고 환경적 문제를 공감하자는 차원에서 실행하는 공공개념의 브랜드이다. 공공의 가치를 추구하는 정부가 제안하고 특정브랜드가 실천하는 경우의 사례이다.

일상생활에서 중요한 개인이동수단인 자전거의 기능에 공유*Sharing*시스템의 개념을 적용하여 사용과 투자시간과 재화의 절약을 실천할 수 있는 사례의 브랜드이다. 이러한 유형이 공공브랜드의 한 개념이며, 프랑스 파리의 공공자전거(velib'), 서울에도 공공자전거(해치 서울)의 사례가 있다.

[사례이미지 25] airbnb / USA

여행이나 사업일정에서 꼭 필요로 하는 숙박의 문제를 잉여시설을 중심으로, 시설을 효과적으로 공유하고자하는 요구자와 잉여자의 접점을 온라인 네트워크로 연결하여 상호에게 가치를 연결시켜주는 공공의 성격을 띠고 있는 네트워크브랜드이다. 스마트한 소비자에게 필요한 가치로 공유의 개념을 강조하는데, 이러한 필요접점을 발견하여 새로운 시장을 창출하는 공유경제에 대한 지평을 마련하고 있다. 공유경제가 추구하는 본질은 녹색활동과도 의미상 맥락을 같이 하는 활동모델이다.

4.2.7 WI

+ Web Identity

웹아이덴티티는 브랜드의 정체성을 온라인으로 전달하는 과정에서 시각적인 특성인 일관성을 연속시켜 나간다는 차원에서 신중하게 다루어지고 있다. 또는 웹아이덴티티의 기능이 곧 브랜드 자체의 정체성이 되는 경우도 있기 때문에 온라인 환경의 웹디자인 개발에 관심을 많이 쏟고 있다.

현실은 오프라인과 온라인의 구조를 동시에 가지고 있는 브랜드들이 대부분인데 이 두 가지 조건의 환경에서 연출되는 그래픽시스템을 유행성에 민감한 웹 환경에 연결시켜 해석하는 것은 쉬운 결정이 아니다. 일부 다국적기업의 경우 문자를 달리 사용해야하는 환경이 있어서 다국적 이미지의 일관성을 위하여 시각적 이미지체계를 통일시키는 경우가 있다. 화면으로 보이는 웹아이덴티티의 특성 중 민감하게 반영해 주어야 하는 유행성을 어떻게 유지시키는가는 다국적 브랜드와는 달리 다르게 판단해야 할 사안이다. 웹디자인의 특성상 유행성에 민감한 환경일 경우 브랜드의 아이덴티티와 연동시키는 것은 결코 쉽지 않다. 시간적인 문제와 경제적인 문제를 고려하지 않을 수 없기 때문에 적절한 이미지 포지셔닝을 통한 노출기간의 설정과 유지를 정해야 할 필요가 있다. 편집디자인의 특성상 감성적 변화주기가 매우 빠른 특성을 가지고 있는데 자주 방문할 수 있는 웹사이트의 특성도 이러한 맥락에서 감성의 변화주기가 빠른 편이다.

웹 환경의 특성상 화면의 한 페이지를 통해 일관성과 정체성을 전달할 수 없으므로, 각 화면(페이지)별 시각적 이미지의 흐름을 통일화시켜야 한다는 것이 특징이다. 시각적 흐름과 함께 정보안내의 유도기능을 담당하는 네비게이션의 구조도 기능적 일관성을 전달하는데 매우 중요한 개념이다. 웹아이덴티티디자인은 상호간의 역할을 도와주는 관계의 기능을 하고 있다.

웹아이덴티티의 환경에는 브랜드에서 필요로 하는 모든 요소들이 디지털 형식의 데이터로 설명된다. 상품의 사진, 내용과 관련된 그림, 이야기를 전달하기 위해 도형화된 그래픽, 시각적인 요소들을 구동하게 만드는 컴퓨팅언어, 소프트웨어 등 브랜드의 물리적, 개념적 내용 전체를 보여줄 수 있는 중요한 공간이다. 그래서 웹아이덴티티를 현실과 중요하게 연결시키는 것이다. 현실의 공간에서 가지는 브랜드의 필수요소인 상징이미지에서부터 가상공간에서의 정지와 움직임에 대한 편집의 특징에 이르기까지, 시각적 흐름을 다양하게 분석하고 적용시키는 기술과 이론들이 등장하였다. GUI, UI, UX, Invisible Processing Engine 등.

[사례이미지 26] Main Pages of Web Site Brands / BBC News, REUTERS, CNN, ABC News, FOW Newss

한때 국내에서도 많은 광고홍보효과로 인해 잘 인식되었던 가공식품브랜드이며 유니레버의 하위브랜드인 크노르*Knorr*의 웹사이트 그래픽시스템이다. 우리에게는 크노르 맛죽으로 유명했었다. 웹아이덴티티디자인에서의 일관성은 각 화면별 흐름의 시각적 배치를 중요하게 전제한다. 사례브랜드의 각 페이지별 배경은 4개의 카테고리로 구분하여 상단의 크노르 브랜드이미지와 일관성 있게 반복되는 2개의 직선그래프와 2가지의 색상과 하단의 싱싱한 채소를 연상하게 하는 배경으로 각 화면마다의 일관성을 유지하고 있다. 가운데 배치된 정보의 양이 확장과 수축을 반복적으로 변화하며 정보를 표시하고 있다.

[참고이미지 28]
Unilever / USA

[참고이미지 29]
Knorr / USA

인쇄출판의 관점으로 보면 각 페이지마다 동일한 배경이미지가 반복하여 나타나는 형식으로 이해하면 되는데, 인쇄는 각 페이지별 일관성을 웹사이트의 일관성과 다르게 강조하는 것이 차이점이다. 인쇄출판의 일관성은 웹디자인의 일관성에 비해 다양한 배치와 그래픽기법을 연출한다. 인쇄 환경의 특징과 온라인 환경의 기능이 다르게 나타나는 차이점 때문이다. 결국은 시각상징이미지를 기본으로 하여 연관성을 가지고 보조적인 시각적 요소를 일관되게 사용함으로서 연속적 · 시각적 이미지 구조의 일관성을 전달하고 있다.

[사례이미지 27] www.knorr.com / USA

1. Main Page

2. Sub i - Product Page

3. Sub ii - Recipes Page

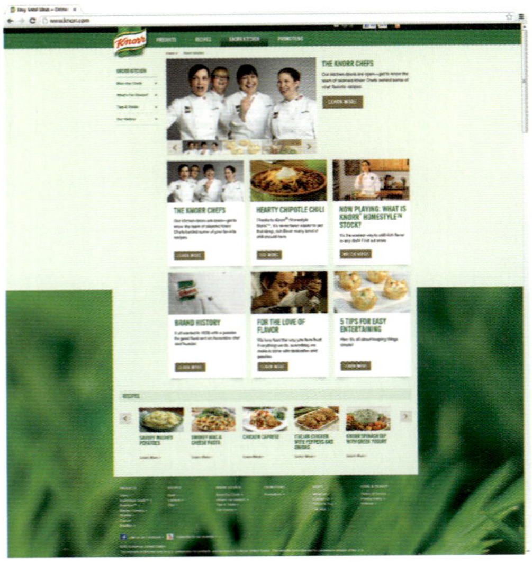

4. Sub iii – Knorr Kitchen Page

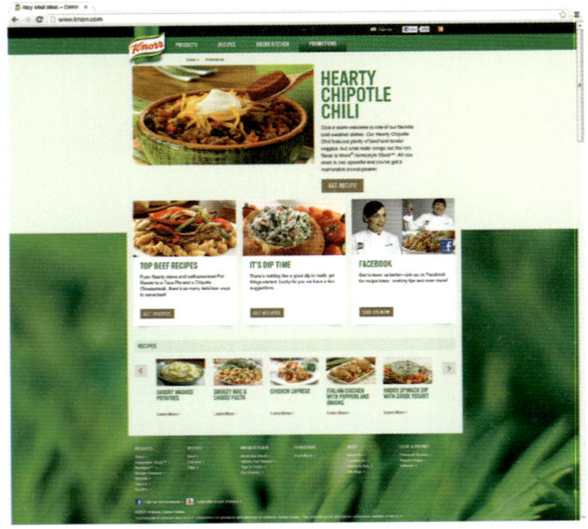

5. Sub iv – Promotion Page

4.2.8 기타

SI, VI 등의 표현이 있다. Store, Visual의 의미로 스토어아이덴티티 *Store Identity* 는 보통 브랜드의 범주 속에서 해당브랜드 매장의 공간디자인에 해당하는 인테리어 개념을 공간적 시각적으로 통일화시키는 작업을 의미한다. 최근의 추세로는 특별히 매장에만 한정시켜 디자인을 개발하지 않고 브랜드이미지 전체를 고려하여 부속적으로 흡수하여 진행하는 경향을 나타낸다. Visual Identity는 아이덴티티디자인의 성격을 통칭할 수 있는 의미로서 브랜드를 구조적 관점으로 접근하지 않는 불특정 다수의 시각적 일관성만 강조한 의미의 디자인으로 이해하면 적절하다.

아이덴티티디자인에는 다양한 유형의 개념이 있다. 아이덴티티는 브랜드, 기업, 단체, 개인과 같은 물리적 시공간에 놓여 흘러온 관념적 정체성을 설명하는 언어적 의미를 표현하는 말이므로, 나열에 따르는 확인의 의미보다는 이해를 통한 적용의 차원으로 이해하여야 보다 정확한 소통을 할 수 있을 것이다.

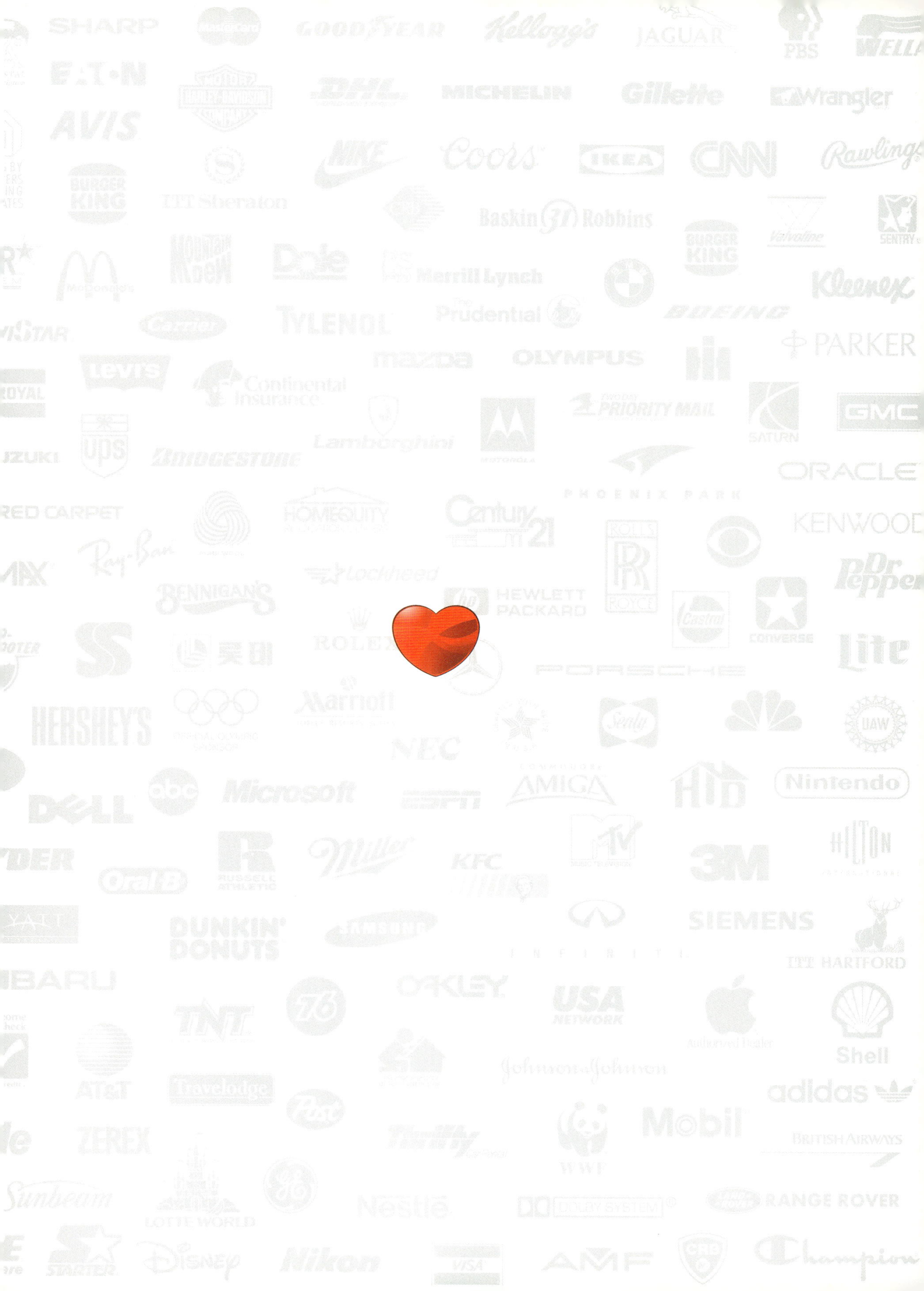

Chapter 05

아이덴티티 디자인의 조형적 유형

Formative Types of Identity Design

5.1 심벌(마크)과 로고

5.2 시각상징이미지와 유형

5.3 유형분류의 제안

5.3.1 추상형 Abstract Type

5.3.2 구상형 Concrete Type

5.3.3 약어형 Initial Type

5.3.4 단어형 Completed Word Type

5.3.5 휘장형 Emblem Type

5.3.6 혼합형 Compound Type

5.1 심벌(마크)과 로고

흔히 우리는 브랜드 또는 CI·BI의 개발과정에서 만들어진 간결한 조형적 결정체인 상징물(시각이미지)에 대해서 부르는 호칭이 다양하다. 어떤 사람은 심벌 또는 심벌마크라 부르고 어떤 다른 사람은 로고라고 부르기도 하고 더러는 그냥 통칭 마크라고 부르기도 한다. 그러나 여기서는 비교적 전문성을 바탕으로 그림의 유형과 명칭에 대해 분류해 보고자 한다.

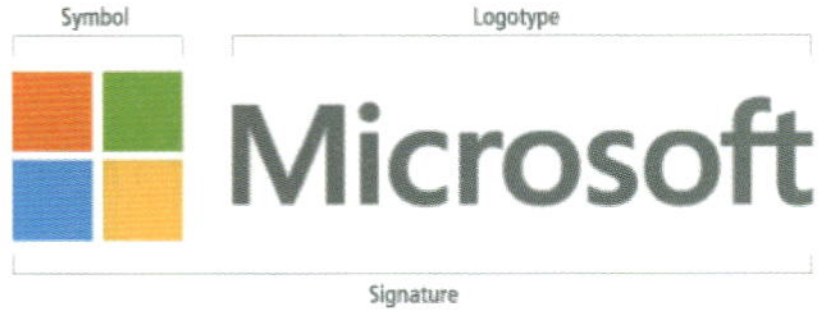

[참고이미지 30]
새로운 마이크로소프트社의 상징이미지 구조

[참고자료 03] Symbol vs. Logo

/	명 칭	언어범용성	해 석
1	Symbol	O	글자의 형식 없이 특정 그림으로만 표현된 경우
2	Logo	O	단어 또는 단어들로 이루어진 경우
3	Combination Mark	O	그림과 글씨의 구조를 같이 사용할 때 지칭
			시그니처를 지칭할 때 사용하기도 함
4	Letter Marks	O	약자형식으로 된 이름을 사용할 때 지칭
5	Logotype	△	로고나 문자마크를 만드는 요소를 지칭할 때 사용
6	Logo Mark	X	영어권 국가에서 사용하지 않는 표현
7	Word Mark	X	영어권 국가에서 사용하지 않는 표현
8	Brand Mark	X	영어권 국가에서 사용하지 않는 표현

*출처 : www.graphicology.com 번역

5.2 시각상징이미지와 유형

브랜드의 이미지를 상징하는 최상위 개념의 시각상징이미지의 조형적 형태들은 필요에 따라, 차별화 전략에 따라 다양하게 나타나다 보니 그것들에 대한 유형들은 매우 다양하게 생성되어 왔고 대체로 유형을 나눌 수 있을 만큼 브랜드이미지를 상징하는 심벌마크의 양도 많아서 특징마다 일반적인 범주를 형성하여 분류하여 설명할 수 있다. 현대 글로벌브랜드들이 애용하는 워드형 스타일에서부터 추상형, 구상형의 스타일까지 다양한 유형의 형태들을 분류해 낼 수 있다. 다채로운 스타일의 사례들을 대상으로 상징이미지들의 유형에 대해서 알아보고자 한다.

■ 분류사례1, 한국기업의 그래픽심벌 유형

국민대학교 정시화 교수는 우리나라에서 사용되어 왔던 심벌마크를 아래와 같이 6가지 유형으로 분류하였다.

① 구상형

② 漢子두문자형

③ 英字두문자형

④ 한글이니셜형

⑤ 추상형

⑥ 문자조합형

• 정시화, 그래픽커뮤니케이션디자인: 미간행 시각디자인 교재, 국민대학교 조형대학 시각디자인학과, 1996

■ 분류사례2, 엘리노 실렘의 기업심벌 유형

엘리노 실렘은 8가지 유형으로 분류하였다.

① Seal (도장형)
: Kodak, Ford

② Monoseal (한 개의 글자를 조형적으로 간단하게 조합)
: General Electrics, Westinghouse, Volkswagen

③ Monogram (성명 첫 글자 등을 짜 맞춘 결합문자)
: IBM, RCA, JVC

④ Signature (이름을 나타내는 의미로서 표현하는 형태)
: EATON, Mckesson

⑤ Abstract (추상적인 개념의 형태)
: Chase Manhattan Bank, Chrysler

⑥ Glyph (도안을 의미하는 그림)
: Wool, Shell, CBS

⑦ AlphGlyph (주요 그림을 선택적으로 표현)
: International Paper, Dana Faber, Gookwill Industries

⑧ Wordmark (불특정 문자를 대상)
: S'eggs, Thayer

5.3 유형분류의 제안

/	분류 Classification	
유형 1	추상형	Abstract Type
유형 2	구상형	Concrete Type
유형 3	약어형	Initial Type
유형 4	단어형	Word Type
유형 5	휘장형	Emblem Type
유형 6	혼합형	Compound Type

[표 27] 아이덴티티디자인의 조형별 유형의 분류제안

5.3.1 추상형 Abstract Type

이 상징형태의 특징은 표현 그대로 추상성을 가진 임의의 도형으로 만들어져 있다. 비교적 간단한 도형을 이용하여 수요자(소비자)들에게 브랜드의 이미지를 전달한다. 전통적으로 대외적인 이미지를 고려하여 전략적으로 관리해온 브랜드들과 거대자본의 뒷받침이 강력한 글로벌브랜드의 회사들이 이러한 형태를 사용하고 있는 것이 특징이다. 단점이라면 초기에 이러한 형태로 도입하고 일반화시키고자 한다면 소비자들에게 인식시키는 시간과 비용 측면에서 많은 힘이 든다는 것이 단점일 수 있다. 이와 같이 이미 노출된 많은 다국적 브랜드이미지는 체계적이고 치밀한 관리와 홍보시스템 아래 관리되고 있다. 심벌마크가 가지는 의미는 텍스트의 정보로, 입으로 전해지는 음성적 구전으로 이해시킬 수 있지만 상징의 의미보다는 제품과 제품의 특성만을 인지하는 상황으로, 상징의 의미는 기억에서 잊혀지고 브랜드의 특징만 확장 발전되어 인지하게 된다.

한때 우리는 문자적 요소를 상징화하기보다는 추상적 요소를 상징화하는 것을 더 선호하는 경향이었다. 이해하기 쉽지 않은 추상성의 의미에 더 심오한 가치를 부여할 수 있다는 상징적 권위의 해석이라 추측한다. 그러나 시대적인 흐름이었을 뿐 문자가 강조되는 표현으로 개발되는 브랜드이미지로 많이 바뀌고 있다.

[사례이미지 28] AUDI / Germany

자동차브랜드의 대표적 기업인 아우디의 시각상징이미지이다. 기초조형의 기본요소인 동그라미 4개를 겹쳐서 나열한 단순성과 자동차의 견고함으로 유명하게 인식되었다. 이러한 단순성과 함께 자동차의 디자인에서도 간결한 특징이 나타난다. Benz, BMW와 함께 독일의 자동차브랜드이미지를 대표한다.

[사례이미지 29] MITSUBISHI / Japan

1870년 이와사키 야타로에 의해 설립된 일본의 기업. 자동차브랜드로 유명하지만, 조선, 군수, 우주항공, 사회기간산업, 생필품산업분야에 이르기까지 다양하고 거대한 그룹의 이미지를 상징하기도 한다. 3개의 다이아몬드 형태가 모여 삼각형의 형태를 이루고 있다. 매우 단순한 이미지로 오랜 역사성과 함께 패션성을 잃지 않고 잘 관리되는 브랜드이미지의 사례이다. 브랜드를 상징하는 시각이미지에도 유행의 패턴이 있는데 이처럼 추상적인 형태는 변별력의 어려움이 있고, 조형적 유행에 밀려 오랫동안 유지하기 쉽지 않은 특징을 가지고 있다. 그럼에도 불구하고 깔끔한 이미지를 유지할 수 있는 것은 내부적인 활동과 대외관리능력이 소비자들에게 잘 전달되고 있는 것이라 볼 수 있다.

[참고이미지 31]
삼풍백화점 / Korea Rep.

[사례이미지 30] 현대 HYUNDAI / Korea Rep.

정주영 회장의 신화를 상징한다. 현대건설, 중공업, 자동차, 증권, 상선, 아산 등 한국을 대표하는 재벌브랜드에 해당한다. 현대자동차는 독립적 그룹으로 분리되어 세계 100대 브랜드에 포함되는 글로벌이미지의 위용을 자랑하고 있다. 현대의 상징이미지의 정확한 탄생설화는 확인되지 않지만 심벌이 상징하는 의미는 '산을 옮긴다'라는 우공이산의 철학을 담고 있다고 한다. 충분히 이해할 수 있는 업적으로 공감을 유도하고 있다. 지금도 현대그룹 다수의 계열브랜드들이 노랑과 녹색으로 된 두 개의 삼각형 상징을 지키고 있다.

5.3.2 구상형 Concrete Type

이 구상형 이미지의 형식은 일반적으로 어떤 형태인지 구체적으로 인지할 수 있게 제작된 형태를 말한다. 가령, 사자 같은 이미지가 아니라 사자그림으로 인지할 수 있는 심벌마크를 말한다. 동물 또는 식물이거나 특정한 형태의 사물이거나 혹은 사람이거나 하는 형태를 쉽게 인지할 수 있듯이 특정한 대상을 설정하여 브랜드의 특징을 부여하고 소비자들에게 정체성을 전달하고 있다. 형태의 순간적 직관적 인지성이 높으며, 비교적 의도가 분명하게 나타나는 것도 특징이다.

[사례이미지 31] EPL / England

[참고이미지 32] BARCLAYS PL Emblem / England

유나이티드 맨체스터 축구클럽이 소속되어 있는 영국프로축구리그의 상징이다. 독일의 분데스리가, 스페인의 프리메라리가, 이태리의 세리에, 프랑스의 르샹피오나, 포르투갈의 수페르리가, 한국의 K리그, 일본의 J리그들이 각각의 상징이미지를 가지고 있다. 박지성 선수의 입단으로 프리미어리그의 심벌마크도 인지도가 급상승했다.

[사례이미지 32] Prudential Financial / USA

종합금융서비스브랜드 푸르덴셜은 금융과 보험사업 분야에 대표적 브랜드 중 하나이다. 상징하는 이미지는 거대한 바위모양의 절벽과 같은 형태를 가지고 있다. 1896년 푸르덴셜의 심벌마크로 탄생한 이 바위산은 일명 지브롤터 바위산으로 알려져 있다. 당시 심벌마크제작을 의뢰받은 광고회사 직원이 상징물 개발에 대한 고민으로 여행을 하던 중 차창 밖으로 펼쳐진 지브롤터 바위 절벽의 광경을 보고 지브롤터 절벽의 힘과 안정의 상징으로 연결시켜 심벌마크를 만들었다는 이야기가 전해진다. 푸르덴셜은 상징이미지의 여러 차례의 진화과정을 거쳐 현재의 모습에 이르렀다.

[참고이미지 33]
ING(Internationale Nederlanden Groep) Life Insurance / Netherlands

[사례이미지 33] 놀부 / Korea Rep.

놀부는 1987년 신림동 뒷골목의 5평 크기의 점포 '놀부보쌈'에서부터 시작되었다. 26여 년 만에 놀부보쌈, 놀부부대찌개&철판구이, 담다 등 다수의 하위브랜드로 구성되는 레스토랑브랜드로 성장시키고 있다. 한국의 프랜차이즈 레스토랑브랜드로서 비교적 높은 인지도를 가지고 있다. 우리나라의 전통적 우화에 등장하는 욕심쟁이 놀부를 익살스럽게 상징이미지로 사용하고 있다. 놀부에 대한 사회적 재인식에 대한 의미를 소비자들은 부정적으로 판단하지 않고 브랜드의 특징적 이미지와 연결시키고 있다. 그래서 심술궂고 욕심만 많은 놀부를 다시 해석하여 브랜드명으로 등장시킬 수 있는 것이다. 상징이미지의 관리 전략에 대한 관찰이 그룹차원에서 필요한 시점이라 판단된다.

[사례이미지 34] Laughing Cow / France

사람처럼 웃는 소의 표정이 보기만 해도 기분 좋은 느낌을 받는다. 익살스럽다. 진짜 웃음이 나온다. 웃긴다. 비교적 유럽에서 유명한 브랜드였으며 국내에서 본격 소개된 것은 얼마 되지 않는다. 1921년 프랑스 쥐라*Jura* 지방의 레옹 벨*Leon Bel* (창업자)에 의해서 출발한 치즈전문브랜드이다. 역삼각형 구도의 이미지이며, 빨강색 소가 이색적이다. 심심할 때 오다가다 간식으로 하나씩 먹을 때 인식한다. 치즈를 1cm 정도의 육면체로 가공하여 낱개로 포장하여 한 번에 먹기에 편리한 벨큐브*belcube*가 있다.

5.3.3 약어형 Initial Type

회사 또는 브랜드 명칭의 길이가 길어 언어적 · 시각적 전달력이 떨어지는 문제를 앞글자 또는 특정한 문자들만을 모아 짧게 표현한 것이 이 분류에 해당된다. IBM, 3M 등 다국적 기업이나 국내의 대기업들에 많이 나타나는 유형이다. 일단 짧은 문자로 구성된 시각이미지이기 때문에 언어로 전달하기에 수월하고 문자로 지각하는 특성상 인지효과가 뛰어나며 설명과 발음하기에 쉬운 것이 특징이다.

우리나라의 경우, 브랜드의 대표성을 가지는 상징이미지 디자인에는 영문구조를 이용하여 디자인하는 것이 대세적이다. 글로벌리즘의 일환으로 해석하지만, 극단적으로는 문화사대주의의 영향이라고 말하면 악플이 난무할까? 농담이다. 한글을 대표적 상징요소로 활용하는 사례도 적지 않다. 그러나 글로벌브랜드의 이미지로 소개할만한 상징이미지는 아직 없는 듯하다.

[사례이미지 35] IBM / USA

1924년 International Business Machines Corporation의 대표 머리글자를 사명으로 전환하였다. 아이덴티티디자인의 전설적인 디자이너 폴 랜드에 의해서 제작되었다. 처음 12줄의 그래픽에서 다시 8줄의 그래픽으로 조정되었다.

[사례이미지 36] P&G / USA

Procter & Gamble Co.의 이니셜 문자에서 왔다. Procter와 Gamble은 창업자의 이름 윌리엄 프록터*William Procter* 와 제임스 갬블*James Gamble* 이며, 이와 같은 유형의 이니셜 문자인 HP*Bill Hewlett+Dave Packard*브랜드도 창업자

의 이름을 따서 표시한 경우에 해당된다. 피엔지는 생활용품을 생산 유통시키는 글로벌브랜드이며, 피엔지의 하위브랜드는 300여 개에 이르며 질레트, 페브리즈, 듀라셀, 오랄비, 팬틴, 프링글스, 위스퍼 등 이름만 들어도 다 아는 제품들이 우리 일상생활에 함께하고 있다.

[사례이미지 37] H&M / Sweden

H&M Hennes & Mauritz AB는 헨네스와 마우리츠의 머리글자를 말한다. 스웨덴에 본부를 둔 의류브랜드이다. 1948년 베스테로스*Vasteras*에서 헨네스-영어의 Hers-라는 이름의 여성의류전문제조 판매업체로 창립되었고, 스톡홀름의 마우리츠라는 사냥용품 업체를 인수하여 헨네스 마우리츠가 되었다. 1990년대 후반부터 의류제조와 유통을 일원화하여 재빠르게 유행을 반영하는 패스트 패션의 제품을 내놓아 인기를 끌었고, 세계 40여 개국에 2,300개 이상의 매장이 있다. 2012년 인터브랜드 평가 세계 23위의 브랜드가치로 인정받았다.

[사례이미지 38] KT / Korea Rep.

현재 우리나라 대표 통신3사 중의 하나. 민영화 이후 다양한 이미지 변신에 만전을 기하는 모습이다. 눈에 띄는 조형성은 소문자 구조에서 모티프를 찾았는데, 이 제안이 채택되었다는 점이 주목할 만한 특징이다. 대체적으로 소문자보다는 대문자 구조를 선호하는 경향이 우리나라의 일반적 정서라서 언급해 봤다. 대소문자의 차이와 브랜드 인지도의 관계는 측정할 가치의 기준이 아니다. 두 문자구조의 획을 절묘하게 연결시켰다. Flagship 메시지를 연상시킨다.

5.3.4 단어형 Completed Word Type

창업자의 이름이나 회사의 이름과 같은 완전한 단어들의 대표글자만 모아놓은 이니셜 구조의 형식과는 다르게, 발음이 용이하게 구성된 것이 특징이다. 문화적인 감성의 감탄사나 경영자의 철학을 담은 불특정 단어, 창업자의 이름이나 특정한 지역의 이름을 디자인 소재로 이용하여 브랜드이미지의 가치를 높이는 동시에 유연한 소통의 도구로 활용한다. 구글, 야후, 코닥 등이 이에 해당한다고 볼 수 있다.

[사례이미지 39] Google / USA

정보검색의 최고 브랜드. 구골*googol*이 될 뻔했던 구글*google*은 데이터 검색으로, 위성 맵으로, 모바일의 안드로이드 플랫폼 체계로 또 하나의 차고 신화, 기숙사 신화를 쓰고 있다. 4도 색상과 함께 알파벳 'O'의 특징을 반복시켜 재밌는 확장성을 갖추고 있으며 검색기능에서 시각적 관심을 이끌고 있다. 무한대로 검색되는 데이터임을 연상할 수 있다. 상징이미지의 확장 활용성이 수월하다고 표현한다.

[참고이미지 34]
googol : 구골 : 10의 100승
또는 1에 영(0)이 100개 붙은 수

[사례이미지 40] Salvatore Ferragamo / Italy

대표적인 패션명품브랜드의 하나로 유명한 브랜드이미지이다. 살바토레 페라가모, 흔히 페라가모라 부른다. 시각적인 인지도보다는 언어적인 인지도에 좀 더 인상적일 수 있다. 캘리그래피 기법의 표현으로 정리된 다소 긴 문자구조를 가지고 있다. 가독의 기능보다는 필기체에서 오는 자연스러움과 복잡성에 목적성을 두고 있다. 대체적으로 해외 브랜드의 경우 창업자(또는 개발자, 발견자)의 이름을 브랜드명으로 많이 사용하는 경향이 있다. 패션브랜드도 이러한 경우를 많이 발견할 수 있다.

[사례이미지 41] KODAK / USA

흑백과 컬러필름으로 명성을 떨친 코닥칼라는 디지털의 혁명으로 인한 시대적 운명의 소용돌이에 빨려든다. 성장 동력에 대한 발굴의 어려움으로 마케팅 제휴라는 합병을 맞이하고 자기정체에 대한 변신을 꾀하고 있다. 새로운 환경에 적응하는 코닥의 새로운 이미지를 선보이기 위해 과거의 노란색 상징의 대표성은 빨간색으로 바뀌었다. 더 이상 필름을 보기가 힘든 세상에서 감광을 통한 아날로그의 감성은 접하기 더욱 어려워졌다. 아날로그 가치 축의 유희를 만끽할 수 있는 날이 올 수 있을는지.

[사례이미지 42] SIEMENS / Germany

SIEMENS

독일의 다국적 가전브랜드. 1847년 독일 베를린에서 전신건설회사로 시작하여 산업, 에너지, 의료기기, 헬스케어, 전기전자, 생활소비재 등의 영역까지 다양한 사업 분야의 확장을 이루었다. 160년의 역사성을 자랑하는 브랜드이다. 개인적인 느낌으로 구체적인 가전기기의 상품을 연상되기보다는 무형의 기술 가치를 상징하는 이미지로 인식된다.

5.3.5 휘장형 Emblem Type

휘장은 우리나라식의 표현이며, 엠블럼을 이렇게 해석하여 부른다. 일반적으로는 휘장이나 심벌(마크)로 혼용하여 부르는 경우도 많은데 그림의 조형성에 있어서 다소 장식적인 면이 강하다는 것이 형식적인 특징이다.

주로 중세 유럽의 가문을 상징하는 전통적인 스타일에서 출발한 것으로 유래한다. 밀랍을 녹여 서신을 봉인하는 과정에서 형압하는 장면이 인상적으로 연상되는 그림이다. 이 형태 또한 상징성을 높이는 기능으로 많이 이용하는 형식이다. 그러한 특징으로 인해 스포츠팀에서 클럽의 이미지를 상징하는 데 많이 사용되는 스타일이다. 박지성 선수가 뛰었던 유나이티드맨체스터FC도 이러한 엠블럼의 분류에 해당하는 것이다. 아쉽지만 우리나라에서도 휘장형 디자인을 많이 사용하고 있으나 서구문화의 형태를 모방한 형태로 본질적인 의미에 대해서 깊게 생각하면서 사용해야 할 그래픽이라 생각한다. 전통성을 강조하는 대학의 이미지에도 자주 발견되는 양식이다.

[사례이미지 43] Manchester United FC / England

2002 한일월드컵 대회의 풍운아 박지성 선수의 특급입단으로 국내에 본격적으로 소개된 심벌이고 갑자기 익숙해진 상징이미지 중의 하나이다. 다양한 소재의 디자인요소들을 사용하고 있다. 축구공, 휘감기는 동감의 섬유질감, 악마와 악마가 들고 있는 삼지창, 문자요소들이 모여 구체적이고 장식적이고 화려한 특성까지 전체적으로 빨강색과 부분적인 노란색의 배색으로 정열적인 이미지로 보이고 있다. 최근 전 세계 프로스포츠구단 중 가장 가치가 높은 구단이라고 소개된 바 있다. 33억$(2013.1기준)의 가치라고 한다. 브랜드를 상징하는 심벌마크인 시각이미지가 33억불이라는 이야기는 아니다.

[사례이미지 44] 서울대학교 / Korea Rep.

명실공히 대한민국 최고의 대학교로 통한다, 1955년 확정된 서울대학교의 상징이미지이다. 각종 미디어를 통해 노출되는 횟수가 압도적으로 많은 영향으로 비교적 학교브랜드이미지로서는 많이 인식된 그림이라 인지도가 높다.

[사례이미지 45] United States Military Academy West Point / USA

우리나라의 육군사관학교와 같은 기능의 사례이다. 미국의 육군사관학교. 미국을 상징하는 흰머리독수리와 미국기의 직선패턴이 있는 방패의 형태와 로만전사의 투구와 칼, 역동적인 동감으로 휘날리는 리본, 리본에 표시된 문구가 매우 장식적인 효과를 나타내고 있으며 다양한 상징요소를 결합하여 다시 하나의 상징을 이루고 있다. 전체적으로는 좌우의 대칭을 균형감 있게 잘 이루고 있다. 평면의 그래픽이미지에서부터 입체적인 부조기법의 방식으로 제작한 사례이다. 평면으로 정리된 그래픽 효과가 입체적으로 전환되면, 같지만 다른 호감을 전달할 수 있는 멋진 설치물이 될 수 있다.

[사례이미지 46] KFA 대한축구협회 / Korea Rep.

대한축구협회 KFA의 휘장이다. 우리나라의 대표 상징동물인 호랑이의 정면 모습을 축구공과 함께 중심에 위치시키고 방패 모양의 형태에 넣고 리본과 명칭을 표기하여 권위적 상징이미지를 부여하였다. 2001년 5월 발표하였으며, 2002년 월드컵을 계기로 대중매체에 자주 등장하여 축구협회의 위상을 대표하고 있다. 수탉을 상징소재로 하는 프랑스와 비교해 보면 대조적인 소재인 편이다.

[참고이미지 35]
FFF / France

5.3.6 혼합형 Compound Type

대체적으로 문자와 간결한 조형요소가 결합된 형태로, 일반적으로 특별히 복잡한 형태이기보다 매우 단순한 형태와 글자로 구성되어 있는 것이 특징이다. 이 또한 다국적 브랜드에서 많이 사용하는데, 일반적인 문자구성으로만 브랜드의 정체성을 전달, 차별화하기에는 특징이 없어 단순한 면을 보완하고자 할 때 이러한 접근 방법을 선택한다. 그러나 이러한 기본적인 형태를 중심으로 활용 면에서는 문자만을 별도로 추출하여 사용하는 복합적인 시각전략을 구사하기도 한다.

[사례이미지 47] BMW / Germany

비행기의 프로펠러에서 모티프를 얻어 개발되었다는 소문도 있는데, 정확한 배경은 아니며 바이에른 뮌헨지역의 사선격자무늬의 전통문양에 등장하는 모티프를 사용한 것이 최초의 유래라고 전해진다. 프로펠러의 역동감도 연상이 되기도 하지만 항공기의 엔진을 제작하는 회사에서 출발해서 얻어진 의미기능의 부여이기도 하다. 바이에리셰 모토렌 베르케 AG (독일어: *Bayerische Motoren Werke AG*)의 머리글자.

[사례이미지 48] SAMSUNG / Korea Rep.

1993년 L&M사에서 개발한 디자인이다. 당시 삼성그룹의 글로벌 전략의 일환으로 그룹의 체계를 조직화하고 시각이미지를 통일시키기 위해 개발되었다. 삼성의 주력 산업분야인 전자의 이미지가 강하게 반영된 결과라고 전해진다. 오벌*Oval*마크. 살짝 기울어진 타원의 형태는 첨단적 미래적 이미지를 연상시킨다.

[사례이미지 49] LG / Korea Rep.

Lucky와 Goldstar의 앞머리 글자가 결합하여 탄생하였다. 락희그룹과 금성사의 합병으로 럭키금성을 거쳐 LG로 사명을 변경하였다. LG는 GS, LS 등으로 그룹이 분화된다. GE General Electric, bp British Petroleum 와 유사한 축약형 명칭의 유형으로, 등장의 원인은 글로벌 전략의 일환과 문화적 현상으로 풀이한다. 우리나라에서는 90년대부터 급속하게 나타나기 시작하였다.

[사례이미지 50] THE NORTH FACE / USA

알프스의 3대 북벽인 마테호른, 아이거, 그랑조라스를 상징한다. 1966년 미국 샌프란시스코에서 출발하였다. 건강과 운동 그리고 레저의 필요성과 바람을 타고 유명해진 등산장비와 등산복으로 유명한 레저브랜드이다. OEM방식으로 생산, 유통되고 있는데 직접 생산업체의 제품을 구매하여 로고(상표)만 바꿔 붙여달라는 고등학생의 에피소드가 있을 정도로 특정 고객층에게 충성도 높은 브랜드이다.

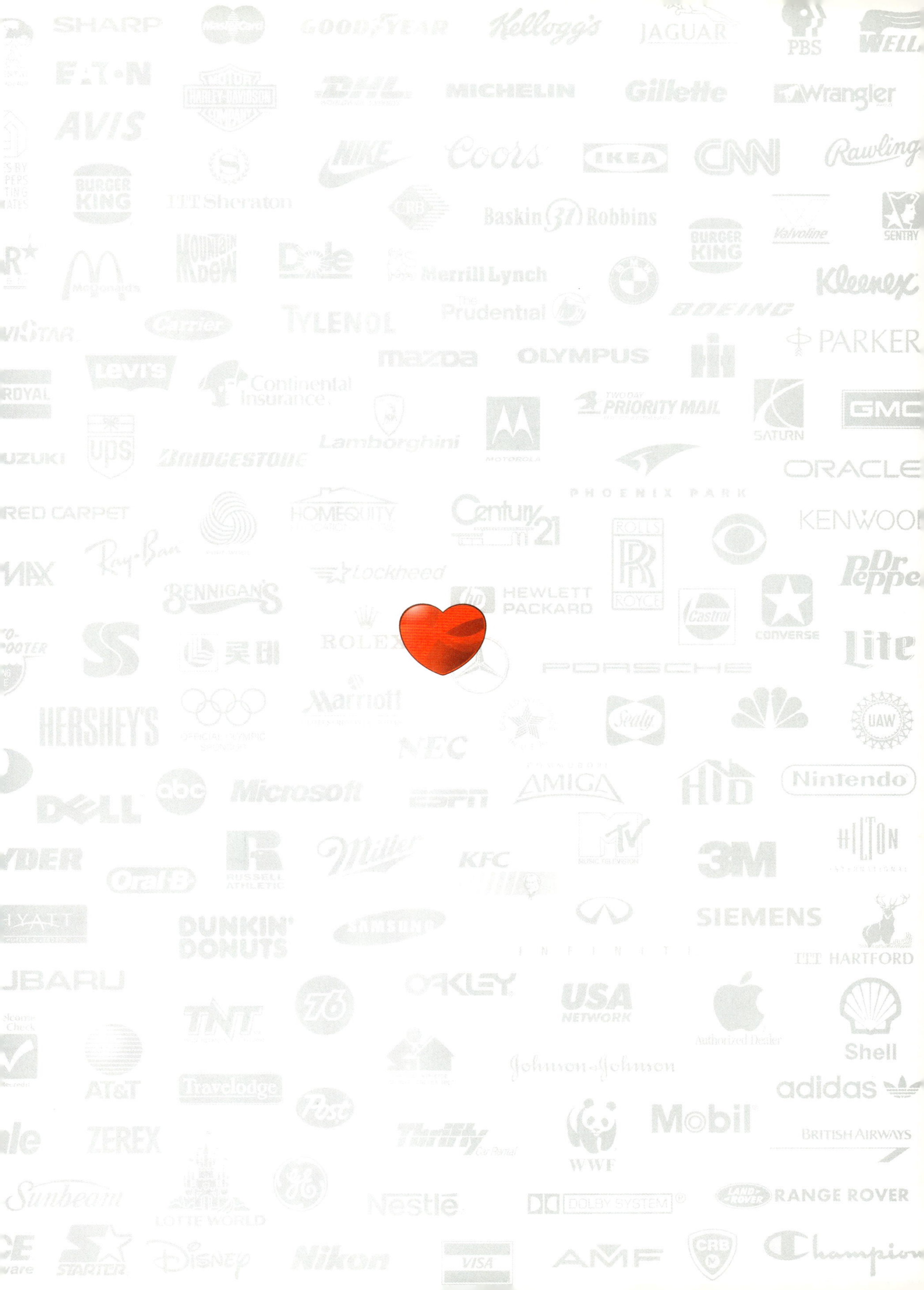
SHARP
GOODYEAR
Kellogg's
JAGUAR
PBS
EATON
MICHELIN
Gillette
Wrangler
AVIS
NIKE
Coors
IKEA
CNN
BURGER KING
ITT Sheraton
Baskin Robbins
Valvoline
SENTRY
Dole
Merrill Lynch
McDonald's
Kleenex
Carrier
TYLENOL
The Prudential
BOEING
PARKER
Levi's
mazda
OLYMPUS
Continental Insurance
PRIORITY MAIL
SATURN
GMC
ups
Lamborghini
MOTOROLA
BRIDGESTONE
ORACLE
PHOENIX PARK
RED CARPET
HOMEQUITY
Century 21
KENWOOD
Ray-Ban
Lockheed
ROLLS ROYCE
Dr Pepper
BENNIGAN'S
HEWLETT PACKARD
Castrol
CONVERSE
ROLEX
롯데
PORSCHE
Lite
Marriott
HERSHEY'S
Sealy
UAW
NEC
AMIGA
Nintendo
Microsoft
ESPN
DELL
abc
Miller
MTV
3M
HILTON
KFC
RUSSELL ATHLETIC
Oral-B
SIEMENS
DUNKIN' DONUTS
SAMSUNG
INFINITI
ITT HARTFORD
SUBARU
OAKLEY
USA NETWORK
TNT
AT&T
Authorized Dealer
Shell
Travelodge
Johnson & Johnson
adidas
Post
Mobil
ZEREX
Thrifty
WWF
BRITISH AIRWAYS
Sunbeam
LOTTE WORLD
Nestlé
DOLBY SYSTEM
RANGE ROVER
STARTER
Disney
Nikon
VISA
AMF
Champion

Ideas
Business Plan
Market Analysis
Testing
Marketing
Profit

Chapter 06

브랜드디자인 개발의 프로세스와 컨셉트

Development Process of Brand Design & Concept

6.1 프로젝트의 시작과 만남 그리고 매너
6.2 디자인의 개발과 자료조사
6.3 디자인프로젝트를 진행하기 위한 개념의 설정

지금까지 계속 반복적으로 언급해온 브랜드디자인과 아이덴티티디자인에 대한 표현과 관계성을 설명하기 위하여 나름 많은 애를 썼다고 생각한다. 이 장에서부터는 아이덴티티디자인의 의미를 브랜드디자인의 개념으로 확장 대치시켜 표현하도록 하겠다. 현실적인 인식의 수준으로 보아 이제는 아이덴티티디자인보다는 브랜드디자인의 표현이 더욱 친숙하고 기능적이고 현실적 표현이라 판단되어 마무리되는 장까지 브랜드디자인으로 설명하도록 하겠다.

6.1 프로젝트의 시작과 만남 그리고 매너

브랜드디자인을 개발함에 있어 사람;집단과 사람;집단이 만나 대화와 이해를 통해 업무를 진행해야 하는 것은 당연지사이다. 디자인이 자발적으로 나타나면 얼마나 좋을까. 그리고 수요자와 공급자를 동시에 만족시킬 수 있으면 얼마나 좋을까만 디자인의 개발은 사람의 생각과 생각을 연결하여 계획이라는 언어와 그림이라는 형식으로 만들어지게 되는 과정의 집합이므로 미묘한 조율을 필요로 한다. 따라서 상호간의 관계에서 긴밀한 부분까지 상호 이해되어야 한다. 이러한 과정 속에서 해당 브랜드가 가지는 잠재적이고 감성적인 특성이 전달되는 것이 일반적이기 때문이다.

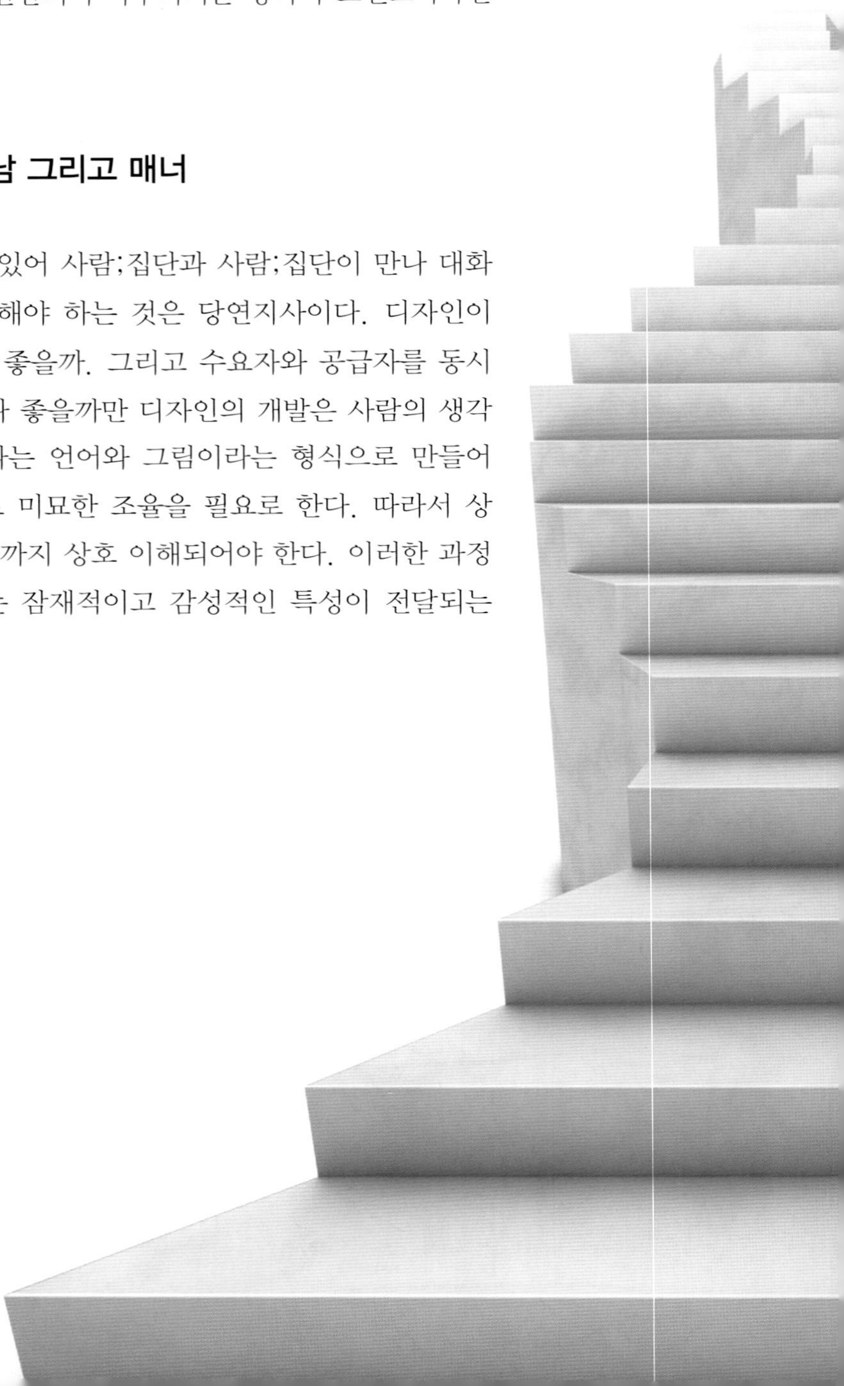

더러는 일상적인 대화에서부터 일정 단계에 이르러 매우 형식을 갖추어 전달해야 할 프레젠테이션 상황까지 매우 다양한 대화의 상황이 만들어진다. 흔히 공公과 사私는 엄밀히 구분되어야 한다는 말이 있듯이, 모든 업무를 진행하는데 있어 이전의 쌓아온 관계가 좋다고 하더라도 말과 행동을 경우에 맞게 대처해야 한다. 또한 브랜드이미지의 개발 특성상 보안성은 해당 브랜드의 경영전략상 중요한 부분에 해당될 수 있으므로 멘탈과 구강구조가 별도로 작동해서는 안되겠다.

디자인개발현장에서 일하다 보면 많은 디자인의뢰자(클라이언트)와 더러는 중간관계자(광고대행사, 브랜드컨설팅)를 만나게 된다. 직접적으로 디자인의뢰자를 만나는 경우도 있지만, 간혹 빅!프로젝트를 진행하기 위해서는 대개 중간관계자와 협업을 하게 되는 경우가 비교적 많은 편이다. 디자인개발자는 내부의 디자이너를 비롯해 여러 프리랜서그룹의 인력풀*pool*도 구성하고 있다. 우리나라의 경우 중간관계자의 역할을 하는 대행사는 보통 대기업의 인하우스에이전시*in house agency*인 광고대행사의 형태로 운영되기 때문에, 업무지원 능력과 규모면에서 신뢰도 면에서 디자인의뢰자에게 운영과 커리어를 바탕으로 한 심리적 안정감을 줄 수 있기 때문이라고 생각한다. 이 경우 중간관계자와 디자인개발회사 사이에는 다양한 프로젝트의 개발경험에서 나오는 낯익은 인적네트워크도 형성된다.

우리나라에서 빅!프로젝트의 브랜드디자인은 일정 규모 이상의 결과를 내는 많지 않은 디자인개발사와, 많지 않은 디자인개발사에서 근무하는 많지 않은 디자이너들과, 중간관계사에서 근무하는 많지 않은 디자이너 또는 디자인 지원을 해주는 사람들의 구조를 이루고 있기 때문에 서로간의 일반적 정보는 대체적으로 파악하고 있는 편이다. 어찌 보면 눈빛만 보아도 알 수 있는 긴밀한 관계성 속에서 좋은 시각적 결과물들을 도출해 낼 수 있는 가족적인 분위기가 긍정적으로 작용할 수 있다.

그 밖의 중소형 디자인프로젝트는 요구자와 개발자가 직접 접촉하게 되는데 경제적 · 업무적 규모면에서 큰 프로젝트와는 내용과 과정이 많이 생략되기 마련이다. 이 의미는 양질의 디자인서비스를 공급할 수 있는 개발자의 실력과 의뢰자의 신뢰를 상호 확인하기 어렵다는 현실일 수도 있고, 디자인에 대한 필요성을 가벼운 시각적 개발의 의미로 해석하는 현상일 수도 있다.

브랜드디자인의뢰자(社)	⇄	국내 대행/컨설팅(社) Advertising Agency Brand Consultancy	⇄	브랜드디자인개발자(社)
브랜드디자인의뢰자(社)	⇄	국내 대행/컨설팅(社) Advertising Agency Brand Consultancy 외국 디자인개발자(社)	⇄	브랜드디자인개발자(社)
브랜드디자인의뢰자(社)		⇄		브랜드디자인개발자(社)

[표 28] 브랜드디자인 개발의 관계와 과정

그래서 많은 디자인회사와 디자이너들은 빅프로젝트의 디자인 의뢰자를 만나기가 좀처럼 쉽지가 않다. 게다가 일반적 중소형 체급의 디자인회사와 디자이너들은 공급과잉의 현실이라 참 힘든 개발 작업과 경영환경에 처해 있으며 영세성을 극복하기가 쉽지 않다. 큰 관점에서 살펴보면 매우 복잡한 현재의 구조적 문제들이 얽혀 있다.

디자인이라는 거래의 상행위 개념을 물리적인 물건을 사고파는 것으로 생각한다면, 개념적 사실에 대한 인식이 부족한 사람이거나, 인지는 하고 있지만 필요성을 느끼지 못하거나, 무형의 가치에 대해서 인지하지 못하는 경우 등에 해당할 것이다. 디자인의 거래에서 이루어지는 상품은 서비스의 과정이다. 생각과 감각을 공급하고 공급받는 관계의 비즈니스이다. 이렇게 공감된 생각을 시각적 이미지 그래픽의 형식으로 옮기기 위해서는 개발자의 뇌(머리, 생각)를 사용해야 하는 물리적인 작업과정이 필요한데 좀처럼 인정받기 어렵다. 이는 디자인의 기능을 이해하지 못하는 사람이거나, 디자인 상품의 가치를 물리적 관점으로 판단하는 사람일 확률이 높다.

택배로 배달된 물건은 받아보고 마음에 들지 않으면 반품하거나 교환할 수 있는 분명한 매개체라도 있어서 비교적 나은 편이다. 그리고 물건을 사고 팔 때도 똑같이 계약과 같은 상품의 신뢰를 가지고 설명을 해야 거래가 이루어지는데 하물며 디자인이라는 무형의 감성서비스라는 제품은 보이지도 않는 이미지를 그려내야 하는 결코 쉽지 않은 분야이므로 더욱 진지한 이야기와 관찰과 분석을 통해야만 찾아지는 물건(상품)이라 매우 정확하고 감각적인 소통의 채널을 만들어야 한다.

흔히 거래의 입장에서, 브랜드디자인 의뢰자(고객, 갑甲, 기업, 브랜드)가 무엇을 원하는지, 디자인개발자(을乙, 디자인회사, 디자이너, 개발자)는 어떤 방향으로 제안을 해야 하는지 오고가는 대화와 브랜드의 내부에서 지혜의 센스를 발휘하여 지식의 방향을 찾아 상품(물건)을 제안해야 상호간 만족스럽고 성공적인 거래가 이루어 질 수 있다. 따라서 의뢰자와 개발자의 만남에서 상품제공의 완료까지 대화와 행동의 자세는 매우 중요하며, 적절한 톤*Tone*과 매너*Manner*를 가져야 함은 설명할 필요가 없을 것이다.

빠르게 변화하는 세상에 맞추어 인식의 전환도 발전적으로 이루진다고 하니 갑甲이니 을乙이니 하는 부속개념의 관계로 일하기를 원치 않는 회사들이 많이 생겼다. 갑은 재화를 투자하니 을은 충실한 물건만 만들어 공급만 하면 된다는 종속적인 인식은 현재와 미래사회에 어울리지 않는 관계성이라고 대체적으로 주장한다. 수평적 소통의 자리를 희망하는 것이다. 상호보완적 · 공동체적 생각만이 세상을 아름답게 만드는 브랜드디자인의 철학을 실현하는 첫 단추의 개념이라 생각한다.

세상이 하도 다양하고 복잡하고 시끌벅적하여 행동매너를 가르치는 장르가 생겨나고 심지어는 이러한 과정을 매뉴얼로 만들어 교육을 시키는 산업까지 생겨날 정도로 신경을 매우 많이 쓰는 실정이다. 정보의 홍수로 인한 일각의 문화적 현상이라 이해하고 싶다. 이러하니 모든 업무를 진행함에 있어 진지함과 경청으로 무장하여 때와 장소와 경우TPO:*Time, Place, Occasion*를 판단하면서 책임감 있는 업무자세로 임해야 하겠다.

다음의 표는 디자인 개발과 진행에 맞춰 디자이너가 마주하게 될 업무적인 행동과 요령에 대해서 나열한 것에 지나지 않는다. 이 밖에 보이지 않는 일반적인 부분에 대해서는 기회가 되면 더욱 자세하고 체계적인 매너학적 접근을 통해 전문적인 내용을 추가 보완하도록 하겠다.

브랜드이미지를 개발하는 데는 나름의 경험적이고 합리적인 과정이 있다. 이것은 반드시 이렇게 해야만 된다는 정량적인 결과는 아니지만 대체적으로 이러한 과정을 거쳐야만 서로가 생각하는 목표점에 도달할 수 있다는 경험적 데이터의 흐름을 단계적으로 정리한 것이니 브랜드이미지가 필요한 요구자나 개발자는 참고하면 좋을 듯하다.

/		Activities
Step I Contact & Contract	⇒	① '의뢰자'와 '개발자'의 접촉계기 확인 ② 상호 업무성격과 수준 파악 ③ 상호 신뢰 하에 계약 합의 ④ 업무 내용과 범위 합의 ⑤ 계약서 작성과 내용 확인 ⑥ 계약 체결
Step II Brief & Compathy	⇒	① '의뢰자'로부터 프로젝트 개요 확인 ② 사업 현황 및 내용 파악 ③ 개발목표 및 방향 - 개발 키워드 연상과 탐색
Step III Research & Planning	⇒	① 국·내외 관련 이미지 조사 - 온·오프라인 경로로 탐색 - 다양한 검증 DB 활용 ② 디자인개발 콘셉트 연구 ③ 아이디어 전개방향 설정 ④ 경영진 인터뷰 ⑤ 사내 설문 조사 ⑥ 조사결과 추출 - 개발 방향 보고 - 이미지 형태 설정 - 색상 표준 설정
Step IV Basic Design System Development	⇒	① 다양한 아이디어 발상 전개 ② 유사성 검토 ③ 전략적 후보안 선별 ④ Sub Element 개발 ⑤ Basic Presentation - 프레젠테이션 방법 선택 - 보고 대상자 사전 파악 - 규모 설정 - 일부 시뮬레이션 항목 선택 ⑥ '의뢰자'와의 충분한 의견수렴 - 선택 기간과 과정 필요 - 기본 최종안 확정
Step V Application Design System Development	⇒	① 개발계약 항목에 의거 시스템 개발 ② 응용항목 프레젠테이션 ③ '의뢰자'와의 결정과 승인 - 일부 실제적용 아이템 선조치
Step VI Manual	⇒	① 계약사항 아이템 재확인 ② 개발 아이템 분류 및 순서 정리 ③ 아이템별 주의사항 체크 ④ 메뉴얼 편집 방식 선택 - 가제본 편집 - 매뉴얼 인쇄 및 전달 ⑤ 관리를 위한 사내 교육프로그램
Step VII Finishing	⇒	① 디자인 적용에 현장 감리 ② 세부적인 관리차원의 기법 전달

[표 29] 브랜드디자인개발에 따른 업무흐름의 요약

앞의 표에서 설명하려는 내용은 요구자와 개발자와의 관계성을 중심으로 작성한 것이며, 다음의 그림은 관계성 속에서 일어나는 개발자 측면에서 나타낸 흐름을 도식화 한 것이다. 주로 개발자의 업무로드이지만 이 과정에서 요구자의 참여도 포함되어 있다. 컨셉트의 공유와 이해, 중간과정의 공감과 확인, 추출과 후보선정, 브랜드이미지의 최종결정, 적용해야 하는 아이템들의 확인, 적용되는 구조에 대한 동의, 실행의 시작 등이 의뢰자와 함께 진행되어야 하는 내용들이다.

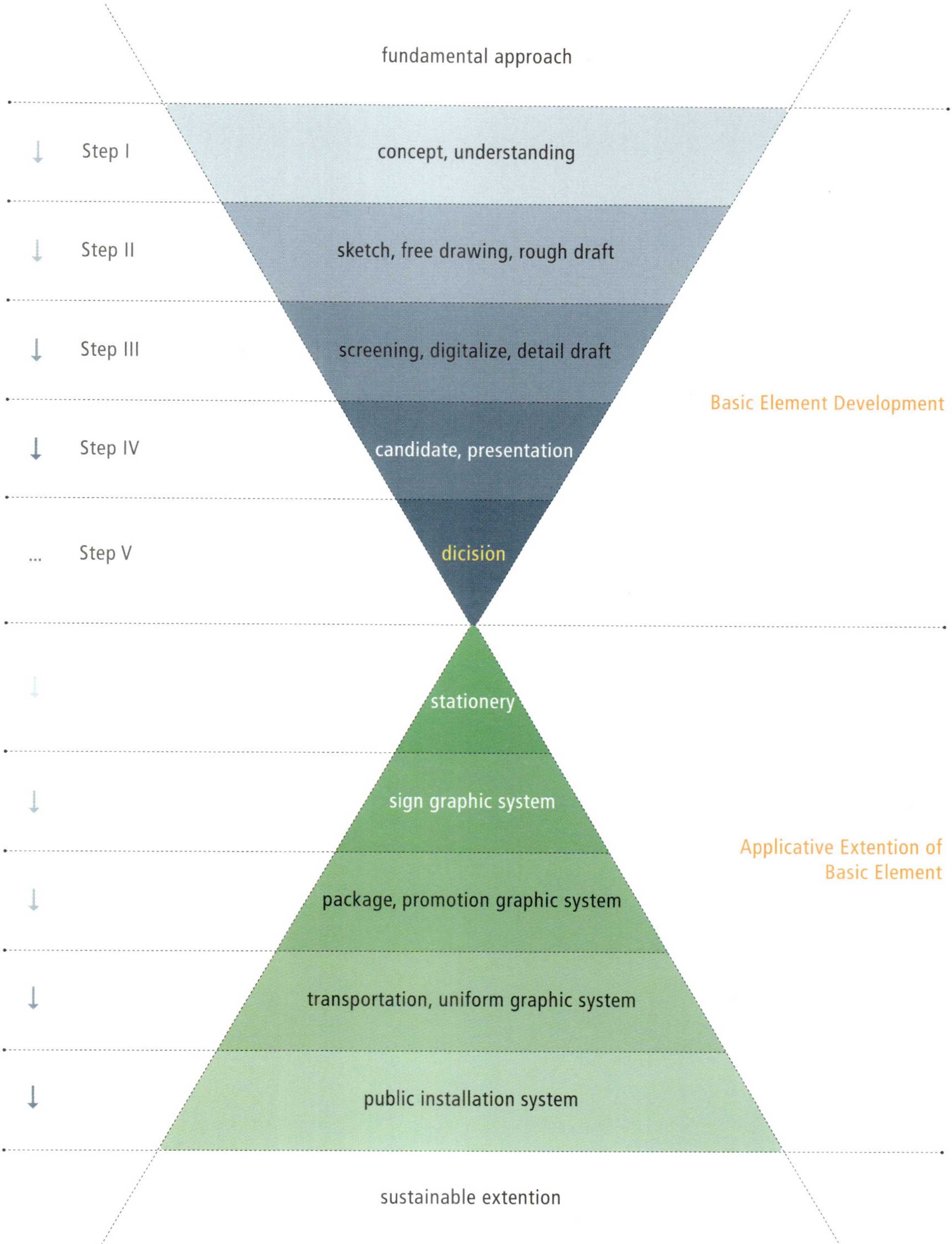

[표 30] 브랜드디자인의 개발과 단계별 의미

다음의 도표에는 브랜드디자이너가 이해해야 할 업무내용을 단계별로 구성하여 정리해 보았다. 대학에서 전공으로 공부하고 취업을 위한 출사표를 내기 위해서 이해하면 좋을 업무의 흐름과 특성에 관한 내용들이다. 대학에서도 이러한 업무적 흐름을 이해시키는 교육을 하며, 취업과 적응에 도움이 되는 편이다. 지금처럼 불황기에 취업률의 상승에 보탬이 될 수 있다면 교육자의 입장에서는 무언들 마다하겠는가.

Step		Work		Output	Abilities
Ⅰ	Contact & Contract	A1	상호 업무의 성격과 수준 파악	계약서를 작성할 수 있다.	· 업무이해력 · 문서 작성법 · 계약 양식
		A2	상호 신뢰 하에 계약 합의		
		A3	업무내용과 범위 합의		
		A4	계약체결		
Ⅱ	Brief & Compathy	B1	프로젝트 개요 확인	프로젝트에 대한 이해를 통한 디자인개발 기획서를 작성할 수 있다.	· 자료 조사 및 분석 · 비즈니스 이해
		B2	사업현황 및 내용 파악		
		B3	개발목표 및 방향		
Ⅲ	Research & Planning	C1	국내외 관련 이미지 조사	조사를 통한 디자인 목표 설정 및 디자인 콘셉트를 설정할 수 있다.	· 아이디어 발상 · 드로잉 · 조형감각 · 색채감각 · 이미지에 대한 언어적 표현력 · 타이포그래피
		C2	디자인 컨셉트 연구		
		C3	아이디어 전개방향 설정		
		C4	클라이언트 요구조사		
		C5	이미지형태 설정		
		C6	색상표준 설정		
Ⅳ	Basic Design System Development	D1	다양한 아이디어 발상 전개	디자인 컨셉트에 맞춰 핵심내용과 기본시스템을 개발한 후 클라이언트에게 프레젠테이션을 할 수 있다.	· 조형감각 · 디자인 선별능력 · PT 자료 제작 · PT 능력 · 설득력
		D2	유사성 검토		
		D3	전략적 디자인 후보안 선별		
		D4	Sub Element 개발		
		D5	프레젠테이션 방법과 내용 선택		
		D6	프레젠테이션		
		D7	기본 최종안 확정		
Ⅴ	Application Design System Development	E1	응용 시스템 개발	기본결정 시안을 토대로 응용아이템을 개발 후 프레젠테이션을 할 수 있다.	· 조형감각 · 디자인 선별능력 · PT 자료 제작 · PT 능력
		E2	프레젠테이션		
		E3	응용시스템 최종안 확정		
		E4	계약상의 아이템 확인 후 개발		
Ⅵ	Manual	F1	매뉴얼 편집방식 선택과 가제본	매뉴얼을 제작하여 전달하고 설명할 수 있다.	· 올바른 매체 활용법 · 담당자 교육
		F2	매뉴얼 인쇄 및 전달		
		F3	사내 관리 교육		

[표 31] 브랜드디자인개발에 따른 단계별 결과물과 업무필요능력

디자인개발 업무에서 이러한 사용 툴은 확실하게 인지할 만큼 매뉴얼로 정해진 업무 단계로 분리되어 있지 않고 확인하지도 않는다. 자연스럽게 개발 흐름 속에 녹아 진행하게 된다. 지금은 계약단계, 다음은 조사단계, 그 다음은 발상단계, 이러한 단위마다의 프로세스를 붙여 놓지 않는다. 연속적으로 진행되는 과정에서 설명하기 위해 단계별로 구분해 놓은 것이다.

예를 들어 자료조사와 아이디어의 발상은 계약서에 날인하는 순간에도 함께 이루어질 수 있는 상호 연속적 활동이다. 예외적으로 디자인개발을 시작하면서 계약을 진행하는 경우도 현실에서는 있을 수 있다. 일상적 업무에 녹아들어 있는 업무진행의 흐름과 상식적인 효율적 접근을 체계화하여 이해시키려는 정리된 형식이므로 이로 인해 절차를 분절하여 생각하지 않기를 바란다.

6.2 디자인의 개발과 자료조사

브랜드디자인의 상징이미지를 제작하기 위한 드래프트 작업을 진행하기에 앞서 선행해야 할 사항이 있다. 이는 작업의 안전성과 신뢰도를 높이는 중요한 과정이기 때문에 객관적이고 현실적이어야 한다. 따라서 과장된 분석이나 지나친 축소 해석은 삼가야 하고 항상 객관적이고 보편적인 데이터를 확보하여야 한다. 확보한 데이터는 조형작업을 하는데 탄탄한 바탕이 되며, 경우에 따라서 법적인 안전망까지 도달하는데 중요한 역할을 하게 될 수도 있다. 자료조사를 하기 위해서는 우리 주변의 상황은 물론이고 앞으로는 더 나아가 전 세계를 상대로 자료를 수집해야 하는 상황에 놓이기도 한다. 경영과 관리와 이미지의 글로벌리즘의 세상이다.

우선 조사하고 분석하는데 있어서 우선적으로는 텍스트 형식으로 내용이 구성되어야 하며, 텍스트가 의미하는 것은 글자를 통해서 브랜드의 개발에 필요한 정보를 우리에게 직접적으로 설명하고 이해시킬 수 있다는 사실적 표현이다. 이때 텍스트 수집의 의미는 디자인개발 과정 자체에서만 활용하는 정도의 수준으로 별도의 정리 작업 후 저장되어 대외적으로 노출시키는 의도에 포함되지 않는 성격이기 때문에 대체적으로 저작권과는 관계가 없을 수 있다. 그런데 이러한 정리된 자료의 결과물을, 유통을 전제한 출간자료로 이용하고자 한다면 다시 한 번 살펴봐야 한다. 회사의 보안기능이기도 하고 의도적으로 재구성된 창작물이므로 필요자와 개발자는 상호간에 합의를 통해서 교환하여야 한다.

다음으로는 시각적으로 구성된 이미지 형식의 자료를 수집하는 것이다. 여기에는 직접 카메라를 이용하여 필요한 대상과 장소와 위치 등을 직접 촬영하여 수집할 수도 있고, 여의치 않으면 더욱 수월한 방법인 동영상의 이미지로 촬영을 하여 이해의 감각을 넓히는데 더 효과적으로 이용할 수도 있다. 이때 발생하는 자료의 수집은 고유의 수집활동을 통해서 창의적인 활동을 바탕으로 행위가 이루어졌기 때문에 자료로서 고유의 권리를 주장할 수 있는 부분이다. 경우에 따라 촬영을 하기 위해서도 사전에 협조를 구해야만 하는 상황이 생기므로 무작정 카메라를 들이대면 곤란한 경우를 당할 수도 있으니 주의하여 수집하여야 한다. 시각적 이미지를 확보하는 또 다른 방법은 이미 발표된 인쇄물에서 필요한 내용을 확보하는 것인데, 스캐너를 이용하여 데이터화 시키거나 온라인을 통하여 수집할 수 있는 방법이 있다. 이는 앞서 언급한 저작권과는 다른 경우에 해당하므로 대외발표나 유출에 대해서는 생각의 관리를 요할 수 있다. 아니면 온라인을 통해 필요한 시각자료를 구매하는 것도 손쉬운 방법일 수 있다.

텍스트와 시각적 이미지의 자료를 통해서는 일반적 수준의 이해를 돕는 데는 충분한 자료를 얻을 수 있지만, 개발 브랜드에 대한 실질적인 단서를 얻기 위해서 경영진의 심층적인 인터뷰 형식을 취하기도 한다. 이때 인터뷰는 무턱대고 녹음기나 마이크와 – 요즘같이 스마트폰 하나로도 해결이 되기는 하지만 – 같은 장비만 지참하고 찾아가기만 해서는 안 되겠다. 사전에 인터뷰의 요청과 수락의 형식과정이 이루어져야 하며, 보안에 대한 약속 등의 규칙을 지킨다는 것을 서면 등의 약속의 형태로 얻은 후에 진행해야 한다. 빅프로젝트, 규모가 있는 프로젝트는 개발비도 많이 전제되겠지만 해당 브랜드의 중요한 핵심전략이 들어가 있고 관리해야 하기 때문에 큰 프로젝트라 말하는 것이다.

그 밖에 다양한 자료수집에 대한 방법과 기법은 시대가 진화해 갈수록 다양해지고 합리적인 방법이 등장할 것이다. 여기에 변하지 않는 것은 앞에서와 같이 일반적이고 상식적인 상황에서는 인간의 동물적 특징이 변화하거나 사라지지 않고 다른 능력이 나타나지 않는 한 계속 대동소이할 것이라 생각한다.

기술적 활동	기능적 활동	기타
텍스트	메모, 복사, 스캔	문자, 음성
경영진 인터뷰	녹음, 메모	사전 스케줄 조정과 승인
전문가 인터뷰	촬영, 녹음, 메모	사전 양해, 스케줄 조정
사진이미지	촬영, 스캔, 드로잉 등	의뢰/구입, 검색/다운로드
그림이미지	촬영, 스캔, 드로잉 등	의뢰/구입, 검색/다운로드
동영상	촬영, 검색	의뢰/구입, 검색/다운로드
통계	설문, 분석, 검색	의뢰/구입, 검색/다운로드
유무선 소통	통화, 화상대화	온라인 솔루션
...	...	...

[표 32] 자료의 조사와 형식과 방법과 특징

6.3 디자인프로젝트를 진행하기 위한 개념의 설정

디자인을 진행하기에 앞서 요구자(甲, 기업, 브랜드, 서비스제공자)가 무엇을 찾으려 하는지 파악해야 하는데, 존재하지 않는 무형의 형태를 찾기 위한 작업은 쉽지 않다. 그래서 방향성에 대한 이야기를 나누고 선택과 합의하는 과정이 반드시 있어야 한다. 프로젝트의 포괄적인 배경을 이해하는 단계이다. 주어진 배경을 이해하고 이해한 사실을 함축적인 언어로 정의 내리는 것을 컨셉트라 한다.

이 단계를 확인하지 않고 진행하게 되면 다른 산의 꼭대기에 올라가는 경우가 발생한다. 우리가 오르려는 산의 정상에 도달하지 못하는 것이다. 길을 잘못 들어 다시 올라가야 할 수도 있고, 그에 따라 시간도 체력도 더 많이 소모되고 필요할지 모른다. 어떤 산이면 어때! 무엇이 되었든 정상에 도달한 것이 마무리의 정의라면, 우연의 결과로도 만족하고 상관이 없다면 선행 작업에 많은 에너지를 들일 필요가 없다. 그냥 뒷동산이나 올라가면 될 것을. 그러나 우연은 쉽게 연출되는 것이 아니기 때문에 무엇 때문에 돈들여 시간들여 힘들여서 준비하는지 자문을 해봐야 할 필요가 있다. 분명한 목적이 있기 때문에 배경을 이해해야 하는 것이다.

자! 이러한 컨셉트의 설정 단계에서 도출되는 형태는 대개 문자와 음성의 형식으로 구체화시키고 설정과 소통해 가는데, 이때 거론되는 언어적 표현이 개념이라는 의미이며, 컨셉트*Concept*라는 단어이며 문자이고 문화 생산적 단계의 사실이기도 하다. 해당 브랜드의 문화에 대해서 요약하는 작업도 생산적 행위라 말할 수 있다. 해당 단계에서 이 언어적 표현을 결정짓게 도와주는 그림과 사진들이 있는데 접근 단계의 컨셉트이미지라 한다.

컨셉트는 단일한 범위나 단계만의 컨셉트를 설정하지 않는다. 요구하는 상황에 따라 프로젝트의 크기에 따라 개발의 내용에 따라 다양한 기능의 컨셉트가 존재하고 해당하는 역할에 맞는 컨셉트를 구분하여 설정하고 이해하여야 한다. 컨셉트도 커다란 범주의 개념에서 작은 개념의 범주로 흐르는 모양을 연상한다. 낮은 단계의 컨셉트에서 높은 단계의 컨셉트가 있으므로 정도의 차이를 잘 파악하고 설정하고 이해하여야 한다. 낮은 단계의 컨셉트는 구체적이고 분명한 시각적 전략을 의미하지만 컨셉트의 단계가 확장되어 갈수록 컨셉트의 표현전략은 다양하고 포괄적인 가능성을 전제한다. 컨셉트는 포괄적인 의미에서도 작용하며 구체적인 단계에서도 발생한다. 한 번 내린 정의를 중심으로 일관성 있게 진행하는 과정에서도 보조적인 컨셉트가 등장할 수도 있다. 대개는 개념의 큰 틀을 설정하는 의미로 작용되어 사안을 이해시킨다. 컨셉트라는 설정을 자주하게 듣게 되는데 때와 장소와 시간에 맞는 컨셉트가 있다는 현실을 주지해야겠다.

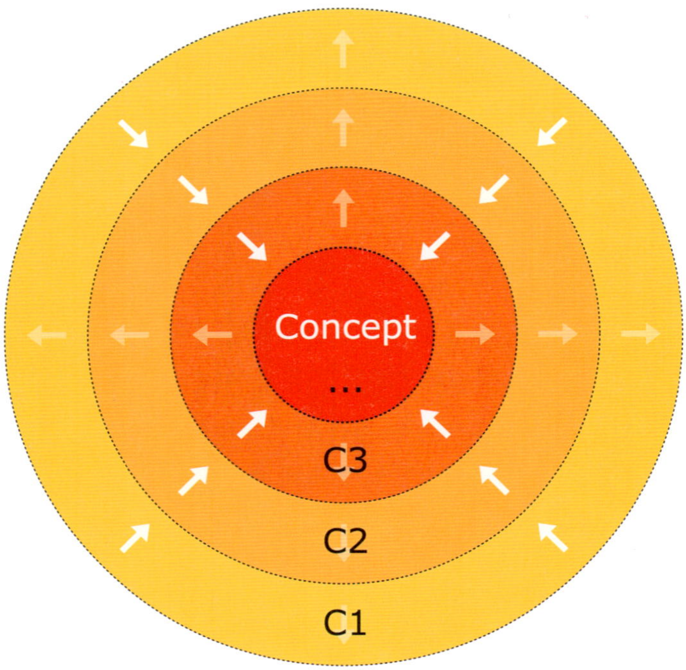

[표 33] 컨셉트의 설정에 따르는 집중과 확산의 이해

컨셉트의 표현방식은 몇 개의 키워드, 단어의 형식으로 형성 · 나열되기도 하고, 구문이나 문장의 형식으로 도출 정리되기도 한다. 도출된 형식의 문자와 음성을 읽고 이해하고 발전시켜 브랜드디자인의 프로젝트에 적용하게 되는 것이다. 이 컨셉트는 디자인의 장르마다, 디자인개발 단계마다 정의하는 대상의 크기와 내용에 따라 다른 형식으로 다루어진다. 표현의 형식은 짧게 혹은 길게 표현될 수 있다.

컨셉트의 설정을 디자인개발 프로세스 위에서 피드백 되는 과정의 이해를 돕고자 생활 속의 예를 들어 설명해 보고자 한다. 주말 어느 날 어머니께서 떡볶이로 저녁을 대신할 참으로 떡볶이를 요리하는데 흔히 알법한 레시피를 연상해 가며 맛나게 떡볶이가 만들어질 즈음, 물의 양을 많이 잡으신 듯, 그만 떡볶이라기보다는 떡국에 가까운 결과가 나오고 말았다. 어머니 말씀, 떡국이 되고 말았다고 하시며 맛있게 드신다. 그러나 디자인개발 과정에서는 이를 컨셉트 설정의 도출 실패로 판단하고 다시 피드백 한다.

물론 이를 실패한 떡볶이로 끝내지 않고 도출된 전체 과정을 더듬어 다시 정리하여 계속 떡국으로 정의하는 것이 아니라, 이를 얼큰 떡국으로 다시 정의할 수도 있다. 이것은 현실적으로 컨셉트의 개발과 설정 과정에서 있을 수 있는 생각과 텍스트와 그림의 관계에서 성립될 수 있는 프로세스의 돌출적 기능이다. 떡볶이가 떡국으로 될 수 있는 것은 아니다. 컨셉트 설정의 과정에서도 아이디어스케치 단계에서도 이와 유사한 과정으로 돌출 개념과 그림을 구조적 선후과정에 영향을 주기도 한다. 재료는 동일했다. 떡볶이를 얼큰 떡국으로 다시 정의할 수 있는 것이 컨셉트의 언어적 · 텍스트적 · 창조적 설정일 수도 있었다. 그러나 이 이야기의 사례는 컨셉트의 설정과 과정의 초점 맞추기에서 문제가 있었다. 의도한 떡볶이에 도달하기 위해서는 정확한 정보의 레시피가 필요했다. 이러한 과정에 의해서 결론으로 매듭지어지면 안 된다는 사례를 말하고 싶었다.

[참고이미지 36]
부산어묵 / Korea Rep.

해당하는 과정마다 언어적 의미의 온도는 조금씩 차이가 있으며, 다듬어지지 않은 의미를 가지는 컨셉트에서 세밀한 의미로 표현하는 과정으로 컨셉트가 있다고 보면 여러분들을 이해시키는데 도움이 될지도 모르겠다. 그러므로 투입된 해당 단계에서 이해해야 할 컨셉트를 파악하는 것이 디자이너 또는 개발자에게 필요한 중요한 능력이자 센스가 되는 것이다. 왜냐하면 같은 단어를 읽고도 다른 그림을 그리는 것이 사람이기 때문에 상대방과의 공감을 충분히 이끌어나가야 하기 때문이다.

또 다른 예시를 통해서 생각해 보자. 다음 표의 좌측에서 제시한 문제를 이해하고 중간과정을 거쳐 오른쪽의 목표에 도달하여야 하는데, 이때 필요한 기준을 설정하는 것이 컨셉트의 설정과 정의를 통해서 도달하는 것이다. 여러분이 기획하는 곰의 모양은 어떤 컨셉트인가?

곰의 이미지를 결정하기 위한 컨셉트 설정		
곰	어떤 곰?!?! 귀여운/영리한/교활한/ 사나운/늙은/둔한/무서운/ 관록있는/여유있는/모성적인 등의 설정	① 반달가슴곰 ② 알래스카 그리즐리 ③ 회색곰 ④ 테디베어 ⑤ 러시아 불곰 ⑥ 푸우 ⑦ 북극곰 ⑧ 아빠곰, 엄마곰, 새끼곰 등
→	→	.

[표 34] 연상에 대한 다양함과 컨셉트 도출의 흐름과 이해

▶언어 Language 言語
생각, 느낌 따위를 나타내거나 전달하는 데에 쓰는 음성, 문자 따위의 수단. 또는 그 음성이나 문자 따위의 사회 관습적인 체계.

이러한 컨셉트의 설정은 브랜드의 시각상징이미지의 개발방향을 유도하고 결정짓게 하는 중요한 요인임이 확실하다. 그러나 컨셉트를 유발시키는 동기에는 몇 가지 변수이자 상수를 가질 수 있다. 디자인개발의 몰입 과정에서 혹시 빠뜨리거나 갑작스럽게 맞닥뜨릴 수 있는 중요한 요인들이다.

/	브랜드(기업)와 시각이미지와 개발 컨셉트의 동기
1	해당 브랜드(기업)에서 사용해 오던 시각적 이미지와의 연관 정도 : 역사성
2	시대적인 흐름에 맞는 새로운 유행
3	해당 브랜드의 집단적 문화
4	경영자CEO, 오너Owner의 철학이나 성향
5	이미 계획, 확정된 브랜드(기업)의 발전 전략
6	제3자의 자문이나 충고
7	관행적 조사와 결과를 따라
…	등과 같은 다양한 동기에 의해서

[표 35] 브랜드이미지의 개발과 컨셉트 설정의 동기변수

BRAND DESIGN

Chapter 07

아이디어스케치와 의미

Idea Sketch & Its Meaning

7.1 창의적 문제해결 프로세스

7.1.1 마인드맵 Mind map

7.1.2 브레인스토밍 Brainstorming

7.1.3 아이디어의 도출과 방법과 사례

7.1.4 아이디어스케치로서 초기드로잉

7.2 디자인 개발기준과 프리드로잉

7.2.1 디자인 개발기준과 설정

7.2.2 프리드로잉 Free Hand Drawing / Rough Draft

7.3 디테일드로잉 Computer Drawing / Detail Draft

7.1 창의적 문제해결 프로세스

창의적 문제해결에 대한 방법을 소개하는 진행방식과 교육도 많다. 창의적인 아이디어를 쏟아 놓을 수 있는 환경이 만들어져야 하며, 쏟아 놓은 아이디어가 쌓이는 것을 어떻게 정리하여 소화시킬 것인가에 대해서는 경험된 디자이너들이나 집단에게는 별로 의미 없는 제안처럼 들릴 수도 있다. 왜냐하면 디자이너의 직업상 숙명이 창의적 바탕 위에 서 있기 때문에 두말하면 잔소리로 들리기 쉽다. 창의적 의미가 무엇인지 되묻는다면 고민해볼 만하다.

창의적 문제해결은 디자인 분야에서만 적용되는 기법이 아니다. 모든 조직적 업무를 진행해야 하는 집단에서는 필수적으로 들어보고 참여하고 집단적 문제해결 솔루션 세미나까지 참가했을 것이다. 창의적 문제해결을 이끌어내야 하는 마당이 어느 마당인가가 중요하다. 개방형 채널을 가진 조직에서 집단의 규모가 크면 크기를 조정하여 진행해야 하며, 비개방형 구조에서는 규모와 성격에 관계없이 마당의 상태부터 개선하는 경영자의 창의경영을 발휘해야 한다.

브랜드디자인을 개발함에 있어 창의성은 개념을 체계화 시키는 구조적 힘*Building Conceptual Structure*과 조형을 목적에 접근시켜 심미적 특징을 찾아 결합시켜내는 관찰력*Sharp-Eyed*을 꼽아야 한다. 그리고 설명과 주장할 수 있는 용기와 부드러운 결단력.

그런데 묘하게도 개념을 구조화 시키는 힘을 기르게 되면 의외로 많은 통찰력이 생겨난다. 이쯤 되면 디자인 장르의 전체로 확장시키는 개념적 힘은 기능적 힘만 붙어주면 해결하지 못할 일이 없게 된다. 산의 정상에 오르면 세상의 모든 것이 눈 아래에 놓이는 느낌이랄까. 차이를 굳이 지적하자면 실행시간에 대한 차이가 나타날 수 있는데, 경험의 차이 정도로 감히 이야기하고 싶다. 경험은 매우 중요한 개인 가치의 덕목이지만 문제해결의 결과가 항상 정답이라고 주장할 수는 없기 때문이다. 다소 과장된 표현이지만 그만큼 개념을 구조화시키는 힘은 대단히 강하며 중요하다. 많은 이들이 이와 같은 결과를 도출해 내는데 가장 효과적인 방법으로 마인드맵과 브레인스토밍 기법을 추천한다.

브레인스토밍, 마인드맵은 생각을 이끌어내고 확산시키는데 효과적인 방법이며 합리적인 툴이라는 사실임에는 부정할 수 없는 통계적 사실이다. 많은 객관적 사실들을 체계적으로 전개할 수 있어서 디자이너의 상상력을 X, Y, Z축으로 구조화 할 수 있는 장점이 있다. 그래서 디자인을 전공해야 하는 학생들에게는 중요한 가치를 찾아낼 수 있는 방법 중 하나로 손꼽힌다.

7.1.1 마인드맵 Mind map

마인드맵*mindmap* 또는 마인드 맵*mind map*은 1970년대 초 영국의 교육학자 토니 부잔*Tony Buzan*이 개발한 학습과 기억의 새로운 방법으로 널리 알려져 있다. 마인드맵을 쉽게 표현하면 생각의 지도라 할 수 있다.

구체적으로는 무순서 다차원적인 특성을 가진, 사람의 생각을 표현하는데 있어 백지 위에 키워드, 이미지로 중심 주제를 적고 가지를 확장시켜 나가면서 핵심어, 이미지, 컬러, 기호, 심벌 등을 사용해 방사형으로 펼침으로써 사고력, 창의력 및 기억력을 높이는 두뇌개발기법 또는 두뇌사용기법이라 한다.

논리적이고 이성적인 영역을 담당하는 좌뇌의 기능과, 색상 · 디자인 등의 창의적인 영역을 담당하는 우뇌의 기능이 서로 다르지만, 이 두 가지가 조합되어 효과적으로 연결될 때 최대의 두뇌활용 효과를 나타낼 수 있다고 주장한다. 이러한 이유 때문에 마인드맵을 이용하여 자신이나 또는 대 · 소규모 집단의 생각을 정리해 내고 공통요인을 도출해 내는데 적용할 수 있다.

무엇보다 마인드맵은 두뇌가 정보를 자연스럽게 받아들인 사실을 그래프로 표현해 내는 형식이 신경세포의 분화와 매우 유사하게 닮아 있다. 지도, 나무, 그렇기 때문에 누구나 조금만 방법을 숙지하면 쉽고 재미있게 마인드맵을 그리고 그 효과를 경험할 수 있다. 자신의 아이디어가 펼치는 확장성의 한계를 확인할 수 있는 좋은 방법이다. 그러나 한계는 곧 극복의 개념으로 활용할 수 있는 재료이기 때문에 좋은 아이디어 개발방법이기도 하다.

생각을 확장시켜 나가는 과정은 나무의 기둥에서 줄기로 뻗어나가는 형식으로 발전되며 한 방향으로 확장되기보다는 방사형으로 전개시켜 발

▶토니 부잔 Tony Buzan 마인드맵의 창시자. 두뇌와 학습, 사고 기술에 관한 세계적인 권위자. 방사사고 Radiant Thingking와 멘탈 리터리시 Mental Literacy라는 개념을 최초로 주장하였다.

상의 과정을 상세하게 확인할 수 있다. 이는 영화 인셉션*inception*의 연속적 장면을 연상하게 해준다. 컴퓨터를 사용하는 모든 사람들은 잘 알듯이 폴더를 계획하고 구성하고 관리하는 원리와 같은 맥락이다.

이러한 마인드맵의 접근법은 디자인개발에 있어 시각적 표현과 브랜드의 스토리를 형성시켜 주는 효과적인 추론의 결과를 만든다.

[사례이미지 51] 마인드맵을 이용한 스마트폰 중독에 대한 관찰 (학생作)

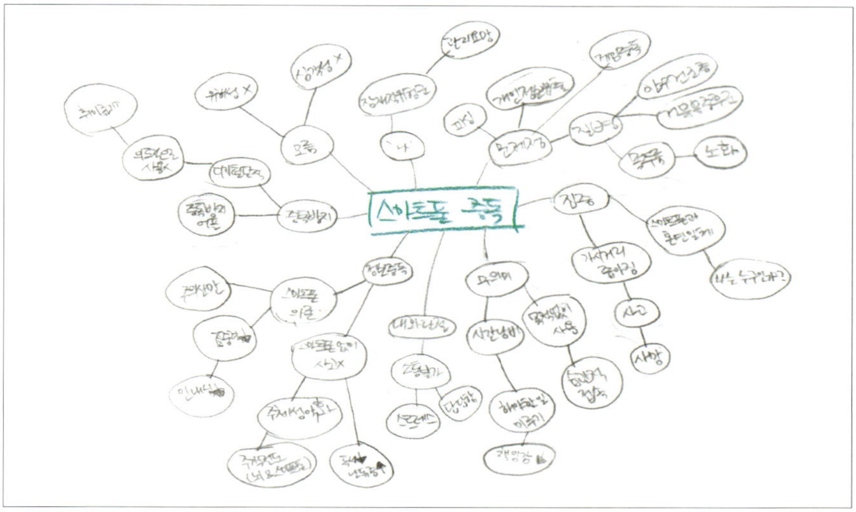

[사례이미지 52] 자신의 소개를 위한 마인드맵 (학생作)

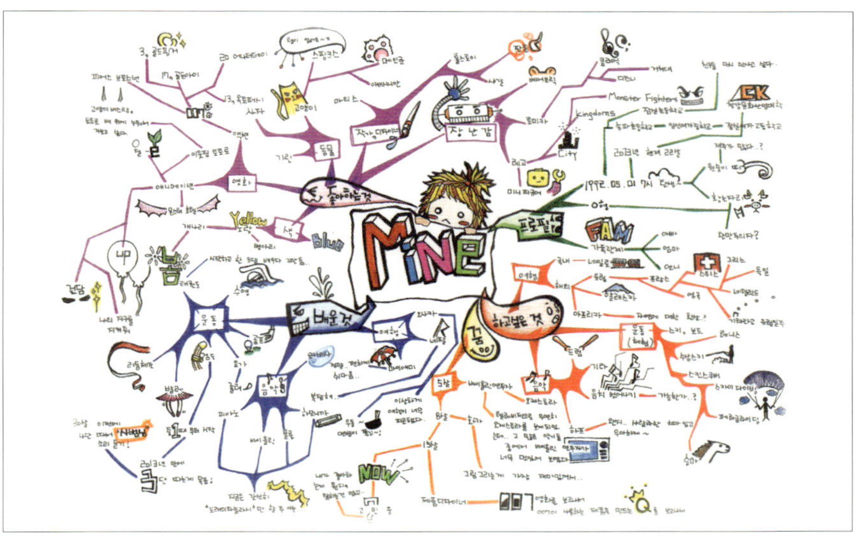

7.1.2 브레인스토밍 Brainstorming

디자인 미팅이나 기타 회의 자리에서 이제는 흔하게 듣는 용어이다. 언어적 번역을 확장해보면 뇌폭풍, 생각폭풍, 지식폭풍 정도로 해석해 봐도 어떠한 의미인지 연상할 수 있을 것 같다. 특정한 목표를 향해 풀어가야 하는 과정에는 여러 가지 갈래의 방향이 있을 수 있다는 가정이다. 어떠한 갈래의 길을 살펴볼 것인가에 대한 문제는 누구도 정답을 제시하기가 어렵다. 더군다나 추상적인 개념들의 단어가 오가는 그림과 같은 형태;모양을 다루는 결과를 위해서라면 더욱 지름길이나 정답은 없다. 해답만 있을 수 있다. 그래서 다양하고 진지한 풀이의 집중적인 한마당이 필요한 것이다.

이렇게 목표에 도달할 수 있는 다양한 방법에 대한 의견수렴의 한 방법으로 브레인스토밍이라는 방법이 있는데, 브레인스토밍의 자리에서는 지켜야 할 몇 가지 규칙이 있다. 브레인스토밍에는 판단의 유보*Deferred Judgment*와 양量은 곧 질質*Quantity bears Quality*이라는 2가지 원칙에 입각한 4가지 기본규칙을 바탕으로 진행한다.

① 옳고 그름의 비평을 전제한 자리가 아니기 때문에 아이디어 제시자의 의견에 대해 태클 걸지 않는다.

② 어떠한 내용과 형식이 되더라도 자유분방한 아이디어 *Freewheeling Idea*로서 모두 수용한다.

③ 아이디어의 표현과정에 환영의 자세로 화답해 준다.
오! 그런 방법이~. 괜찮은데~.

④ 다다익선多多益善! 되도록 많은 양의 아이디어를 확보하도록 한다.

⑤ 발상 과정에서 도출된 아이디어들을 조합Combination하여 이들을 필요한 상황에 맞게 개선한다.

브레인스토밍 프로세스는 당면한 문제의 정황에 따라 약간씩 다르게 진행되지만 일반적으로 다음의 사전 과정을 거쳐 진행되는 것이 효율성에서 바람직하다.

① 해당 문제를 정확히 설명하고 진술해야 한다.

② 인원이 많을 경우 5~7명 이내 정도로 작은 단위의 그룹으로 구성한다.

③ 브레인스토밍의 자리를 갖기 전에 관련된 내용을 1~2페이지 정도로 메모하여 참여자에게 보내어 두뇌예열을 유도하도록 한다.

▶이창욱 교수
단국대학교 공연디자인대학
커뮤니케이션디자인과

창의적 문제해결 프로세스를 다음과 같은 3단계로 구분하여 브레인스토밍이라 한다.

창의적 문제해결 프로세스		
↓	사실의 발견	Fact finding
↓↓	아이디어의 발견	Idea finding
↓↓↓	해결 방안의 발견	Solution finding

[표 36] 창의적 문제해결 프로세스의 흐름

브레인스토밍은 쉽지 않은 아이디어 도출의 과정이며, 조율하기도 간단하지 않다. 한 번으로 끝나는 경우도 흔치 않다. 업무적 특성상 프로젝트를 진행하다보면 '자, 이제부터 브레인스토밍을 실시합니다. 아이디어를 내주세요.' 이렇게 출발의 선을 긋고 시작하지는 않는다. 특별한 경우는 예외로 두지만 대체로 전체 프로세스 플로우에 녹아 있는 하나의 단계적 개념으로 이해하는 것이 합리적이다. 업무와 회의는 항상 연속선상에 놓여 있으므로 의견을 개진할 수 있는 자리가 마련되면 바로 의사를 나타내면 된다.

[자료이미지 02] 아이디어 도출을 위한 브레인스토밍의 한 장면과 이미지사례

7.1.3 아이디어의 도출과 방법과 사례

아이디어를 도출하는 데는 정해진 방법이 없다. 번뜩이는 아이디어의 동기발견도 시간을 정해놓고 나오지 않는다. 굳이 표현하자면 누적된 생각이 압축되어 특정한 방향으로 이야기의 흐름에 맞는 그림이 구성되어 가는 듯한 느낌을 받는 순간을 찾는 것이 도출의 엑스타시이다. 이러한 반복을 통한 생각의 압축은 한 개뿐만 아니라 연속적 사고의 두뇌작용을 일으켜 다양한 방법으로 전개시켜나갈 수 있는 실마리를 제공한다.

'생각을 이렇게 하면 좋은 결과물이 나온 다더라'라고 하는 매뉴얼이 있으면 얼마나 좋을까만, 아쉽게도 우수한 방법으로 제시된 것은 생각을 이끌어 내는 프로세스의 방법론적 제안이지 번뜩이는 아이디어의 동기를 찾아내는 것은 타고난 재능이 있거나 후천적으로 반복된 경험의 시간과 양에 비례한다고 주장한다. 특효를 나타내는 방법이 책으로 나와 있으면 나부터 달달 외워버리겠다. 훌륭한 정해진 방법이 있어 따라 한다면 어느 누가 훌륭한 디자인 결과물을 내 놓지 못하겠는가.

그러나 도출까지의 프로세스에서 과학적 자료를 바탕으로 제시된 접근 과정의 방법은 있다. 도출까지의 경험적 데이터를 과학적 사고를 바탕으로 정리하는 방식이며 제안이 되는 브레인스토밍, 마인드맵과 같은 과정과 구조로 설명하는 것이다. 그러나 좋거나 특별한 해결방법을 제시하는 것은 시도에 의한 경험적 직관을 넘어설 방법론은 없다고 본다. 한 가지 힌트라면 괜찮은 아이디어를 도출할 수 있는 사고의 방법으로서, 역사적으로 왕성한 활동을 한 예술가나 미술가들의 사고와 표현체계에 관심을 가져보면 그 안에 효과적인 방법이 나타나 있다. 이러한 접근 방법은 새로운 것이 아니라 사람이 세상에 존재하는 생물학적 원리를 표현의 사례로 발견한 것이기 때문에 답은 우리이거나 사람이거나 소비자에게 있는 관계의 선상에 있다는 것이 핵심이다.

하나의 사례로 미술가, 화가 중 한 인물의 발상(사고의 접근)에 주목하면 아이디어를 도출해 내는데 도움이 많이 될 것 같다. 그와 그들이 바라본 관점을 이해할 수 있으면 한결 디자인 발상에 대한 문제해결이 재밌고 쉬워진다. 우리에게 많이 친숙한 그림으로 유명한 초현실주의 작가 르네 마그리트의 시각적 관점을 예로 들어본다. 이 작가의 표현방식의 구조를 관찰해 보면 다음 표와 같은 흐름으로 생각했다는 것을 이해할 수 있다. 마그리트가 이러한 플로우를 미리 만들어 놓고 작업에 임했는지는 모르겠다. 평론가의 분석적 결과물일지도 모르겠다. 디자인의 발상에서도 매우 유익하게 접목시킬 수 있는 방법이다. 다음 단락에서 다시 구체적이고 매뉴얼적인 방법을 소개하기로 한다.

▶depaysement
데페이즈망
어떤 대상을 일상적인 환경에서 떼어내 이질적인 환경에 놓음으로써 기이하고 낯선 상황을 연출하는 것을 말함.

화두 話頭 / 주제 主題 / Concept

↓

비非관련 언어言語끼리의 결합 / Idea Solution
Verbal depaysement / displacement / 언어적 데페이즈망

↓ ↑

비非관련 사물事物끼리의 결합 / Visual Solution
Visual depaysement / displacement / 시각적 데페이즈망

↓

시각적 충격 <Impact>

↓

호기심, 관심, 주목

↓

Different Design으로의 접근과 가능

[표 37] 개념적 시각적 아이디어 도출 방법의 한 사례

7.1.4 아이디어스케치로서 초기드로잉

브랜드에 대한 상징이미지를 시각적으로 표현하기 위한 방법은 첫 번째 떠오르는 연상소재를 그리며 메모하는 행위에서부터 시작한다. 이때 무수히 많은 정보들이 디자이너의 머릿속에 입력되어 있게 되는데 이들을 그림으로 표현하고 설명할 수 있는지에 대해 염두에 두고 드로잉을 하게 된다. 이 과정의 정의를 러프 드래프트*rough draft*라고 한다.

특별히 그리기 위한 용도의 정해진 재료나 도구는 정해져 있지 않으나 보통 연필이나 샤프펜슬이나 잉크성분의 펜 등의 일상적 필기구를 이용하여 메모의 형식으로 접근해 간다. 반드시 그림이어야만 하는 것도 아니다. 한 마디의 단어나 짧은 글이어도 조형적 영감*inspiration*을 얻기에는 충분한 모티프가 되기 때문에 그림만이 아이디어스케치라 표현하는 것은 그림개념의 구체적 표현일 수도 있다.

러프 드래프트*rough draft*의 과정인 아이디어스케치는 좀 더 정교하게 다듬는 과정으로 넘어가게 되는데, 이 과정을 스크리닝*screening*이라 하고 걸러진 이 과정을 통해 다듬는 과정으로 나아간다. 러프하게 드로잉한 모두를 정교하게 정리하는 것은 시간과 에너지소모의 관점에서 효과적이 못하므로 우선 자의적으로 또는 회의를 통해서 정리된 드로잉을 하게 된다. 이 드로잉을 디테일 드래프트*detail draft*라 한다. 거칠게 표현한 내용을 한층 구체적으로 형태를 만드는 작업인데 이것을 컴퓨터로 작업하게 된다.

그래서 썸네일스케치*thumbnail sketch*, 핸드드로잉*hand drawing*, 러프 드래프트*rough draft*, 디테일 드래프트*detail draft*에 이르는 표현을 모두 아이디어스케치의 영역으로 이해하기도 하고, 어떤 이는 머리와 손으로만 하는 스케치를 아이디어스케치라고 정의하기도 한다. 정해진 기준이 없는 영역이기 때문에 잘 해석하여 이해하면 된다.

[참고이미지 37]
가온전선, LS그룹 / Korea Rep.

특정 브랜드디자인개발을 위한 썸네일스케치는 좀처럼 공개되지 않는데 특별히 섭외하여 소개해 본다. 썸네일스케치의 정도는 개인의 스타일에 따라 마무리의 형식이 각기 다르게 나타난다.

[사례이미지 53] 가온전선 브랜드이미지 개발과 썸네일스케치, Rough Draft

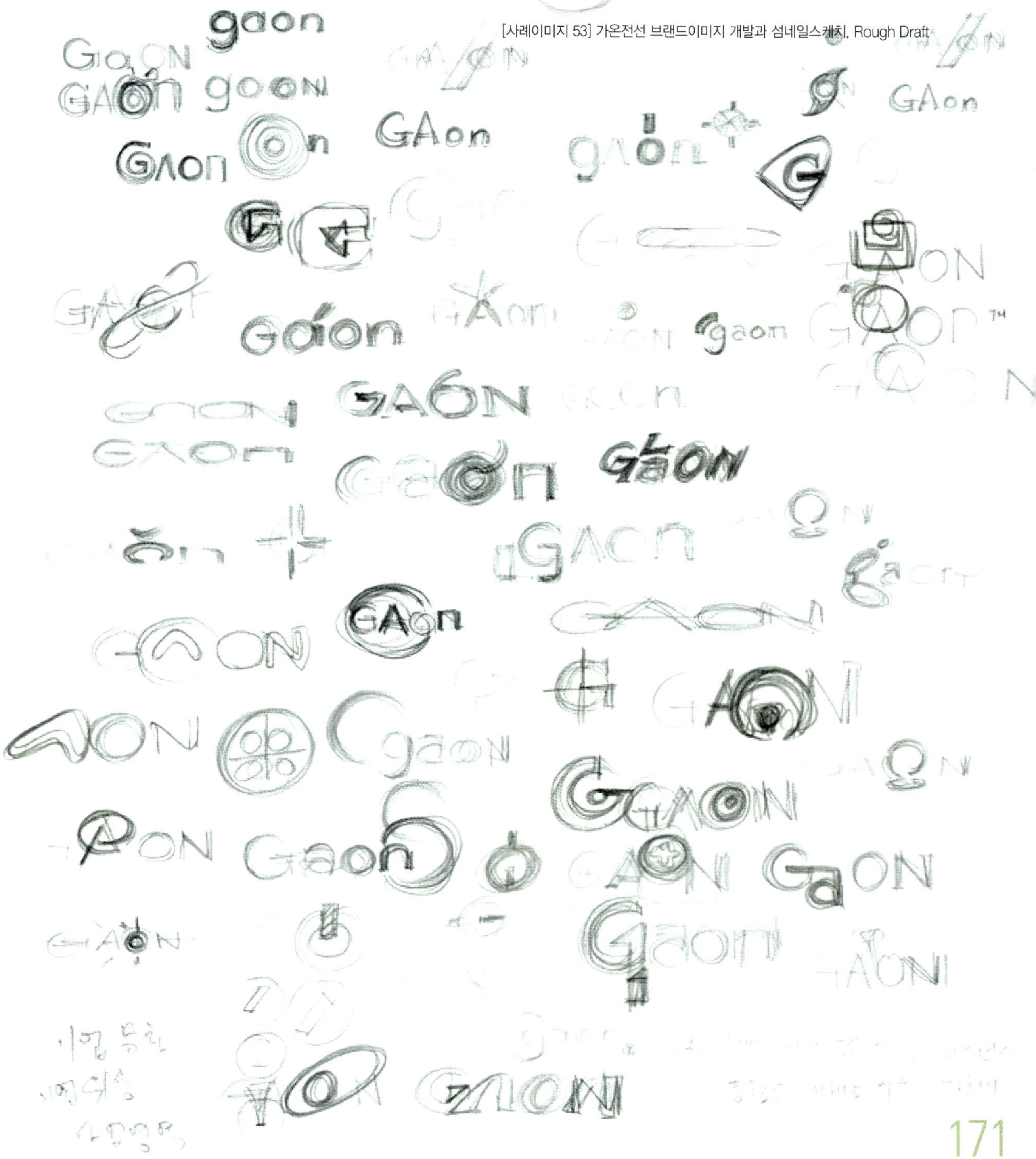

7.2 디자인 개발기준과 프리드로잉

7.2.1 디자인 개발기준과 설정

처음서부터 무턱대고 상징성을 가지는 그림을 설정해낼 수는 없다. 설정한 방향(컨셉트)에 맞게 접근하는 것이 중요하다. 직관적인 영감이 작용하여 부드럽게 진행할 수도 있지만, 성급하게 결정짓지 않고 전체적인 관점으로 생각의 구조를 정리해 볼 필요가 있다. 흔하지 않은 경우이므로 목적성을 염두에 두고 정해진 기간 동안 집중하도록 한다.

회화를 하더라도 인물화를 그릴 것인지 풍경화를 그릴 것인지, 이도저도 아니면 상상 속의 이상한 그림을 그릴 것인지 방향을 설정하고 그려야만 자기의 목적에 맞는 감성을 표현해낼 수 있을 것이다. 마찬가지로 브랜드디자인에 있어서 어떤 방향으로 그림을 만들어야 하는지 여럿의 생각을 모으고 공감을 이끌어내며 그림을 그려야 한다. 그렇지 않으면 그려야 할 조건과 대상의 영역이 너무 방대하고 분산되어 막연해지기 마련이다. 더러 자세히 관찰해 보면 개념설정과 드로잉이 동시적으로 진행되는 과정을 발견하기도 한다.

그래서 표현을 하는데 필요한 기준을 마련하고 조형작업에 들어가야 하는데, 이들을 방향, 컨셉트, 기준이라고 말한다. 기준은 좀 더 구체적으로 조형적 개발과 결정의 가늠에 대한 내용을 설명할 때 많이 사용한다. 기준들의 키워드를 대비개념으로 분류하기도 해보고, X축과 Y축으로 구성하는 그래프(매트릭스)에 넣어보면 이해하기 쉬운 분석표로 만들어 낼 수가 있다. 키워드의 축을 구성한 후 프로젝트가 목표로 하는 경쟁자료 유사자료 등 그림이나 문자로 구성된 샘플들을 위치시켜 아이디어 요소의 대입과 제거의 반복 과정을 실행하며, 자료를 통한 아이디어의 구체성을 파악할 수 있으며 나아갈 방향을 추론할 수 있다.

그림		문자
구상		추상
약어		단어
동물	⇔	식물
soft		hard
complication		simple
...		...

[표 38] 표현기준에 대한 좌우대칭적 개념설정의 예시

조합예시		→			
		1/글로벌	2/관계	3/연결	...
↓	A/지구	A1/지구,글로벌	A2/지구,관계	A3/지구,연결	A...
	B/창(문)	C1/창,글로벌	C2/창(문),관계	C3/창(문),연결	B...
	D/파트너	D1/파트너,글로벌	D2/파트너,관계	D3/파트너,연결	C...
	...	...	...	...	...

[표 39] 상징이미지의 연상과 발상에 필요한 요소(개념)간의 결합요령 사례

단어는 형태를 유도한다. 단어의 조합은 형태의 결합을 유도시킨다. 결합된 형태의 이질감을 발생시킨다. 이질감은 독창적인 형태의 접근으로 유도할 수 있다. 2개 단어의 단순조합에서 발전하여 3개 이상의 연상 단어로 인한 형태도 결합시킬 수 있다. 이러한 방법으로 아이디어와 드로잉으로 접근하면 드래프트의 다양성을 확보하는데 도움이 될 수 있다.

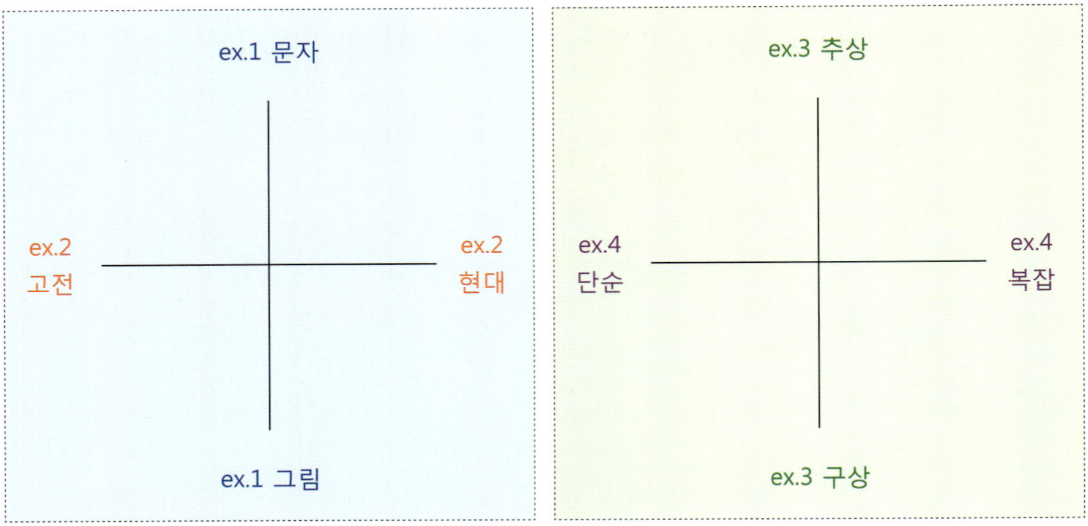

[표 40] 표현기준에 대한 상하대칭적 개념설정의 예시

이러한 방식의 설정을 통해 접근해 들어가더라도 방향은 다시 바뀔 수 있다. 시각이미지가 가지는 특성의 포지셔닝*positioning*을 확인할 수 있다. 바람이 부는 원리처럼, 기압이 높은 곳에서 낮은 곳으로 이동하듯이…….

7.2.2 프리드로잉 Free Hand Drawing / Rough Draft

이 단락에서 말하는 프리의 개념은 컴퓨터를 사용하지 않고 오프라인상에서 할 수 있는 드로잉 형태의 모든 것을 말한다. 프리드로잉, 초기드로잉, 기초드로잉, 핸드드로잉으로 이해할 수 있다. 컴퓨터로 드로잉하는 것과 분리하는 중요한 몇 가지 이유는 가벼운 손놀림으로 재빠르게 움직일 수 있는 민첩성이 뛰어나다는 사실과 디지털이 주는 표현상 틀의 영향을 받지 않을 수 있기 때문이기도 하며 아이디어 발상을 하는 과정에서 단서를 쉽게 표현할 수 있으며, 무엇보다 생각부터 깊게 할 수 있다는 장점으로 좋은 아이디어를 얻을 확률이 높다는 것이다.

이러한 과정에서 나오는 스케치의 형태를 썸네일스케치(엄지손톱스케치)*thumbnail sketch*라고도 말한다. 또한 손끝으로 느껴지는 감촉에 대한 감성적 자극으로 생각하는 깊이와 양에서 많은 감성적 영향을 주기 때문에 컴퓨터드로잉보다 앞서서 진행하도록 권장한다.

특히 피교육자의 입장에서는 더더욱 이러한 감성체험을 통한 스케치를 강조받게 된다. 프리드로잉, 즉 스케치는 머릿속에 입력된 모든 데이터를 동원하게 되는데 신속하지 않으면 안 되고 표현력이 부족해도 힘들다. 게다가 드로잉을 위한 재료를 선택하는 것도 체험해봐야 느낄 수 있는 것들이다. 처음에는 연필로 시작하는 것이 일반적인데 작업의 깊이를 더해갈수록 다양한 표현재료들이 등장하게 된다. 붓, 색연필, 크레파스, 사인펜을 넘어서 나무, 철, 플라스틱 등 세상의 모든 사물들이 표현재료에 해당하기도 한다.

[사례이미지 54] 브랜드디자인 진행을 위한 스케치의 학습장면

7.3 디테일드로잉 Computer Drawing / Detail Draft

프리드로잉 과정을 어느 정도 지속하다 보면 컴퓨터로 옮기는 작업을 하게 되는데, 이 작업을 디지털라이즈라 한다. 이미지를 디지털데이터로 전환하는 과정이다. 이때 컴퓨터작업을 한다고 해서 핸드드로잉의 작업이 끝나는 것은 아니며 러프한 스케치의 감성을 온전히 디지털로 전환하는 것이 중요하다.

여기서는 이해를 돕기 위해 순서개념으로 이해하기 쉽게 구분하여 정리한 것뿐인데 핸드드로잉과 컴퓨터드로잉의 과정은 반드시 분리되는 작업과정은 아니며 동시에 진행되는 경우가 많고 작업이 심화될수록 컴퓨터로 묘사한 결과물을 대상으로 소통해 나간다. 컴퓨터로 묘사한 출력물은 회의 과정에서 시각자료로 이용되기 때문에 정해진 용지에 보기 좋은 크기와 구도로 규칙성을 가지고 정리해 놓으면 회의 진행과 내용을 원활하게 결정해 나갈 수 있다.

[사례이미지 55] 포털사이트브랜드 NAVER를 포함하는 상위브랜드 NHN의 새로운 CI이미지 디테일 드레프트 과정

앞서 언급한 과정부터 여기까지의 과정 위에서 조형적 결과물을 대상으로 브레인스토밍, 마인드맵, 매트릭스 등의 해석과 함께 앞서 설정한 방향(컨셉트)과 부합하는지에 대한 스위치작업을 계속 거치면서 진행하게 된다. 이러한 단계를 통하여 조형작업의 방향은 압축되어 진행된다.

[사례이미지 56] 포털사이트브랜드 NAVER를 포함하는 상위브랜드 NHN의 새로운 CI이미지 스크리닝 과정

위의 사진이미지를 관찰해 보면 적당한 크기의 규격에 맞춰져 동일한 출력조건으로, 스케치와 개발 과정에서 도출된 디자인의 결과물들을 나열하고 오와 열을 맞춰 벽면에 게시하여 한눈에 확인할 수 있도록 붙여놓았다. 위와 같이 보이는 수준의 단계는 프리드로잉 단계의 발상들을 컴퓨터로 옮겨놓은 컴퓨터그래픽작업으로서 스케치 과정의 후반부와 이미지 스크리닝 작업이 많이 이루어지는 단계*stage*에서 접할 수 있는 장면이다. 핵심요소 개발의 중심지점을 통과하는 의미를 가지고 있다.

스케치 작업에서부터 방향의 유도과정을 통하여 후보 디자인시안을 도출하는 과정까지의 개념은 깔때기모양으로 이해하면 쉽다. 깔때기의 좁은 통로를 지나게 될 후보 시안들은 매우 정교하게 쪼개진 핵심요소를 의미하는 것이므로 물리적인 이해와 다를 바 없다.

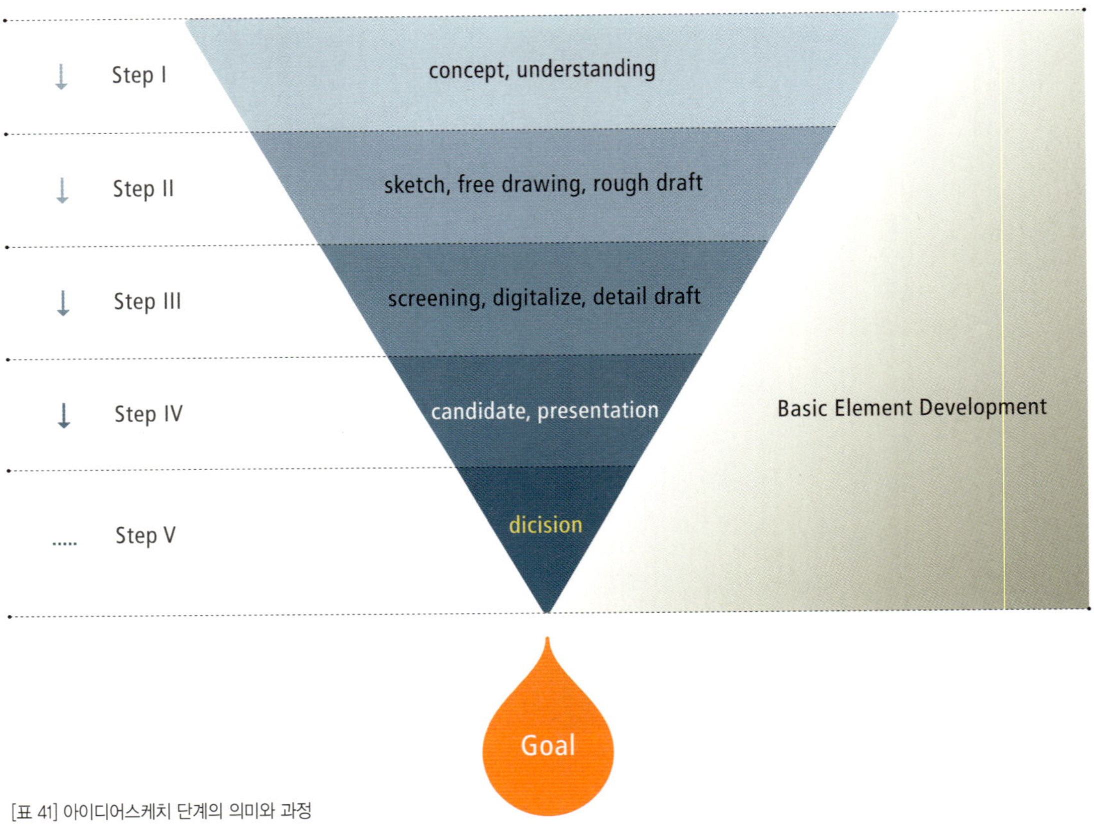

[표 41] 아이디어스케치 단계의 의미와 과정

▶Thumbnail sketch
다양한 장르의 디자이너, 미술 · 영화감독 등 시각적인 표현을 통해 메시지를 전달해야 하는 직업인들이 아이디어 발상과정에서 연상되는 이미지를 종이에 작은 그림으로 그리는 것을 '썸네일스케치'라고 한다. 이러한 방법으로 여러 가지 생각을 빠르게 표현해 나갈 수 있다. 썸네일스케치는 낙서와 비슷하게 보이기도 하지만 작은 스케치를 되도록 자세하게 그린다는 점과 그 과정에서 영감insperation을 얻을 수 있다는 관점에서 구별된다. 엄지손톱 크기의 의미는 작게 그리는 기능이 가질 수 있는 속도와 관련이 있으며 속도는 순간의 생각을 잊어버리기 전에 묘사할 수 있는 기능적 의미를 담고 있다.

* 위키백과 보충

Chapter 08

브랜드디자인과 시각적 기본체계

Basic Design System of Brand Design

8.1 베이직시스템이란? Basic Design System
8.2 기본체계를 구성하는 주요항목
8.2.1 심벌마크 Symbol Mark
8.2.2 로고타입 Logotype
8.2.3 시그니처 Signature
8.2.4 색상체계 Official Color & Scheme
8.2.5 그래픽모티프 Graphic Motif
8.2.6 보조적 상징기능으로서의 캐릭터, 마스코트

8.1 베이직시스템이란? Basic Design System

브랜드디자인의 시각적 체계를 구성하는 것이 아이덴티티디자인이라고 앞장에서 설명한 바 있다. 따라서 시각적인 조형 작업을 기본으로 하는 아이덴티티디자인에도 체계를 이루는데 각 항목별로 매우 정교하게 구성되어 있다. 그 중에서 가장 먼저 개발되어야 하고, 우선의 개념에 있기도 하고, 가장 중요하다는 이유에서 우리는 그것을 베이직시스템*basic system*(기본체계)이라고 한다.

왜 체계*system*라는 표현을 사용하는지에 대해서는 다음의 표에서 확인할 수 있는데, 구성된 내용은 각각으로 구별되어 나열해 놓을 수 있으나 이들은 하나하나씩이 별도로 존재하는 것이 아니라 각 요소들이 서로 어울려 일반 소비자(고객)들에게 효과적으로 브랜드(기업)의 시각상징이미지가 전달될 수 있도록 명료하게 정리해야 하기 때문에 체계라는 표현을 사용하게 된다.

이 기본체계는 비단 소비자(고객)들에게만 해당되는 것이 아니라, 브랜드(기업) 내부의 구성원들에게도 적용된다. 또한 브랜드 내부에서 외부로 향하는 소통의 채널에서 핵심적으로 사용되는 기표이기도 하다. 그래서 대내 · 외적으로 사용되고, 각종 아이템에 동일하게 적용이 되는 모든 시각매체의 기본이 되는 체계를 통칭하여 일컫는 말이다. 다음 장에서 설명하게 될 응용항목*application system*을 구성하는 개념에도 동일한 배경을 가지고 있음은 물론이다.

이 기본체계에는 브랜드의 시각적 대표성을 나타냄과 같이 아이덴티티 디자인의 최상위 개념인 심벌(마크)의 요소에서부터 상징이미지에 시각적으로 도움을 줄 수 있는 보조적 요소까지 심벌(마크)을 중심으로 체계를 구축하기 위한 기본요소들만 모여 있는 영역이다. 경우에 따라서 기본요소의 구성은 프로젝트의 성격상 개발의도와 내용면에서 가변성*flexibility*을 가지고 있으며, 모든 브랜드(기업)가 반드시 똑같은 내용으로 개발해야 하는 이유는 없다. 필요에 의해서 기본체계를 구성하는 아이템에 가감 조정될 수도 있다는 지극히 당연한 이야기이다.

↓	→	Branding (All of Activities for Making a Brand)	←	↑
↓		BRAND		↑
↓		Brand Image		↑
↓		Brand Design		↑
↓		Identity Design		↑
↓		**Basic (Design) System**		**↑**
↓		Application (Design) System		↑

[표 42] 브랜드와 디자인과 베이직시스템의 관계

8.2 기본체계를 구성하는 주요항목

브랜드이미지 구축에서의 기본체계에는 다음의 표에 열거된 내용뿐만 아니라 설정에 따라 여러 가지 항목이 더 있을 수 있는데, 시각적 요소 개념의 이해를 돕기 위해 이 중 가장 대표적이고 기능면에서 비중이 큰 몇몇 요소들을 대상으로 사례와 함께 설명하고자 한다.

/	구성 항목	개발 의미
Basic System - 기본체계	① 심벌마크	- 기본형 : 매체의 적용에 항상 기본이 되는 성격
		- 응용형 : 매체의 조건에 용이하게 적용하는 형식
		- 장식형 : 엠블럼 타입
		- 등
	② 로고타입	- 국문조건 : 정식명, 활용형, 축약형 있을 수 있음
		- 영문조건 : 정식명, 활용형, 축약형 있을 수 있음
		- 기타언어조건
		- 등
	③ 시그니처	- 상하조건 : 국·영문
		- 좌우조건 : 국·영문
		- 기타조건 : 국·영문혼용
		- 등
	④ 색상체계	- 사용규정
		- 활용규정
		- 사용금지 규정
		- 등
	⑤ 지정서체	- 일반적 매체 적용에 필요한 국문폰트
		- 일반적 매체 적용에 필요한 영문폰트
		- 응용아이템의 말단에 필요한 기능(가독)성에 초점을 맞춤
		- 등
	⑥ 그래픽캐릭터	- 보조적 기능, 그래픽패턴
		- 일반적으로 심벌의 이미지를 연장시켜 사용
		- 심벌과 별도의 조형적 기능을 가짐
		- 등
	⑦ 마스코트(캐릭터)	- 별도의 상징적인 기능으로 사용되기도 함
		- 여러 동작의 이미지로 다양성 표현 가능
		- 일반적으로 별도의 디자인성격으로 보조적인 도구
		- 등
	⑧ 기타	- 기타 목적 등

[표 43] 브랜드디자인과 기본체계의 구성과 의미

다음의 기본체계를 설명할 브랜드의 시각이미지 사례는 국내 디자인개발회사에서 개발한 디자인결과물 중 공공기관에 해당하는 디자인을 선정한 것이며, 저자의 개인적이고 경험적인 주관에 따라 사례로 소개하기 적절하다고 판단하여 단체의 성격인 공공성과 조형성 면에서 무난히 표현되었다고 생각되는 자료를 샘플로 설정하였다. 기본체계에 대한 대상사례는 대한민국 정부기관인 법무부의 산하에 있으며 우리나라에 드나드는 내 · 외국인의 유동인구에 대한 유출입, 정보 및 활동 등을 관리 · 감독하는 '대한민국 출입국 · 외국인정책본부 **KIS, KOREA IMMIGRATION SERVICE**'의 **BI;Bureau Image Identity Design** 개발 프로젝트의 결과물이다. 해외를 여행하기 위해서는 공항이나 항만을 이용하게 되는데 여권검색대를 중심으로 해당 주변 공간의 여러 매체를 통해 확인할 수 있고, 이미 인지하고 있을 수도 있는 시각상징이미지이다. 공공의 브랜드를 사례로 설명하겠다.

8.2.1 심벌마크 Symbol Mark

다소 추상적인 이미지를 느낄 수 있는 심벌(마크)이다. 그러나 유추할 수 있는 연상이미지가 보이는 것이 구상적인 느낌도 더해주고 있다. 심리적으로 가장 안정적인 이미지를 주는 도형인 원형을 중심의 형태로 태극의 모티프와 다양한 위치에 놓인 활동적인 여러 사람이 연상되는 이미지를 나타내고 있다. 보통 심벌(마크)은 아래와 같이 단독으로 사용되는 경우는 – 워드형식의 로고를 제외하고는 – 좀처럼 공식적으로 사용하지 않는다. 그림만으로는 상징에 대한 정체를 쉽게 전달하기란 쉽지 않기 때문이다.

[사례이미지 57] KIS 대한민국 출입국 · 외국인정책본부의 심벌마크(상징이미지)

– 심벌마크와 그리드

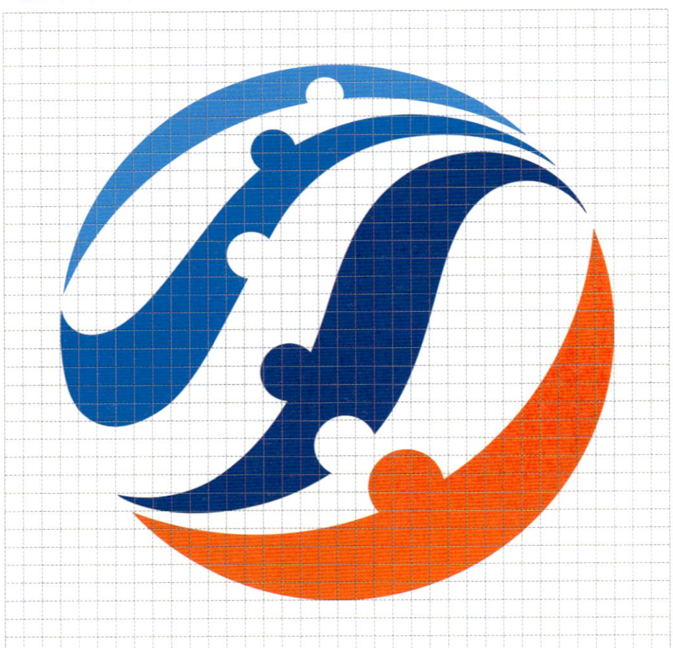

8.2.2 로고타입 Logotype

+ 국문(한글)로고타입

국문 로고타입의 사례로서 해당 기관의 명칭을 새로이 정리하고 적합한 글자체로 조합한 결과물의 예시이다. 정식명칭과 약식명칭의 두 가지 경우이다. 이 경우 일반적인 상업용 서체를 사용하기 보다는 대체적으로 특징이 강하지 않은 무난한 서체의 타입으로 개발하는 것을 의미한다. 특별한 의미를 담고 범용적인 특징을 전제한 디자인개발 결과물이다. 일반적인 고객(소비자)의 입장에서 보면 크게 다르지 않은 글자체라고 판단하는 경우가 많은데, 어떤 경우는 일반적으로 이용하는 상업용 서체를 조정과 정리과정 없이 로고타입으로 사용하는 경우도 많이 있다.

그러나 의도적으로 개발하는 배경에는 좀 더 잘 읽을 수 있고(가독성) 로고타입의 특징이 심벌마크의 특징을 넘어서는 결과를 낳지 않도록 절제된 서체로 개발하는 것이 목적이다. 넘어서게 된다는 것은 주객이 전도된다는 의미인데 시각적으로 매우 복잡하게 보이는 상황을 말한다. 그러면 이 단계에서부터 조형적 체계에서 해당하는 보편적 신뢰감은 약속할 수 없다.

[사례이미지 58] KIS 대한민국 출입국 · 외국인정책본부의 국문로고타입 표현체계

– 정식명칭의 로고타입

대한민국 법무부 출입국·외국인 정책 본부

– 약식명칭의 로고타입

출입국·외국인 정책 본부

+ 영문로고타입

국문과 마찬가지로 영문로고타입의 예시로서 명칭을 새로이 정리하고 적합한 글자체로 조합한 예이다. 정식명칭과 약식명칭의 두 가지 경우인데 활용형을 설정한 사례이다. 보통 영문 명칭의 공식로고타입은 한글로고타입과 같이 글자 하나하나를 개발하는 것이 맞으나 현실적으로는 흔히 발생되지 않는다. 아무래도 영문의 특성상 영어권 문화의 감성으로 개발되는 것이 합리적이며, 한글구조에 대해서는 한국 사람이 가장 잘 알듯이 영문은 영어권 문화를 잘 이해하는 디자이너가 개발하는 것이 가장 타당할 것이다.

가령 영문로고타입의 단계까지 디자인개발 범위에 포함시키게 되면 시간적 비용적인 면에서 매우 많은 부담이 발생하기 때문에, 한글로고타입과 비교하여 가독성이 용이하고 가장 잘 어울리는 영문로고타입을 선택하여 사용하는 것이 현실적이다.

또한 공식적인 표기의 기능을 담당하고 있는 역할로서 특징이 강하지 않고 가독성을 우선적으로 개발된 폰트(서체)로 선택한 후, 조정과 정리 작업을 통하여 결정하는 편이다. 이렇게 조정과 정리 작업 또한 새로이 개발하는 과정으로 접근하는 것이라고 이해하면 된다. 특정 서체 전부를 개발하는 의미가 아니라 필요한 만큼의 정해진 분량의 대표성을 가진 글자를 개발하는 것으로 생각하면 이해가 쉬울 것이다. 이는 개발 과정의 부담을 훨씬 덜 수 있는 방법이기도 하며, 일반적이고 현실적인 방법론이기도 하다.

[사례이미지 59] KIS 대한민국 출입국 · 외국인정책본부의 영문로고타입 표현체계

– 정식명칭의 로고타입 1 : 기본형

KOREA IMMIGRATION SERVICE

– 정식명칭의 로고타입 2 : 활용형

KOREA IMMIGRATION SERVICE

– 약식명칭의 로고타입

KIS

8.2.3 시그니처 Signature

시그니처는 서명이라는 사전적 의미에 적합한 표현이다. 브랜드를 표시하는 공식적인 표시인 만큼 서명이라는 의미가 맞지 않겠는가. 시그니처는 심벌(마크)과 로고타입의 기본적인 요소들을 가지고 이 두 요소 간의 크기와 비례, 여백과 각도 등을 신중히 고려하여 의도적이고 체계적으로 만든 서명과 같은 기능을 말한다. 쉽게 인지할 수 있도록 균형감, 비례감 등 기능성과 심미성을 바탕으로 조합, 구성해 놓은 상태를 시그니처라 말한다. 그러니 서명이라는 공식적인 의미에 적합한 표현이라 할 수 있겠다.

우리나라의 문화적 환경에서 볼 수 있는 수단으로 표현하면 도장에 각인된 조형적 구조라고 하는 것이 비슷할지도 모르겠다. 이 시그니처의 조합조건은 고정된 의미로서 이해해야 되며, 고정된 상태를 변형시켜 사용하는 것은 좋지 않은 방법으로 규정한다. 대체적으로 시그니처의 결합 형태에는 몇 가지 유형으로 나눌 수 있으며 국문조합형, 영문조합형, 좌우상하조합형 등으로 구분할 수 있다.

아래의 표와 같이 통계적 포메이션*formation*으로 나타낼 수 있는데, 아래의 표는 로고타입 중심의 관점으로 설계한 것으로, 각 번호는 심벌(마크)의 위치로 이해하면 된다. 번호와 번호의 사이 공간은 심벌이 위치할 수 없다는 의미적 구분이기보다는, 이해를 돕기 위하여 구분지은 공간이다. 번호사이에 걸쳐져 위치할 수도 있다.

기본적으로 심벌(마크)과 로고타입과의 결합은 ①번의 경우와 ②번의 경우가 가장 필수적으로 만들어지는 결합방법이다. 상하 좌우의 직선적 습관적 나열방법이 활용과 적용상 효율적인 여백과 공간을 만들기 때문에 실제사용에 있어 가장 용이하기 때문이다. 다음으로 ③번 경우와 ⑤번의 경우가 많이 쓰이는 형식이며, ⑥,⑦,⑧번의 경우 심벌(마크)의 위치가 로고타입보다 아래로 내려와 위치하는 구조이므로 좀처럼 사용하지 않는 포메이션이다. 상징이미지가 아래로 처져 보이는 것을 의미상으로 선호하지 않는 배경에서 기인한다.

낮은 단계의 문화유전적 현상에서 인간이 습관적으로 인지하는 특성상 상징(성/물)은 항상 위쪽과 선두에 있어야 한다는 것을 하나의 형식으로 학습해 왔기 때문일 것이다. 혹시 매우 특이한 조형적 형태의 조건을 가진 경우라면 모르지만 그것도 아니라면 매우 독특한 조형적 철학을 가지고 있는 결정권자(경영자)라면 이 구조를 선호할지도 모르겠다

별도의 로고타입을 가지고 있지 않는 로고타입(문자) 형식의 심벌은 자체적인 시그니처 체계를 만들지 않는 편이다. 국가별 문화적인 상징인 해당국 문자와의 결합이거나 해당국 문자의 내용은 브랜드의 실체를 설명하는 정확한 명칭표시를 필요로 하는 조건을 시그니처의 의미로 이해하면 된다.

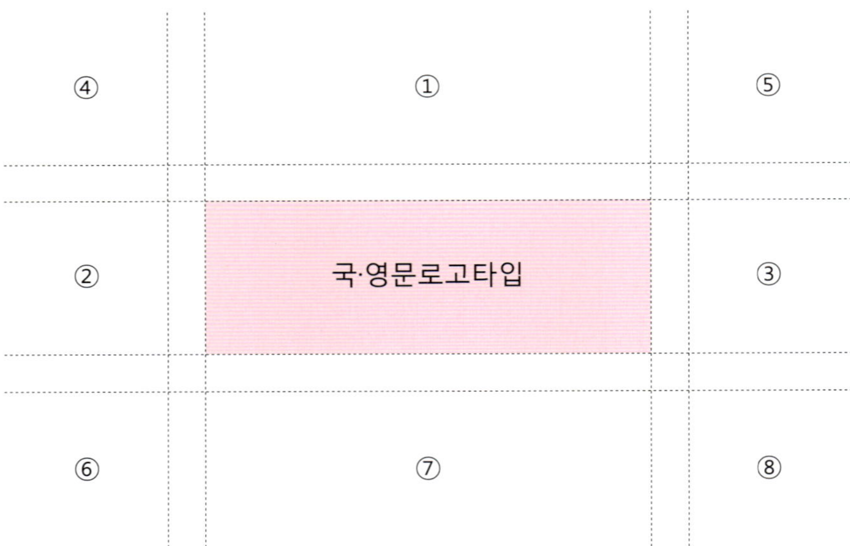

▶동그라미번호 표시의 공간
: 심벌(마크)의 위치

▶번호가 기입되지 않은 점선과 점선의 간격
: 심벌(마크)과 로고타입과의 기능적 여백

[표 44] 시그니처 형성조건의 일반적 구조론

시그니처의 구조를 사례로 관찰해 보자. 시그니처의 제작에 있어 구조를 단순히 시각적 감각으로 조정하기도 하지만, 나름대로의 시각적 균형감을 반영하여 비례와 기준을 설정하여 사용상 오류로 인해 균형 잡힌 시각이미지에 손상을 주지 않도록 최대한 세밀하게 계산하여 작업한다.

상하조합형 시그니처의 사례를 살펴보자. 아래의 구조와 같이 요소의 배치에 따라 생겨나는 여백을 의도적으로 구성함에 있어 절묘한 수학적 값이 구해진다. 기본체계뿐만 아니라 응용체계의 배치에서도 적용단계에서도 나타난다. 절묘한 수학적 값은 심미적 세계에 해당하는 호불호의 주관적 값에 해당한다. 디자인 개발자의 주관과 경험에 따라 디자인 결과물의 조건과 상황에 따라 수치 값이 절대적인 것은 아니다.

이러한 수치를 중요하게 다루지 않고 표시하지 않을 때도 있으나 대체적으로 표시를 하지 않을 뿐, 작업의 과정을 살펴보면 이러한 데이터 값을 찾아낼 수 있다. 그래서 요소 간의 관계여백과 요소 이외의 관계에서 나오는 공간감을 이해할 수 있으며, 다른 모든 시그니처의 조건에도 동일한 시각적 조정을 고려하여 작업이 이루어진다.

[사례이미지 60] KIS 대한민국 출입국 · 외국인정책본부의 시그니처 체계

– 시그니처의 구성과 요소간의 비례

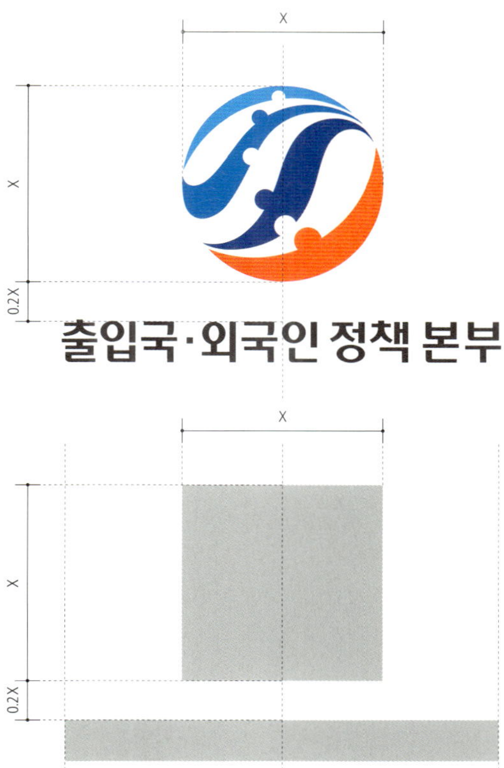

+ 상하조합형:

국 · 영문, 혼용, 약식표현, 엠블럼 타입과의 조합

출입국·외국인 정책 본부
KOREA IMMIGRATION SERVICE

출입국·외국인 정책 본부
KOREA IMMIGRATION SERVICE

출입국·외국인 정책 본부

출입국·외국인 정책 본부

KOREA IMMIGRATION SERVICE

KOREA IMMIGRATION SERVICE

KIS

KOREA IMMIGRATION SERVICE 출입국·외국인 정책 본부
KIS

KOREA IMMIGRATION SERVICE 대한민국
KIS

+ 좌우조합형:

국 · 영문, 혼용, 약식표현, 엠블럼 타입과의 조합

출입국·외국인 정책 본부
KOREA IMMIGRATION SERVICE

출입국·외국인 정책 본부

KOREA IMMIGRATION SERVICE

KIS

KOREA IMMIGRATION SERVICE 출입국·외국인 정책 본부
KIS

KOREA IMMIGRATION SERVICE 대한민국
KIS

+ 기타조합형:

국 · 영문, 혼용

출입국·외국인 정책 본부

출입국·외국인 정책 본부
KOREA IMMIGRATION SERVICE

KOREA IMMIGRATION SERVICE

8.2.4 색상체계 Official Color & Scheme

앞선 사례의 심벌(마크)은 4가지(도)의 기본(대표)색상을 가지고 있다. 각각의 색상은 단체가 제시하는 비전과 의미를 담을 수 있는 색상으로 개발되었을 것이다. 이러한 배경에는 브랜드(기업)의 감성을 감각적 판단으로 색상을 선택할 수도 있겠지만 이 영역에서도 감각은 물론 현실적인 색상재현가능 여부가 고려된 판단이 필요하다. 색감이 좋다는 이유로 애매한 색상을 선택하여 끝낼 성격의 일이 아니다.

브랜드(기업)의 규모가 크면 클수록 커지면 커질수록 색상은 쉽게 사용할 수가 없게 된다. 요인은 여러 가지가 있다. 색상구현재료에 대한 한계가 첫 번째 고려대상이 되어야 한다. 잉크의 표준화와 재현성 그리고 비용, 유사 색상의 시트용지의 유무 등이 색상을 선택할 때 고려되어야 하는 내용이다. 그런데 이러한 현실을 우선적으로 반영하지 못하면 막대한 비용을 투자하거나 지불해야하는 경우가 발생이 되기 때문에 나름 신중한 고민을 하지 않을 수 없다.

디지털환경의 일반화로 컴퓨터 출력을 통하여 모든 매체에 재현할 수 있다는 생각은 아직도 완벽한 환경이라고 말하기 힘들다. 이유는 디지털 출력기를 통한 프린팅 결과물도 회사들마다 잉크색상과 색감에 있어 조금씩 차이가 있기 때문에 절대적으로 동일한 색상을 얻을 수 없기 때문이다. 그리고 모든 매체 환경에 디지털출력물만을 이용하여 적용할 수 있는 조건만 연출되지는 않는다. 무수히 많은 적용 환경이 존재하기 때문에 색상체계의 표준화가 필요한 이유이며 중요한 요소로 다루어져야 한다. 기술의 수준이 높아지고 오차와 차이가 줄어드는 표준화작업의 시도들로 인해 디지털출력을 통한 표현의 상황은 많이 개선되고 있음은 분명하다.

브랜드(기업)의 색상체계와 계획에는 대체적으로 대표*main*색상과 보조*sub*색상의 개념을 두고 운용하도록 하는데 브랜드(기업)의 시각이미지를 표현하는데 일관성을 유지하면서 색상이미지의 기능적 다양성을 표출할 수 있도록 계획하기 때문이다. 심벌(마크)이 정하는 색상 하나만 가지고 모든 상황에 해당하는 필요 아이템들의 디자인 체계를 풀어내기에는 좀처럼 쉽지 않으며, 색상으로 전달하는 이미지의 단조로움을 극복할 수 있는 장점이 있기 때문에 대표와 보조의 색상체계를 구성한다. 단, 보조색상의 필요와 설정에도 시각적 일관성을 고려하여 유사계열의 색상을 선택하는 것이 브랜드의 시각적 일관성을 위하여 합리적인 구성이라 하겠다. 다음 사례의 색상을 통해서 세부적인 내용을 관찰해 보자.

사례의 기관은 4개의 대표색상과 2개와 5개의 보조색상으로 구성되어 있다. 보통 골드와 실버의 색상은 일반적으로 많이 사용하는 특수색상이므로 항상 포함되어 분류한다. 색상의 표준화와 효율적 관리를 위해 고유색상의 재현을 위하여 컬러샘플체계를 이용한다. 현재는 미국의 색상표준체계를 많이 기준으로 한다. 인쇄의 방식에 따라 필요한 데이터의 값이 필요한데 이 경우도 자세하게 설명되어 있다. 일반적인 색상을 재현하는 인쇄의 방법은 4도색상의 인쇄방법과 고유의 색상으로 인쇄하는 방법이 있다. 4도 인쇄개념을 4원색, 고유색상의 인쇄개념을 별색이라고 말한다. 기계기술적인 방법은 옵셋*offset*인쇄로 동일하다.

[사례이미지 61] KIS 대한민국 출입국 · 외국인정책본부의 색상체계

	Main Color			Sub Color	
	Pantone	CMYK		Pantone	CMYK
KIS Blue	Pantone 2935C	C100 M60	**KIS** Dark Blue	Pantone 301C	C100 M60 K20
KIS Blue	Pantone 2935C	C100 M30	**KIS** Dark Orange	Pantone 1595C	M70 Y100 K20
KIS Sky Blue	Pantone Proc. Blue C	C80 M10	**KIS** Dark Gray	Pantone 432C	K(BL)85
KIS Orange	Pantone Orange C	M70 Y100	**KIS** Medium Gray	Pantone 429C	K(BL)35
			KIS Light Gray	Pantone 427C	K(BL)10
			KIS Gold	Pantone Gold	-
			KIS Silver	Pantone Silver	-

[표 45] 사례이미지에 대한 컬러설정의 추출과 정리

+ 브랜드색상의 호칭과 설정

브랜드를 개발하는 과정에서 색상에 대한 선택도 매우 중요한 부분이다. 소비자들에게 전달할 시각적 강도의 방향과 이미지를 전달할 수 있는 요소이기 때문이다. 이러한 배경으로 브랜드이미지 개발에서는 색상의 선택을 신중히 고려하여 결정을 한다. 제시된 사례의 경우 색상 내부에 표시되어 있는 호칭과 숫자를 설정해 놓은 것을 발견할 수 있을 것이다. 그 중 영문으로 된 호칭은 디자인 개발자와 요구자와 적용자 사이에 원활한 소통의 한 방법으로, 부르기 쉽고 이해하기 쉬운 이름으로 정하는 것이 일반적인데 대개 브랜드(기업)의 이름이나 축약어를 이용하여 부여한다.

+ 팬톤 Pantone Color

팬톤은 미국의 잉크 및 페인트 제조회사의 이름이자 브랜드명으로 색상표준의 대명사이며 색상데이터의 세계기준으로 이해하면 된다. 우리나라의 경우 얼마전만 해도 일본의 DIC컬러체계도 많이 사용했는데 현재는 많은 부분에서 팬톤의 색상체계를 기준으로 소통하고 있다. 표준화되었다고 말해도 과언이 아니다. 이 팬톤컬러의 시스템은 이렇다. 잉크의 색상에 번호를 부여하여 관리적 체계를 만든 것이라 생각하면 된다. 색상의 실체는 데이터로 존재하며 필요한 경우 데이터의 선택과정과 함께 필요한 잉크를 제작하는 구조이다.

[참고이미지 38]
Pantone / USA

팬톤 샘플책자를 보면 엄청난 양과 효과로 표현된 색상샘플들이 있는데 이러한 색상의 잉크가 모두 데이터로 제조되어 있다고 보면 된다. 컬러를 보유하고 있어서 표준화된 데이터에 근거한 주문과정을 통하면 동일한 색상이 만들어져 구입할 수 있는 것이다. 보통 이렇게 만들어지고 인쇄되는 색상을 별색(특수색상)이라고 표현한다. 다음에서 설명하는 4원색 인쇄에서 표현되는 색감과 차이를 느낄 수 있다. 인쇄를 실행하는 제작 현장이나 디자이너들은 샘플책자를 보고 색상을 선택하여 주문을 하면 배송되는 방식의 개념이다. 그러나 현실과는 다른 상황이며, 간단하게 생각할 수 있는 획득구조는 아니다.

▶옵셋인쇄 Offset Printing
인쇄판(함석재질) 면에서 잉크 화상을 고무판 blanket에 전사하여 종이에 인쇄하는 방법이다. 원색으로 분해되어 감광된 필름판을 원통형의 오프셋 인쇄기 롤러에 장착 회전시켜 인쇄하는 방법이다. 평판인쇄라고도 한다.
* 네이버 지식사전 인용

▶Pantone
미국 팬톤社에서 제작한 인쇄 및 소재별 잉크를 조색하여 제작한 색상체계 샘플이다. 컬러의 수는 유광판 1,015색, 무광판 1,013가지가 있지만 용도에 따르는 경우의 수를 곱하면 엄청난 양의 데이터이다. 색상표기상 특징에는 유광판은 coated의 약자인 C를 색상고유번호의 뒷부분에 표기하고, 무광판은 uncoated의 약자인 U를 뒷부분에 표기한다. 예를 들어 유광 컬러코드의 표기는 Pantone286C라고 표시하고 무광 컬러코드의 표기는 Pantone286U라고 표시한다. 현재 팬톤컬러는 인쇄용, 텍스타일, 플라스틱, 온라인용 등 다양하게 출시되고 있다.
* 네이버 지식사전 인용

+ CMYK : Offset Printing 컬러

CMYK는 사이언*cyan*, 마젠타*magenta*, 옐로우*yellow*, 블랙*black*에서 각 한 글자씩 추출한 색상표현의 의미이며, 원색 또는 4원색이라고도 표현한다. 각 기본색상의 최고 데이터 값은 100%를 기준으로 필요색상에 맞게 밝고 어두움, 맑고 탁함을 조정한다. 인쇄과정에서 가장 많이 이용하는 제작방법으로 4가지 색상의 조합으로 모든 색상을 만들어낸다고 이해하면 된다. 팬톤컬러의 체계와는 다르게 최소의 색상 수를 가지고 최대의 색상 조건을 만들어 낼 수 있기 때문에 비용 면에서 저렴하기도 하다. 그러나 팬톤컬러와 비슷한 색상의 표현이지 같은 개념의 색상은 아니다. 4원색 인쇄라고도 표현한다.

8.2.5 그래픽모티프 Graphic Motif

여기서 의미하는 그래픽캐릭터는 우리가 자주 듣고 접하는 만화의 주인공으로 자주 등장하는 마스코트를 말하는 것이 아니다. 사전적 의미 그대로 '그래픽적인 특징'이라는 뜻인데, '그래픽모티프'라고 표현하기도 한다. 브랜드의 시각적 이미지를 구축해 나가기 위해서는 심벌(마크), 로고타입, 색상 등 기본적이고 중요한 요소들이 있지만, 앞서 열거한 요소들만 가지고 일관성과 심미성이 조화된 조형적 풀이작업을 하는데 쉽지 않을 경우가 있으며 의도적으로 브랜드이미지를 돋보일 수 있도록 보조적인 기능으로 개발한다. 바로 이때 사용하는 조형요소를 그래픽모티프로 이해하면 된다.

이 요소는 기본체계에서도 핵심적인 요소들을 시각적으로 보조해 주는 역할을 담당하는데, 주인공인 상징이미지를 더욱 돋보이게 하며 나아가서 브랜드이미지가 효과적으로 전달되게 해주는 조연의 역할이다. 그래서 심벌(마크)과 관련되는 이야기 구조에서 연상되는 조형적 특징을 별도로 개발하거나, 심벌(마크)의 조형적 특징 일부를 추출해서 개발한다.

[사례이미지 62] KIS 대한민국 출입국 · 외국인정책본부의 그래픽모티프(패턴/캐릭터)

- 그래픽패턴 Type 1

- 그래픽패턴 Type 2

8.2.6 보조적 상징기능으로서의 캐릭터, 마스코트

베이직시스템의 사례로 든 KIS;출입국외국인정책본부에서 활용하는 마스코트 또는 의인화된 캐릭터의 개발은 없었다. 개발의 시점에서 마스코트의 필요성이 없었기 때문에 개발되지 않은 것이다.

그래서 보조적인 상징기능의 마스코트가 등장하는 다른 많은 사례의 경우로 설명해 보기로 한다. 브랜드의 상징 기능에는 심벌마크와 같은 성격의 상징물 이외에도 다양한 상징적 성격이 있다. 이 단에서는 심벌(마크)과 함께 해당 브랜드의 이미지를 호감 있고 긍정적인 이미지로 전달하기 위하여 개발하는 의인화된 그림의 형식을 말한다.

이를 흔히 마스코트, 캐릭터 등의 표현으로 부르는데 요즘은 통합적인 표현으로 캐릭터라는 명칭으로 소통한다. 이러한 보조적 상징기능을 두는 이유는 자칫 브랜드의 이미지를 형성시키는데 윤활유와 같은 존재감이 필요한 경우를 예상하여 의인화된 캐릭터를 보완적 노출전략으로 개발한다. 그러나 이러한 캐릭터의 개발은 한때 캐릭터 난립의 공해를 초래하게 되었고 변별력이 없는 밋밋한 성격으로 전락하고 말았다. 일반 기업 브랜드에서 캐릭터를 활용하는 경우는 면밀한 활용의 계획이 선행 검토되어야 한다.

목적성이 분명한 캐릭터, 흔히 다 아는 미키마우스, 도날드덕, 뽀로로 등과 같은 이야기를 생산하는 역할의 캐릭터는 상품성, 경제성, 상징성 등의 기능 모두를 전제하고 스스로 재화를 창출하지만, 브랜드에서 보조적으로 운용하는 캐릭터는 표현의 스타일은 비슷하나 전략적 뒷받침을 받기 힘든 구조 속에 태어나기 때문에 인지도 측면에서 뽀로로와는 비교도 안될 만큼 노출빈도에서부터 차이가 날 수밖에 없다.

우리 생활 속에서 많이 발견할 수 있는 캐릭터의 경우는 프로스포츠에서 구단을 상징, 대변하는 역할로 재밌게 발견할 수 있다. 이는 미디어를 통한 노출의 경우가 많은 이유로 인지도 면에서 다른 캐릭터와 비교될 만하다. 보조적 상징수단의 캐릭터인 마스코트는 주로 사람이 아닌 - 드물게 인물을 설정 - 동물과 같은 소재를 의인화한다는 점에서 매력적으로 인식된다. 따라서 브랜드를 홍보하는 마케팅 활동에서 유용한 도구로 활용될 수 있으며 소비자들에게 구단의 이미지를 친숙하게, 즐겁게, 재미있게 전달하기 위해서 마스코트를 유용하게 활용한다.

마스코트의 대상과 테마를 결정하게 되면 팬들이 요구하는 다양성과 시대와 유행을 반영하여 다양한 버전의 마스코트를 시기와 용도에 맞게 개발하여 활용한다. 하나의 특정한 스타일만 고집하지 않고 유동적 성향을 가지는 특성을 나타낸다. 그래서 보조적 역할을 하는 상징기능을 한다.

[사례이미지 63] 2013년 현재 우리나라 프로야구 구단들의 마스코트 / Korea Rep.

프로스포츠구단의 경우 강인하고 긍정적인 상징이미지를 구단명칭으로 결정하는 경향이 있으며, 마스코트 또한 자연스럽게 명칭의 이미지와 결합시켜 마스코스로 개발한다. 우리나라 프로야구단의 경우 기아타이거즈 호랑이, 넥센히어로즈 히어로(일명 턱돌이), 두산베어스 반달곰, 롯데자이언츠 부산갈매기, 삼성라이온즈 사자, 에스케이와이번스 용, 엔씨다이노스 공룡, 엘지트윈스 쌍둥이, 한화이글스 독수리를 보조적 상징수단으로 마스코트를 활용하고 있다. 미국 30개 대부분의 메이저리그 프로야구단에서도 마스코트를 클럽의 팬들과 밀착시켜 마케팅에 활용되고 있다.

[참고이미지 39]
Android, Google / USA

[사례이미지 64] 두산베어스 프로야구단 마스코트 활용을 위한 그래픽 전개

두산베어스의 홈페이지를 방문해 보면 다양한 캐릭터의 역사를 확인할 수 있다. 개인적으로는 특별하게 특정구단을 정해 놓고 응원하는 열성적 팬은 아니다. 일반적으로 스포츠의 고른 발전을 바라는 기대만 가지고 조형적으로만 즐기고 있다.

[사례이미지 65] KFC, Handerson / USA

[참고이미지 40]
KFC / USA

[참고이미지 41]
McDonald's / USA

인물을 캐릭터화하여 상징의 요소로 활용한 사례로 유명한 하얀색 수트와 검정색 리본타이를 한 KFC할아버지이다. 해당 브랜드의 매장 앞에는 항상 이 할아버지 인형이 서있었다. 맥도날드의 키 큰 광대 로널드는 같은 기법의 접근으로 맥도날드의 매장 앞에는 로널드가 앉아 있다. KFC는 고유의 문자체를 가지고 있지만 문자체보다 보조적인 캐릭터의 인지도가 훨씬 높은 사례이다. 술 취한 구직청년이 추운겨울 길에 넘어져 있는 할아버지를 업고 집으로 데려가 동사로부터 구했다는 취중농담에도 등장하는 친근감 있게 포장된 캐릭터이다.

▶마스코트 Mascot
마스코트는 행운을 가져온다고 믿어 늘 가까이 두거나 고이 간직하는 작은 완구나 동물을 뜻한다. 오늘날의 마스코트는 일종의 문화상품으로서의 가치를 지닌다.

* 위키백과 인용

[사례이미지 66] Bibendum, Michelin / France

일명 미쉘린맨, 미쉘린의 창업자 형제는 비벤덤*Bibendum*이라는 이름을 붙여줬다. 비벤덤은 '한잔 합시다'라는 라틴어 의미가 있다고 한다. 요즘의 발상으로는 살짝 오해할 수 있는 여지도 있지만, 길 위의 모든 장애물을 삼켜버린다는 의미에서 출발하였다고 한다. 어쨌거나 중요한 사실은 까만색의 타이어의 특징과 대비되는 흰색의 이미지로 몽실몽실하며 귀엽고 발랄하고 친근한 이미지로 따스한 인간미를 입혔다. 기업을 상징하는 심벌마크의 기능까지 담당하는 강력한 존재로 인식되고 있다. 캐릭터의 특성상 의인화로 인한 친근감은 다양한 미쉘린의 프로모션 활동에 등장하는데 최적의 역할을 다하고 있다.

SYSTEM

Chapter 09

브랜드디자인과 시각적 응용체계

Application Design System of Brand Design

9.1 어플리케이션시스템(응용체계)이란? Application Design System

9.2 응용체계를 구성하는 주요항목

9.2.1 명함 및 서식체계 Business Card & Stationery

9.2.2 업무용 관리물품체계 Official Supplements

9.2.3 홍보물품체계 Promotion Graphic System

9.2.4 포장관련물품체계 Package Graphic System

9.2.5 사인체계 Sign Graphic System

9.2.6 일반운(수)송수단체계 Vehicle Graphic System

9.2.7 유니폼체계 Uniform Graphic System

9.2.8 특수운(수)송수단체계 Mega Transport Tool Graphic System

9.2.9 공공시설물체계 Public Installation

9.1 어플리케이션시스템(응용체계)이란?
Application Design System

어플리케이션시스템은 브랜드의 시각이미지를 대표하는 상징물(심벌마크, 로고의 개념)과 그 상징물을 통일감 있게 효과적으로 전개하여 브랜드를 상징하는 시각적 이미지가 필요한 항목에 적용하게 하기 위한 과정의 기능으로서, 브랜드의 시각이미지가 적용되는 각각의 항목에 효과적으로 일관되게 적용하기 위한 시각적 체계를 어플리케이션시스템 또는 응용항목이라 말한다.

일반적으로 브랜드의 이미지는 상징(심벌마크, 로고)만을 강조하는 것이 가장 간결한 소통의 방법이다. 그러나 일반적으로 브랜드의 정보를 구체적으로 담아야 하는 경우에는 보조적인 표현방법이 동원된다. 이때 시

각적 일관성을 유지하기 위해서 시스템 즉, 그래픽체계를 만드는 것이 응용체계의 기본의미이다.

앞장에서 언급했듯이 상징물(심벌마크, 로고의 개념)과 그와 관련된 시각적 체계가 베이직시스템에 해당하며, 베이직시스템을 적용하는 각각의 아이템을 응용항목이라 명칭하고 적용되어야 할 객체들이며 베이직시스템이 입혀질 대상에 해당한다. 해당 응용항목들에 적용되는 그래픽체계가 어플리케이션시스템이다.

따라서 베이직시스템의 항목을 정교하고 탄탄하게 구성해 놓으면 어플리케이션시스템도 대체적으로 잘 풀려나가기 마련이다. 종종 우선적으로 상징물(심벌마크, 로고의 개념)과 베이직시스템을 적용해야 하는 특정 아이템이 있게 마련인데, 이러한 경우 베이직시스템과 어플리케이션시스템을 상호 보완적관계로 이해하면서 넘나들며 디자인작업을 진행해야하는 경우도 그래픽시스템의 전개에 하나의 중요한 방법이다.

이러한 의미는 반드시 위에서 아래로 또는 좌에서 우로 흐르는 프로세스가 절대적으로 지켜져야 한다는 것을 의미하지는 않는다. 그러나 업무의 진행상 먼저 해결해야 하는 핵심적인 내용이 선행과정에 있는 것은 분명하므로 베이직시스템이 우선될 수밖에 없는 것이다. 약간의 영향이 두 과정 사이에서 개발의 영향을 미치게 될 수 있다. 예를 들자면 상징물(심벌마크, 로고의 개념)을 결정하는 과정에서 특정한 응용항목의 효과적 돋보임이 우선하여 상징물을 결정하게 되는 경우도 있다.

앞장에서 사례로 제시한 베이직시스템을 구성하고 있는 내용과 항목들의 관계를 통해 구조를 잘 이해했으리라 생각한다. 이러한 기본적인 요소들이 어떻게 해석이 되어 시각적으로 풀어져 있는지 응용매체에 적용된 사례들을 중심으로 설명하고자 한다.

↓	→	Branding (All of Activities for Making a Brand)	←	↑
↓		BRAND		↑
↓		Brand Image		↑
↓		Brand Design		↑
↓		Identity Design		↑
↓		Basic (Design) System		↑
↓		**Application (Design) System**		**↑**
↓		Practical Application & Maintenance		↓

[표 46] 브랜드디자인과 어플리케이션시스템의 관계

9.2 응용체계를 구성하는 주요항목

브랜드의 시각이미지에서 응용체계는 다음의 표에 열거된 내용뿐만 아니라 브랜드이미지 개발프로젝트 대상의 성격에 따라, 내용의 설정에 따라, 개발의 규모에 따라, 여러 가지 항목이 더해지고 감해질 수 있는 영역이다.

표에서 제시한 구성상 분류의 나열은 일반적인 개발 항목의 경우 모두를 전제하여 나열한 것으로 큰 의미는 없다. 대체적으로 소규모 브랜드이미지에서 필요로 하는 아이템부터 큰 규모의 브랜드이미지의 아이템에 이르기까지 하나의 표에 모아 나열한 것으로 이해하면 된다. 후반부에 나열된 항목의 경우 특수성이 강조된 브랜드(기업)이거나 개발규모가 클 경우, 포함될 수 있는 응용항목일 확률이 높다.

브랜드의 이미지를 시각적으로 일관성 있게 정리하여 소비자들에게 노출하는 작업은 디자이너의 입장에서 전체를 이해할 수 있지만, 이 응용항목들을 소비자(고객)가 한꺼번에 접하기는 쉽지 않다. 각각 적용된 디자인을 특정장소, 특정항목별로 접하게 될 수밖에 없다. 따라서 소비자는 하나의 디자인된 아이템만을 접하게 되는데 이것만 가지고 호불호를 나타내는 경우도 있다. 이 사실의 관점을 달리하면 디자인된 하나의 응용항목으로 인해 소비자에게 얼마나 긍정적인 이미지를 전달할 수 있을지 예상 가능한 부분이다.

기업이 곧 브랜드의 개념일 경우 일반적인 제품 브랜드이미지의 경우보다 응용체계의 아이템은 더욱 다양하고 많을 수 있다. 예를 들어 항공사 브랜드이미지를 개발한다고 생각해 보자. 항공사에서 가장 중요하게 고려해야 할 적용아이템은 항공기, 여객기의 그래픽체계일 것이다. 크고 작은 다양한 항공기가 있을 것이고 이를 일관성 있게 통일시켜 전달하는 그래픽효과의 역할은 소비자(고객)에게 시각적 이미지를 전달하는데 대단히 크게 작용하는 응용항목이며, 이러한 핵심적인 아이템을 중심으로 다른 응용항목으로 확장시켜 나갈 수도 있다. 이렇게 응용체계에서도 그래픽시스템의 풀이를 비중이 큰 요소들을 중심으로 해석해 들어가기도 한다.

이 장에서는 응용항목에 적용된 시각적 그래픽요소들의 이해를 돕기 위해 가장 대표적이고 기능면에서 비중이 큰 몇몇 요소들을 대상으로 그림이미지 사례와 함께 설명해 보고자 한다.

도표에 나열한 응용아이템을 모두 개발해야 하는 브랜드의 정체는 이 세상에 없을 것이다. 응용체계의 아이템을 모두 보유하고 활용하여야 할 브랜드는 없기 때문이다. 따라서 응용체계에 대한 사례를 하나의 브랜드 이미지 그래픽시스템으로 설명하기에는 불가능하므로 각 부문별 아이템별로 좋은 사례 이미지를 통하여 설명해 보고자 한다.

또한 다양한 브랜드이미지에 대한 응용체계의 그래픽구조에 대해 부분적으로 비교도 해볼 수 있는 기회로도 이해를 돕고자 한다. KIS는 평면 그래픽 상태를 소개하기 위하여 브랜드디자인전문회사 디자인넥스트 파트너십의 자료협조로 사례를 들었다. 적용사례로 등장하는 NHN의 사진 자료는 사측에 협조의뢰를 구하여 수락을 통해 소개할 수 있었다. 네이버 검색을 통해서도 확인할 수 있다. NHN측에 감사의 말씀도 전한다. 사례의 두 브랜드와의 디자인적 관련성은 전혀 없다.

[참고이미지 42]
NHN ; Next Human Network /
Korea Rep.

[참고이미지 43]
Designext Partnerships Inc. /
Korea Rep.

▶ 벡터Vector / 비트맵Bitmap
대개 브랜드이미지의 베이직, 어플리케이션시스템 등을 작업하는 데는 컴퓨터(디지털)드로잉 방법을 이용하여 제작하는데, 벡터방식의 프로그램인 일러스트레이터를 사용하여 디자인작업을 하는 것이 보편적이며 활용면에서 유연하기 때문이다.

보편적인 이유는 벡터Vector방식의 데이터는 특성상 확대와 축소의 경우에 있어 형태의 왜곡(화질감소 등)현상이 없어 적용상의 문제점을 발생시키지 않는다는 장점을 가지고 있기 때문이다. 이와는 다른 성격을 가진 비트맵 방식은 픽셀pixel 단위의 – 일명 깍두기, 픽셀의 단위 모양이 네모난 형태를 빗대어 붙여졌다 – 개념으로 표현되는 방식으로, 정해진 면적에 연속적인 픽셀이 채워져 그림을 만드는 DPI;Dot per Inch 방식이다. 중간 톤tone이 필요한 부드럽고 감성적인 그림이미지를 표현하는데 효과적인 방식이다. 사진과 같은 풍경이미지를 담는데도 픽셀의 개념으로 표현, 저장된다.

그래서 점anchor point과 점을 이어주고 그 거리를 선으로 인식해 주는 벡터방식의 표현이 도식화된 그래픽이미지를 묘사하기에는 적합한 프로그램인 것이다. 따라서 다음에 제시하는 사례는 벡터방식으로 표현된 도면(평면)적 성격의 이미지와 비트맵방식으로 표현된 사진(그림)이미지를 같이하여 설명하도록 하겠다.

/	일반구성	세부구성
Application Design System 응용체계	① 명함 및 서식체계	- 명함
		- 레터헤드
		- 레터 폼
		- 대·소봉투
		- 재생봉투
		- 초청장 킷
		등
	② 업무용관리물품체계	- 서류양식 포맷
		- 공고용지
		- 결재서류용 커버
		- 상장, 표창장, 임명장, 감사패 등 장표
		- 프레스 킷
		- 신분증, 방문증
		등
	③ 홍보물품체계	- 정기, 약기, 프로모션용 깃발
		- 배너
		- 현수막
		- 스티커 : 홍보용, 승용차용 등
		- 프로모션아이템 : 모자, 버튼, 볼펜 등
		- 간행물 포맷
		등 다수
	④ 포장관련물품체계	- 쇼핑백
		- 포장지
		- 박스테이프
		- 포장테이프(끈)
		- 배송용 박스
		- 냉장냉동용 박스
		등
	⑤ 사인체계	- 외부유도사인
		- 가로형 외부사인
		- 세로형 외부사인
		- 점두사인
		- 스탠딩사인
		- 화단사인
		- 현판사인
		- 지점용사인
		- 엘리베이터 외부사인
		- 윈도우그래픽
		- 이미지 월사인
		- 종합안내사인
		- 부실 및 공공사인
		- 픽토그램
		등

/	일반구성	세부구성
Application Design System 응용체계	⑥ 일반운(수)송수단체계	- 캐리어
		- 오토바이
		- 승용차
		- 승합차
		- 소형(1톤) 트럭
		- 중·대형 수송용 트럭 및 차량
		- 중·소형버스
		- 대형버스
		등
	⑦ 유니폼체계	- 남자근무복
		- 여자근무복
		- 서비스 공간 근무복
		- 내·외부 근무복
		- 동·하절기 근무복
		- 특수근무복
		- 운동복
		- 단체평상복(T셔츠)
		등
	⑧ 특수운(수)송수단체계	- 여객기
		- 수송기
		- 기차
		- 선박
		등
	⑨ 공공시설물체계	- 공중전화부스
		- 벤치
		- 가로등
		- 기능성 펜스
		- 공사장 펜스
		- 공공 장식물
		등
	⑩ 기타	- 브랜드이미지 형성에 필요한 시각적 요소

[표 47] 브랜드디자인과 응용체계의 구성

9.2.1 명함 및 서식체계 Business Card & Stationery

명함과 레터헤드, 대소봉투, 재생봉투, 초청장 등 공식적인 형식에 사용되어야 할 서류 항목들이 여기에 해당된다. 대체적으로 크고 작은 브랜드이미지의 개발에는 공통적으로 명함은 반드시 있어야 하는 응용항목이기 때문에 명함을 별도로 강조하여 표기하였으며, 다른 응용항목들은 브랜드이미지의 개발과 적용에 있어 특성상 필요, 불필요 대상으로 선택적 항목일 수도 있다. 명함, 레터헤드, 봉투와 같이 책상 위에서 항상 사용되는 서식세트로 구성되는 종류를 스테이셔너리*stationery*라고 표현한다.

베이직시스템으로 구성되었던 체계와 요소들을 연상하면서 적용된 사례와 함께 관찰해 보면 연결할 수 있을 것이다. 심벌마크, 시그니처, 전용색상, 가독성이 높은 지정서체, 크기, 그래픽패턴, 브랜드명과 주소를 형성하는 문자블록, 구도와 배치 등 이들 요소들이 펼쳐져 있는 배경과 여백의 활용을 비교해 볼 수 있다.

[사례이미지 67] KIS 명함 및 서식체계 중 국 · 영문 명함

선임연구원
홍 길 동
출입국·외국인정책본부
427-705 경기도 과천시 별양동 1-19번지
과천NC백화점 8층
전화: 02-500-9000/2
팩스: 02-500-9003
휴대폰: 011-555-9981
이메일: kildongh@moj.go.kr
KOREA IMMIGRATION SERVICE

Gil-dong Hong
Strategy Marketing Team
Research Officer
KOREA IMMIGRATION SERVICE
#8 Gwacheon NC Department Store
1-18 Byeoryang-dong, Gwacheon-si, Gyeonggi-do
427-705, Republic of Korea
Tel: 82-2-500-9000, Fax: 82-2-500-9003
Mobile: 82-11-555-5555
E-mail: kildongh@moj.go.kr
KOREA IMMIGRATION SERVICE

[사례이미지 67] NHN의 국 · 영문 명함 그래픽

명함은 사회생활의 관계에서 만나는 관계자들에게 자신과 회사의 브랜드이미지를 전달하는 첨병의 역할을 하는 기능이라 명함에 대한 관심은 대개가 남다르다. 깔끔하고 정리된 이미지의 호감 있는 명함을 전달할 수 있는 것은 자신과 브랜드의 이미지를 전달하는 것과 마찬가지이기 때문이다. 대체적으로 브랜드를 상징하는 심벌마크는 명함의 제작에서부터 필요성을 인식하게 되는 경우가 종종 있는데, 좋은 그림(상징)이 들어가 있는 근사한 명함을 갖고 싶어하는 심리에서 기인한다. NHN의 명함은 한글을 앞면으로 설정하고 뒷면은 영문으로 설정하였다. 바탕 색상도 한글 면은 흰색바탕으로 영문 면은 짙은 회색으로 달리하였다. KIS의 경우는 심벌마크를 좌측에 배치시키고 우측의 대부분을 이용하여 문자정보블록으로 형성시켰다. 명함의 경우 같은 이미지의 형식으로 다른 포맷을 개발하여 사용함에 있어 다양성을 제공하기도 한다.

[사례이미지 68] KIS 명함 및 서식체계 중 소봉투, NHN의 소봉투 시뮬레이션 그래픽

NHN은 3단의 주소 블록을 심벌을 중심으로 우측으로 나열하였다. 봉투의 경우 좌측상단은 보내는 사람의 주소가 위치하기 때문에 배치의 기준은 좌측 상단을 중심으로 한다. 그 외의 여백은 받는 사람의 정보가 표시되는 영역이므로 적절한 여백공간의 확보가 이루어져야 한다. KIS는 보조색상의 개념인 Light Gray가 사용되었다. 봉투와 같은 아이템에는 대개 날개부분을 활용하여 시각적 시스템과 특징을 부여한다. 봉투날개의 여백까지 활용하여 소비자에게 좀 더 세심하게 어필하고자 하기 때문이다. 실제 사용 시 날개가 접혀 뒤로 넘어가는 기능까지 염두에 두고 디자인체계를 구성하여 브랜드의 이미지를 최대한 전달하도록 하였다. 두 경우처럼 앞면의 백색여백은 정보의 표기에 불편하지 않도록 강한 그래픽 효과를 주지 않는 것이 보통이다. 이 밖에 중형크기, 대형크기의 서류봉투들도 있는데 형식과 배치는 동일하게 전개된다.

9.2.2 업무용 관리물품체계 Official Supplements

이 항목의 특징은 브랜드의 주체인 기업의 내부에서 통용되는 아이템이기 때문에 외부인의 시각적 접근이 제한적인 응용항목들이 많다. 방문자와 같은 신분일 경우 부분적으로 접하게 될 수도 있다. 그러한 용도로서 브랜드의 내부관계자에게 전달하고자 할 때 공식적인 형식을 갖추어 신뢰감을 높이기 위함이다. 업무상 해당 기업을 방문할 경우 심심치 않게 눈에 띄는 항목들이다. 이렇게 세심한 관리를 통한 이미지의 통제관리가 고객 및 소비자들에게 무의식적으로 전달되는 긍정적 이미지의 정도는 미루어 짐작될 것이다.

[사례이미지 69] KIS 업무용관리물품체계 중 장표류 및 서류파일 그래픽

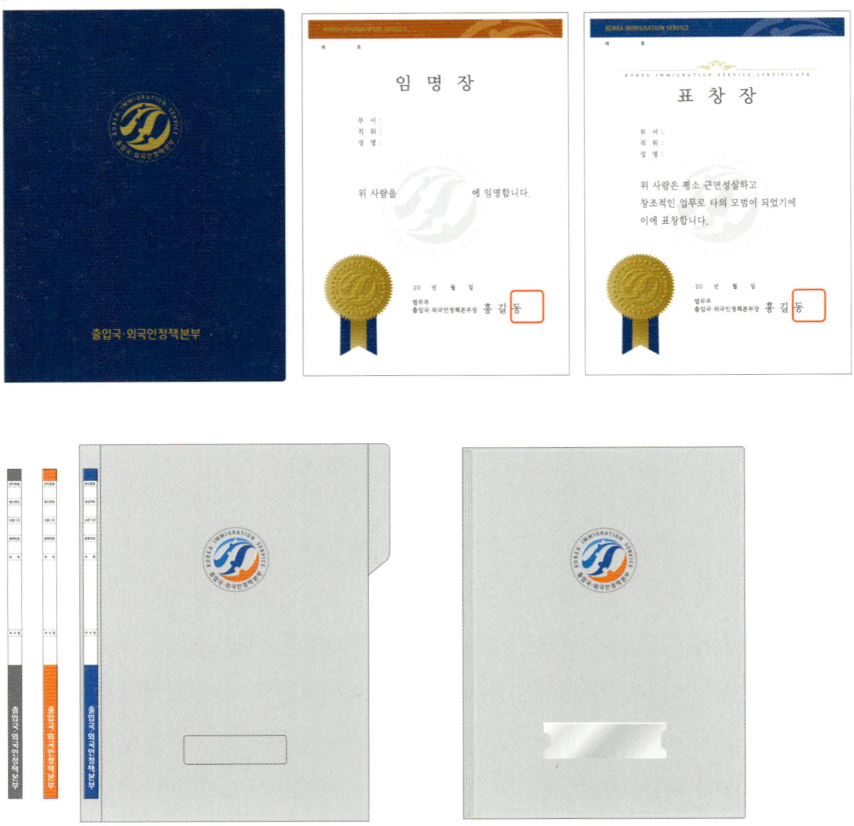

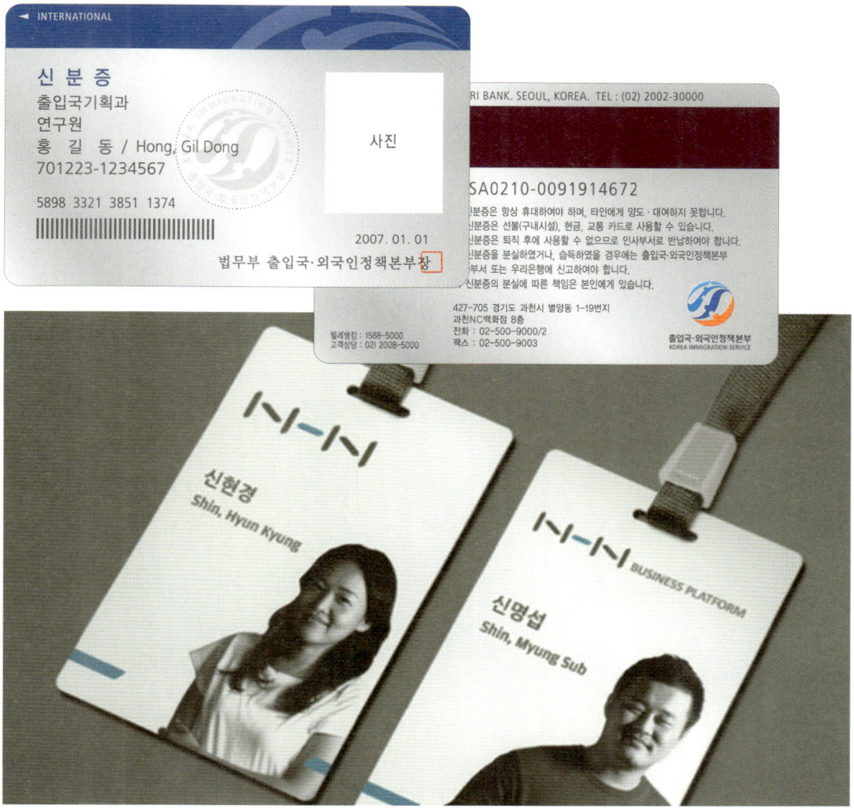

[사례이미지 70] KIS 업무용관리물품체계 중 신분증, NHN의 신분증 시뮬레이션 그래픽

내부의 구성원들에게 브랜드에 대한 소속감을 가장 강하게 전달시켜줄 수 있는 아이템 중 하나이다. 대외적인 자긍심 또한 인상적으로 전달시킬 수 있는 아이템이다. 우스게 소리로 된장녀의 품위를 유지하는데 필수아이템으로 반드시 패용해야 하는 매체이다. 유명브랜드의 테이크아웃커피와 보안기능이 탑재된 회사의 신분증이 목에 걸린 커리어스타일의 드레스 룩이 주는 폭풍간지. 그리고 점심식사는 라면이었다는 풍자적 문화를 만들어냈다. NHN은 심벌마크의 부분적인 모티프와 구성원의 사진을 개방감 있게 배치하였다. KIS의 경우는 가운데를 중심으로 한 정직한 배치로 구성되었다. 경우에 따라 신분증을 신용카드와 같은 용도로 함께 사용하는 경우도 있는데 이때는 신용카드의 제작방식을 고려하여 디자인하여야 한다. 브랜드의 주체인 회사를 방문하는 내방객에게 패용하게 하는 방문증과 같은 형식도 이와 유사한 기능과 디자인을 따른다.

[참고이미지 44]
The Coffee Bean & Tea Leaf
/ USA

9.2.3 홍보물품체계 Promotion Graphic System

대체적으로 홍보의 의미는 소비자에게 브랜드의 내용을 전달하는 기능을 말하는데, 이 장에서의 홍보물품은 대내에서 비영리적인 목적으로 배포되는 기념품 성격이 강하다. 브랜드의 존재를 알리는 홍보의 기능으로 태어난 깃발이 대표적이고 각종 프로모션용 깃발이 있다. 배너, 현수막, 간행물, 프로모션용 아이템 등과 함께 쇼핑백도 여기에 포함된다.

[사례이미지 71] KIS 홍보물품체계 중 모자, 머그컵, NHN의 프로모션용 USB 시뮬레이션 그래픽

브랜드의 주체인 회사를 방문하는 고객 및 관계자들에게 기억과 기념의 의미를 전달해 줄 수 있는 다양한 설정의 기능이 있으며 브랜드이미지 관리용으로 이해하면 더욱 적절한 의미의 아이템이다. 그 밖에 해당 브랜드의 이미지를 선언적으로 표시하고 호의적으로 전달할 수 있는 매체는 많이 있다. 위의 USB사진이미지는 사진합성의 사례이지만 NHN의 브랜드를 전달할 수 있는 좋은 프로모션 매개체가 될 수도 있다. KIS뿐만 아니라 기타 브랜드이미지의 개발에서 대체적으로 프로모션 아이템에는 모자와 머그컵의 개발은 기본적인 아이템으로 정한다. 저비용 고효율의 아이템이기 때문이다.

[사례이미지 72] KIS 홍보물품체계 중 프로모션용 버튼, 스티커 그래픽

[사례이미지 73] KIS 홍보물품체계 중 정기, 약기, 배너 그래픽

9.2.4 포장관련물품체계 Package Graphic System

포장은 인간의 상업주의적 기능과 감성이 만들어 놓은 가장 효과적인 틀임에는 틀림없다. 그 옛날 전통시장의 상점에서 고등어를 살라치면 신문지에 둘둘 말아서 건네주고 받던 시절도 있었다. 그러나 과거와는 달리 신문지 포장의 풍미도 경우를 잘 선택하면 의도된 이야기를 설정할 수 있는 다양한 문화성격의 시대에 살고 있다. 친환경 개념을 주장하는 현재에 포장이라는 수단이 생략될 수는 없을까라는 생각도 해보지만 형식에서 완전히 배제할 수 없는 아이템이다.

포장의 속성도 논하자면 한도 끝도 없는 영역이다. 목적에 맞게 요점만 이야기하고자 한다. 브랜드의 포장(패키지)은 제품의 보호에 직접 쓰이면서 효과적인 이미지를 전달하는 포장의 개념도 있을 것이며, 포괄적인 브랜드 주체인 기업의 이미지를 전달하는 홍보용 포장개념이 있을 수 있다.

디지털환경이 생활문화 속으로 자리 잡으면서 배송의 중요함은 더욱 강조되고 있다. 따라서 상품(제품)을 보호하고 안전하게 이동시킬 수 있는 포장기능이 필요한데, 이때 포장 재료의 선택과 표면에 표시되는 내용이 현재 포장 개념의 핵심이다. 이 두 가지 요인을 모두 효과적으로 만족시키면서 개발하는 부분이 여기에 해당된다.

패키지디자인이 갖는 본연의 기능은 다음과 같이 설정해 볼 수 있다. ① 제품(상품)보호의 기능 ② 정보 전달(제품속성의 전달)의 기능 ③ 구매자극(심미적)의 기능 ④ 유통(운송/운반/보관)의 기능 ⑤ 저장의 기능 ⑥ 차별화의 기능 ⑦ 가치상승의 기능 ⑧ 브랜드 노출의 기능 ⑨ 환경적 기능 등이 있다.

[참고이미지 45]
TIFFANY & CO. 1837 / USA

TIFFANY & CO.

브랜드의 충성도에 따라 쇼핑백은 재사용의 대상이 될 수 있으며 브랜드를 노출시키는 확실한 매체가 될 수 있다. 경우에 따라 브랜드 홍보목적 이외의 기능을 할 경우도 있다.

[사례이미지 74] KIS 포장관련물품체계 중 쇼핑백, 포장지 그래픽

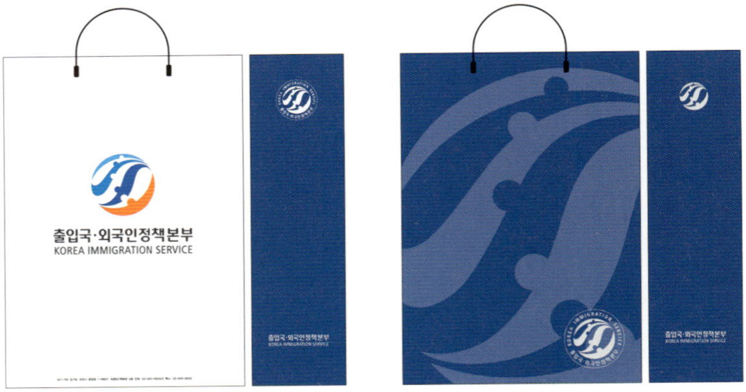

9.2.5 사인체계 Sign Graphic System

우리나라 어느 도시의 중심가를 지날 때면 무수히 많은 간판들을 접하게 된다. 일반적인 전문용어로 간판이라 한다. 그러나 디자인을 전공한 사람들은 사인 또는 사인시스템이라 말해야 한다. 조그마한 틈새상점의 간판에서부터 대기업의 거대 브랜드에 이르기까지 설치된 자체가 예술이라고 표현될 만큼 많은 간판들을 볼 수 있다. 몇 년 전 서울의 도시이미지를 개선한다는 차원에서 일제적인 간판정비 사업을 실시한 적이 있다. 그러한 결과로 원래 건물이 가진 조형적 특징이 나타나고 거대조명장치를 무기삼아 표현되던 흉물스런 과잉간판은 눈에 띄게 많이 개선되었고 소형화되고 다채로운 형태가 등장하는 결과를 나타내었다.

이렇게 현실 속에서 브랜드를 소개하는 첨병에 있는 사인의 기능은 우리 생활환경에 공공의 지적대상으로 떠오르기도 하였다. 상호(브랜드)명이 잘 보이기만 하면 되던 시절, 시인성이 높은 색상이라 해서 내부조명을 빨강색으로 무장하던 일색의 사인문화를 공공의 인식으로 다양화하고 특화시켜 나가는데 성공하고 있다. 그만큼 브랜드디자인에서 공공성, 공공의 환경적 측면을 강조받는 항목에 해당하는 체계이다. 조그마한 상점과 거대자본의 힘을 가진 브랜드의 비교는 어려우나, 공공의 생활환경에서는 피할 수 없는 심미적 고려의 대상으로 다루어져야 한다는 점이 첫번째 개발의 배경이 되어야 하며, 브랜드 노출의 속성상 여러 장소, 여러 위치에 자리하게 되는데 시각적 그래픽의 일관성을 가지고 풀어나가야 하는 것이 간판! 사인시스템 또는 사인체계의 기능이다.

사인시스템에는 표시의 기능, 유도의 기능, 안내의 기능 등이 있다. 이들을 생활 속의 동선에 적용시켜보면 흐름을 연상할 수 있을 것이다. 도로변에 설치될 유도사인, 건물 앞에 있어야 할 스탠딩사인, 현관에 표시되어야 할 현판사인, 로비에 위치하여야 할 종합안내사인, 필요한 층수에 정보를 확인할 수 있는 층별안내사인 등 곳곳에 위치해야 할 사인들이 필요하다는 것을 그려볼 수 있다.

[사례이미지 75] KIS 사인체계 중 공항내 유도사인, NHN의 외부채널사인 시뮬레이션 그래픽

사인물은 평면적인 구조에서 머무르지 않고 입체적으로 표현된다는 것이 3D그래픽의 속성에서 이해하여야 한다. 벽면에도 부착되며, 공중에 매달리기도 하며, 돌출되어 튀어나오기도 하는 속성을 가진 체계이다. 평면처럼 보이지만 실제는 평면이 아닌 부착물이 존재하는 영역이다. 구조적으로는 하중이나 전기전자적 안전성이 확보되어야 하는 경우도 있으며, 그에 상응하는 제작방법이 뒤따른다. 사례의 KIS 유도사인은 컬러시트와 내부조명장치를 이용하여 제작을 하는 경우에 해당하며, NHN은 채널사인이라는 구조물을 건물외벽에 부착하는 방법이다. 멀리서 식별이 가능한 크기이므로 가까이서 보면 크기의 정도가 평면으로 볼 때와는 매우 다른 크기감을 느낄 수 있다.

[사례이미지 76] KIS 사인체계 중 일부 그래픽 Sign Graphic System

[자료이미지 03] 각종 브랜드 기능과 세부 안내사인

KIS의 사인시스템을 일목요연하게 동선을 중심으로 나열한 것이다. 대개 사인*sign*은 낱개의 종류와 형태로 보이지만 실제로는 디자인과 재질과 위치 등을 고려하여 큰 틀에서 제작하여야 하는 볼륨이 적지 않은 영역의 체계이다. 가장 먼저 디자인의 흐름을 설정하는 것이 중요하며 디자인의 흐름이 확정되면서 구체적인 크기의 확인이 가능해지며 설치해야 할 위치의 파악에 따라 전체 사인의 개수를 파악할 수 있다. 사인시스템은 개발, 적용, 시공의 과정을 거쳐 설치하게 되는데 각각의 단계에서 실행하는 업무의 내용이 구분되어 있다. 포괄적인 브랜드디자인의 차원에서 접근할 때에는 조형의 개발단계까지 포함하며 시공단계에서 용이하게 제작할 수 있도록 매뉴얼의 데이터로 전달이 된다.

■ KIS 대한민국 출입국외국인정책본부 Sign Graphic System

9.2.6 일반운(수)송수단체계 Vehicle Graphic System

브랜드(기업)에서 운용하는 차량에도 다양한 용도와 크기와 형태와 기능이 있기 때문에 차량의 그래픽체계와 같은 아이템체계에서도 브랜드의 시각적 이미지를 일관성 있게 효과적으로 반영할 수 있으므로 신경을 기울이지 않으면 안 된다. 일반운(수)송수단체계는 브랜드이미지의 적용이 곧 홍보로 직결되는 분류체계이기 때문에 세심한 부분까지 놓치지 않도록 신중하게 제작해야 한다. 일명 움직이는 광고판이라 부른다. 일반적으로 차량의 경우는 적용에 필요한 시공비를 절감하기 위하여 컬러시트(일명 커팅시트)를 이용하여 스티커를 부착하는 방식으로 표현한다.

[사례이미지 77] KIS 일반운(수)송수단체계 중 업무용 승용차와 대형버스 그래픽

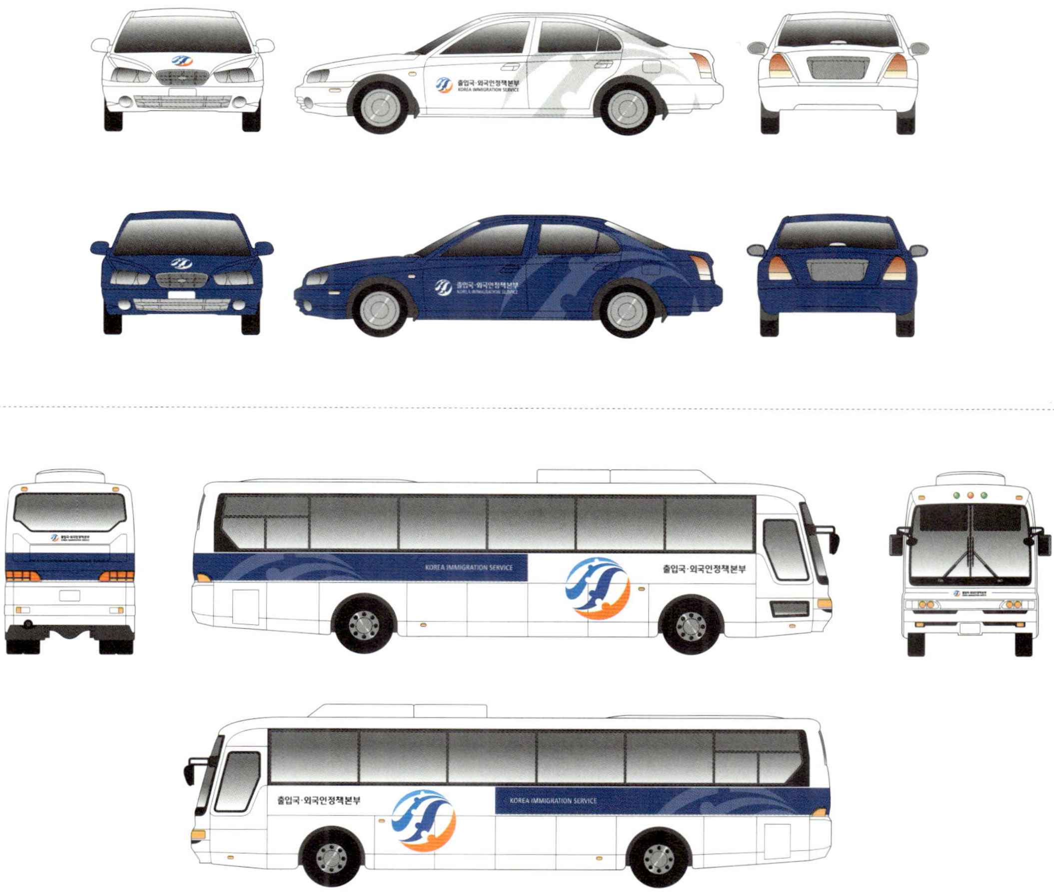

경우에 따라서 차량 전체를 도색하여야 하는 경우에는 일관된 색의 도색용 페인트를 확인하고 항상 같은 색상이 재현될 수 있도록 관리체계를 마련하여야 한다. 차량의 도색은 일반페인트와는 달리 도장용 페인트로 열처리과정까지 거쳐 마무리하는 것이 올바르다. 차량은 노출된 환경에서 놓이기 때문에 다양한 기후조건에 노출된다. 따라서 변색과 균열이 발생하지 않도록 세심한 관리를 하여야 한다. 차량에 대한 디자인의 결과물에 따라 적용비용에 차이가 날 수 있기 때문에 부분디자인을 계획할 것인지 전체디자인을 채택할 것인지 전후를 고려하여 판단하여야 한다.

[참고이미지 46]
new Y, 연합뉴스, YTN / Korea Rep.

[사례이미지 78] NEW Y / Korea Rep.

연합뉴스(구, 연합통신)의 뉴스전문채널브랜드 news Y. 차량의 그래픽 풀이에서는 뉴스Y의 브랜드이미지를 대표적으로 표시하고 상위브랜드의 회사명인 연합뉴스를 조금 작게 병기하여 표시하였다. YTN과 동일한 Y이니셜의 사용으로 시청자들에게 관련성이 있는 것처럼 혼선을 주기도 한다. 최초 브랜드의 출범과 내부적인 변화와 새로운 계획으로 인해 뉴스Y와 YTN은 유사한 기능의 브랜드이기는 하지만 서로 다른 방송국과 채널의 관계이다. 같은 영역에서 활동하는 유사기능의 브랜드로 이해하면 된다.

[사례이미지 79] UPS ; United Parcel Service / USA

친근한 표현으로 미국 국적의 택배업체브랜드이다. 미국에 본사를 둔 세계적인 물류운송업체 **United Parcel Service**의 머리글자를 말한다. 독특한 카키브라운 색상으로 차량 전체를 도색하여 다른 브랜드와의 식별력을 높이고 있다. 심벌마크는 입체감 있는 표현방식의 방패형의 형태로 컴퓨터프린팅 시트를 이용하며, 심벌마크에서 오는 브랜드색상인 카키브라운색과 노란색의 라인을 이용하여 차량디자인의 일관성을 전달하고 있다.

[참고이미지47]
Fedex / USA

FedEx Express

9.2.7 유니폼체계 Uniform Graphic System

유니폼의 개념은 브랜드의 체계적인 관리를 대외적으로 나타낼 수 있는 움직이는 매체일 수 있다. 운송수단체계와 쇼핑백과 같은 홍보물품체계처럼 움직이고 돌아다닐 수 있는 기능이 유니폼의 역할에서도 브랜드의 홍보매체로서 손색이 없는 응용체계이다.

남녀 근무복, 동하절기 근무복, 특수 작업복, 단체복 등의 유니폼을 설정하여 내부의 구성원 간 업무효율의 향상 및 소비자, 고객들에게 긍정적이 이미지를 전달하는데 힘쓰고 있다. 유니폼의 필요는 고객을 직접적으로 대응하여야 하는 현장의 환경에서 많이 접할 수 있으며, 유니폼의 패션성으로 인해 브랜드의 친화력을 높이는데 일조를 하고 있다.

대표적인 장소로 공항을 가보자. 공항은 유니폼의 정수를 확인할 수 있는 훌륭한 장소이다. 각국별로, 각 항공사별로 여승무원의 유니폼이 가장 대표적으로 눈에 띌 것이다. 저마다의 문화적, 지역적, 브랜드마다의 특징으로 나타나는 유니폼의 매력은 우리를 브랜드의 세계로 끌어들이기에 충분하다. 그래서 항공사 승무원들의 유니폼은 첨단의 패션코드를 자랑하며, 생활 가까이는 은행에서 근무하는 은행원, 백화점에서 고객들을 맞이하는 샵마스터, 호텔의 서비스맨, 프로스포츠의 선수, 공공의 역할을 다하는 공익근무자, 피자가게, 카페, 교복, 일반 사무직 환경에서도 유니폼의 체계를 도입하는 모습을 접할 수 있다.

스타트랙*startrek*, 나사*NASA*와 같은 우주공상과학영화나 기관에서도 우주복과 같은 근사한 유니폼은 발견할 수 있다. 유니폼, 즉 제복은 내부 구성원들에게 브랜드의 소속감과 자긍심을 심어줄 수 있으며 대외적으로는 전문성과 신뢰감을 전달해 줄 수 있다.

또한 유니폼의 특성에는 이미지만을 전달하는 기능 이외에도 특수 근무환경에서 갖출 수 있는 목적기능이 필요한데 특수현장 근무자들을 위한 기능성 유니폼에도 브랜드가 가지고 있는 시각적 특징을 부여하여 제작, 운영, 관리하도록 하고 있다. 그래서 유니폼은 주의와 경고의 기능도 가지고 있다.

유니폼은 특성상 패션영역의 감각적인 유행성이 함께 이루어져야 하기 때문에 패션성과 기능성의 판단을 위해 패션전문가와의 협업이 이루어질 수도 있다. 그러나 대체적으로 브랜드이미지 개발을 우선하는 일반적인 개발범위에서는 자체적인 해석으로 해결하는 경우가 많다.

[참고이미지 48]
하나은행 / Korea Rep.

[참고이미지 49]
NASA / USA

[사례이미지 80] KIS 유니폼체계 중 단체복 그래픽

[자료이미지 04] 유니폼의 다양한 사례들

9.2.8 특수운(수)송수단체계
Mega Transport Tool Graphic System

항공기, 기차, 선박 등과 같은 특수운(수)송수단체계는 응용디자인아이템으로서는 물론 브랜드이미지의 그래픽시스템 개발 전체의 의미에 해당할 수 있는 백미 중의 백미이다. 따라서 디자인 개발의 핵심아이템이며 오히려 디자인 개발의 핵심목적이 될 수도 있다. 항공기와 같은 특수한 목적의 기능은 색상의 표현과 도료에 있어서도 특별한 재료와 제작과정을 거쳐야 한다. 항공기에는 도장에 적합한 특수한 도료가 별도로 있으며 다양한 기후와 환경에 적응할 수 있도록 내구성이 강한 재료로 제작되어야 한다. 항공기의 경우도 모델에 따라 기능에 따라 크기에 따라 기종이 매우 다양하다. 이러한 다양한 조건의 항공기그래픽에 적용할 수 있는 그래픽체계가 있어야 모든 항공기에 일관된 이미지로 적용할 수 있으며 소비자는 동일한 이미지의 메시지를 전달받게 된다. 사진이미지는 **KLM**항공과 **eurostar**의 사례이다.

[사례이미지 81] KLM Royal Dutch Airlines, Koninklijke Luchtvaart Maatschappij / Netherlands

[참고이미지 50]
KLM / Netherlands

[참고이미지 51]
Lufthansa / Germany

[참고이미지 52]
Asiana / Korea Rep.

1919년에 설립된 항공사브랜드로 명칭의 원형으로는 가장 오래된 항공사이다. 두 가지 블루컬러를 이용하여 산뜻한 이미지를 전달하는 브랜드 이미지이다. 맑은 하늘색을 연상하는 라이트 블루가 주색상이며 딥블루의 색상은 얇은 띠의 형식을 두르며 보조색상과 보조그래픽의 기능을 하고 있다. 라이트 블루의 색상은 대한항공의 이미지와 유사하다. KLM은 cityhopper, transavia와 Martinair와 함께 KLM 그룹을 이루고 있다. KLM은 Koninklijke Luchtvaart Maatschappij의 머리글자, 코닝클러커 뤼흐트파르 마스트하페이라고 읽으며, 영어로 Royal Aviation Society의 네덜란드 왕립항공사 의미를 가지고 있다. 항공기 사진 중 위쪽의 가장 큰 사진이미지는 인터넷에서 발견한 이미지로 항공기를 도색하는 작업의 장면이다. 네덜란드 포토그래퍼 Dirk Jan Kraan씨에게 요청을 보내 사용허락을 받아 첨부하였다. 브랜드의 그래픽시스템을 설명하는 그림이미지 성격이라 전하여 흔쾌히 OK메일을 받았다. 항공사의 정확한 명칭까지 교정 받았다. Thank you. Mr. DJ. 흔치 않은 장면의 사진이미지인데 그래픽시스템을 이해하는데 많은 도움이 되기를 바란다.

[사례이미지 82] eurostar / France, England, Belgium

영국과 프랑스를 연결하는 해저 채널터널*Channel Tunnel*이 개통된 1994년에 개통되었고, 영국과 프랑스 벨기에를 잇는 고속철도서비스브랜드이다. TGV의 프랑스, 영국, 벨기에 3국간의 직통운행을 위해 공동개발되었다. 시속 300km의 속도를 자랑하며 차량의 디자인이 공기의 저항을 최소화시키기 위한 유선형의 디자인구조가 돋보인다. 시인성이 높은 노란색과 흰색과 지붕을 덮는 짙은 청색을 이용하여 가볍고 날렵한 이미지를 표현하고 있다. 빨간색과 회색과 짙은 청색의 스트라이프 디자인도 등장한다. 한국에도 프랑스 TGV와의 기술협력으로 한국형 고속철 KTX가 도입되었고, 서울/부산, 서울/광주선이 운행되고 있다. 그 밖에도 영국의 British Rail, 프랑스의 TGV, 독일의 ICE, 미국의 Amtrak 등의 철도브랜드가 있다.

[참고이미지 53]
eurostar /
France, England, Belgium

EUROSTAR™

[참고이미지 54]
British Rail / England

[참고이미지 55]
AMTRAK / USA

AMTRAK®

9.2.9 공공시설물체계 Public Installation

공공*Public*영역 개념의 경우 공간과 개인영역의 개념이 많이 개입될 수 있는 성격의 아이템영역이다. 적용에 따르는 결과를 예상해 보면 대 · 내외적인 관계자들은 물론 제3의 관계자(소비자, 국민, 시민, 정부, 국가)들이 공간에 중복하여 개입하게 되고 다른 브랜드(기업)의 이미지시스템이 동시에 나열되고 비교, 대립되는 상황이 생길 수도 있다.

이 경우는 브랜드이미지끼리 서로 경쟁을 이루는 것이 당연한 현상이지만 이러한 현상이 지나친 경쟁으로 공공의 시각적 환경공해로 복잡함을 드러내 사회적인 불편한 문제로 지적받을 수 있는 점이기도 하고, 주변 시각 환경과 조화를 고려하여 계획하여야 한다. 이 접점에서도 디자이너의 사회적 책임과 의무를 강조받음은 당연하다.

예를 들면 건설현장의 펜스 또는 가림막은 우선적으로 안전의 기능을 위하여 설치된다. 접근을 경고하고 현장을 주의시키고 작업의 보안도 유지하며 일반인들의 보편적 안전을 위한 브랜드의 의도적인 서비스이다. 이 펜스를 회색의 무채색으로만 설치하지 않고 브랜드의 이미지를 위하여 그림 또는 문자정보를 표시하여 긍정의 메시지를 전하기 위하여 활용한다. 아기자기한 그림도 같이 그려 넣는 경우도 있다. 상징체계에서 개발된 그래픽캐릭터를 적용시키기도 한다. 그림으로써 안전과 브랜드의 이미지를 객관자에게 전달하는 브랜드이미지체계의 한 부분이다.

자그마한 농촌이나 어촌의 개인주택 담장에 그려 넣은 벽화도 공공의 성격을 표출하는 고유의 이미지이다. 달동네의 가파른 계단을 이용하여 고달픈 현실을 위로하기도 한다. 이러한 집단적 행위는 동네를 변화시키고 주목을 이끄는데 효과적인 방법일 수도 있다. 마을*community*은 공동의 환경이다. 하나의 브랜드 범주로 해석할 수 있다. 이 밖에 영화의 소품으로도 자주 등장하는 가로등, 벤치, 공중전화부스, 장식물, 공사장 펜스 등이 공공시설물체계에 해당한다.

[참고이미지 56]
1박2일, KBS / Korea Rep.

Chapter 10

브랜드디자인의 일관적 관리

Consistent superintend of Brand Design Image

10.1 매뉴얼 Manual

10.2 관리조건과 환경 Analog & Digital Condition

10.2.1 디자인매뉴얼의 온 · 오프라인 환경

10.2.2 디자인매뉴얼의 형식

10.3 Graphic System Brief Chart ; Design Tree ; CI Tree

10.1 매뉴얼 Manual

브랜드디자인 개발의 가장 후위 단계에 해당하는 정리 개념의 영역이다. 매뉴얼은 브랜드의 배경과 기능과 함께 사용자가 숙지해야 할 지침에 대한 자세한 내용을 기술하는 것인데, 이는 사용자가 일관되고 정확한 브랜드이미지를 관리 담당하여야 하는 사람들에게 이해하기 쉽고 용이하게 정리하여 제작되어야 하기 때문이다.

브랜드디자인에 있어서 매뉴얼의 기능을 살짝 과장해서 해석하자면, 우리의 사회생활 속에서와 같이 하는 법률적인 기능의 의미와 유사하게 해석할 수 있다. 그러나 지키지 않는다고 해서 사회적인 물의를 일으켜 처벌을 받는다거나 하지는 않는 것이 다르다. 만에 하나 브랜드(기업)의 내부에서 볼 때 이미지를 잘못 관리하여 업무적 책임을 물을지는 모르겠다. 이 정도로 철저한 관리를 하는 브랜드는 흔치 않은데, 그래도 예전과 비교하면 많이 세심하게 관리하는 편이다.

그러나 경고나 징계의 의미가 중요한 것이 아니라 관리를 잘 하지 못할 경우 소비자(고객, 수요자)들이 해당 브랜드이미지에 대해 혼선을 갖게 되므로 신뢰감을 떨어뜨리는 결과를 낳을 수도 있을 것이다. 브랜드에 있

어서 시각적 일관성은 매우 중요하기 때문이다. 따라서 이제까지 진행되어 온 브랜드디자인의 개발 절차를 꼼꼼하게 정리하여, 사용자가 관리 적용하는데 왜곡현상이 없도록 하는 것이 매뉴얼 구성과 제작의 가장 기본적인 취지인 것이다.

디자인 선진국의 경우 브랜드(CI)디자인 매뉴얼은 곧 법전과 같은 의미로 다루기 때문에 반드시 디자인의 지침을 세세하게 지키는 문화로 우리의 디자인 문화와는 다소 차이가 있다. 따라서 디자이너가 설계하고 지시하고 정리하는 매뉴얼의 내용은 매우 중요한 의미를 가지며 책임감을 가지고 제작에 임하여야 한다.

/	off-line manual	on-line manual
1	인쇄과정으로 만들어진 책자 형식	데이터화된 디지털 형식
2	복제성 ↓	복제성 ↑
3	관리효율성 ↓	관리효율성 ↑
4	정보 공유성 ↓	정보 공유성 ↑
	⇕	⇕
	접근성에 대한 제한과 한계	개방성에 대한 남용과 우려

[표 48] 매뉴얼의 구성과 관련 환경

10.2 관리조건과 환경 Analog & Digital Condition

10.2.1 디자인매뉴얼의 온 · 오프라인 환경

근래의 디자인매뉴얼은 디지털환경이 펼쳐지기 전까지는 인쇄된 책자의 형식으로 주로 개발되어 활용하였다. 그래서 업무를 담당하는 관리자를 위주로 디자인에 대한 데이터의 접근성이 허락되는 제한적 환경이었고 특별한 역할이기도 하였다. 물론 담당 관리자가 편성되어 있는 부서인 홍보실 또는 디자인실과 같은 실질적인 적용에 관련된 부서의 관계자만 이해하면 되는 것이었으므로, 전공자만이 가지는 특별한 이해의 영역이어서 독점적인 업무 권리와 역할이 있었다고 생각한다. 당연히 브랜드디자인을 관리하기 위해서는 매뉴얼에 수록된 내용을 이해하고 있어야만 일관된 진행을 할 수 있으니 특별할 수밖에 없다.

그러나 특별한 업무의 영역임에도 브랜드의 말초신경계까지 정확하게 전달하기에는 좀처럼 쉽지 않을 것이다. 디자인에 대한 관리인식이 중요하게 다루어지는 환경이 아니었기 때문이다. 그러한 매뉴얼의 의미가 디지털환경으로 전환되면서 여러 부분에 영향을 끼쳤다. 우선 매뉴얼의 제작형식이 가장 먼저 바뀌었고, 제작형식이 바뀌면서 매뉴얼인쇄 제조업의 환경이 사라져 가고 있다. 지금은 인쇄 제작을 디지털데이터가 대신하고 디지털데이터는 모니터화면으로 펼쳐져 대신하고 종이로 표현되던 책자의 형식은 컴퓨터출력물의 약식(간이) 제작을 통하거나 매우 적은 소량의 인쇄를 하는 상황으로 바뀌게 되었다.

약간 다른 관점의 이야기이지만 디지털의 등장은 많은 것을 변화시켰고 진화시키고 있어서 그로 인해 기존 환경에 종사하던 해당 전문 업계(인쇄 및 디자인 실행업체 등)는 혹독한 변화의 칼바람을 맞고 있기도 하다. 이런 변화의 시간은 10년도 채 걸리지 않은 듯하다.

그러면 디지털환경에서의 디자인매뉴얼은 어떻게 관리되고 있는지 알아보도록 하자. 우선 디자인프로세스를 통해서 개발된 디자인데이터는 주로 해당 브랜드(기업)의 웹사이트(홈페이지)에 올려져 있다. 온라인상의 데이터는 주로 브랜드디자인의 기본체계에 대한 내용이 주를 이루지만 이것만으로도 브랜드 상징의 정확한 이미지를 재현하고 적용하는데 이제는 일반인도 쉽게 활용할 수 있는 현실이다.

또한 브랜드디자인의 철학과 개발에 대한 의미를 온라인으로 공유함으로써 브랜드(기업)의 정신을 수월하게 전달할 수 있는 장점도 마련된 것이다. 물론 관심 없는 사람들은 정독을 거부하겠지만 예전에 아무나 확인할 수 없었던 내용이 이제는 온라인으로 개방되어 있다는 사실만으로도 중요한 의미가 있다. 지금은 당연하고 일반적인 상황으로 펼쳐져 있으니 현세대들에게 전달해야할 중요한 개념은 브랜드의 탄생과 그에 대한 철학을 이해시켜야 하는 중요하고 어려운 핵심 과정만이 남아 있다.

10.2.2 디자인매뉴얼의 형식

일반적인 디자인매뉴얼은 책자의 형식으로 되어 있다. 지금도 일반적인 인쇄 과정으로 제작된 매뉴얼이 완전히 사라진 것은 아니다. 부분적으로 존재하는 경우도 있다. 책자의 형식은 소설책과 같은 형식의 단행본 형식이 아니라 사용에 있어 관리와 효율적 업무 진행을 고려하여 탈착이 가능한 바인더 형식으로 주를 이루어 제작이 되었다. 탈착은 복사하기에도 용이하지만 추가로 개발된 제작물에 대한 내용과 사용규정을 새로이 추가하여 삽입할 수 있다는 장점이 있기도 하다. 그러나 추가 개발하여 삽입하는 경우는 거의 드물다. 그래서 간소화되기도 한다.

매뉴얼은 바인더 형식의 책자로 제작이 되어 왔지만 이제는 일반적인 인쇄 개념의 매뉴얼이 변화되어야 하는 시대임을 인정해야 할 듯하다. 온라인상으로 디지털데이터를 업로드하여 관리하고 내용을 재구성하는 것은 실용적 제작 측면에서 인쇄 제작의 매뉴얼보다 효과적이며 간편하게 공유시킬 수 있다. 온라인매뉴얼에는 브랜드(CI)에 대한 소개를 통해서 데이터를 업로드시킨다. 그러나 브랜드와 관련된 기본디자인체계만 소개하고 있다. 응용체계에 해당하는 데이터는 브랜드 내부의 관리자용 네트워크(인트라넷)를 이용하는 것이 보통이다.

디자인매뉴얼에는 다음의 내용이 담겨야 한다. 그래픽 시스템에 대한 충실한 설명과 관리상 특이점, 재료의 특성, 정확한 비례의 제시, 표준화된 색상의 데이터 등이 수록되어야 한다. 이러한 내용들을 효과적으로 전달하기 위해서 편집의 특성까지 고려하여야 하며 관리폴더의 형성에도 체계적이어야 한다.

[사례이미지 83] 인쇄 과정으로 제작된 KIS의 바인더 형식의 매뉴얼

인쇄된 KIS의 디자인매뉴얼은 KIS의 그래픽캐릭터와 엠블럼을 전면에 배치하였고, 앞면 하단부의 파란색 바를 후면과 연결하여 전체를 채우고 있다. 후면에는 KIS 엠블럼을 네거티브 표현방식으로 마무리하였다.

[사례이미지 84] 디자인 데이터가 수록된 KIS의 CD 형식의 매뉴얼

KIS의 디자인매뉴얼의 데이터는 CD*(compact disk)*로 전달되는데 디자인 개발프로젝트의 절차상 마무리 형식의 의미가 크다. 이메일 데이터로 전송해도 되는 현실에서 CD의 기능도 형식적 의미로 역사 속으로 점차 사라져 가고 있다.

매뉴얼의 생김새는 다양하다. 책자의 형식이므로 편집디자인의 미적인 감각을 더하여 제작하여 브랜드와 브랜드개발에 대한 신뢰도와 이미지를 전달할 수 있는 프로젝트 마무리 의미의 결과물이다. 가로형의 포맷과 세로형의 포맷, 바인더 형식, 스프링 제본 방식 또는 단 한권뿐인 독창적인 형식으로 제작할 수 있다. 제작기법을 다양하게 적용하면 제작비용은 비례하여 상승할 수밖에 없다. 그러나 자기 브랜드이미지의 원형을 수록한 책자라면 특별하게 해석될 수도 있다.

[사례이미지 85] 인쇄 과정으로 제작된 KIS의 매뉴얼과 일부내용

[자료이미지 05] 2002 한일월드컵의 간이매뉴얼 / Korea Rep.

[자료이미지 06] 롯데그룹 계열사의 간소화 매뉴얼 / Korea Rep.

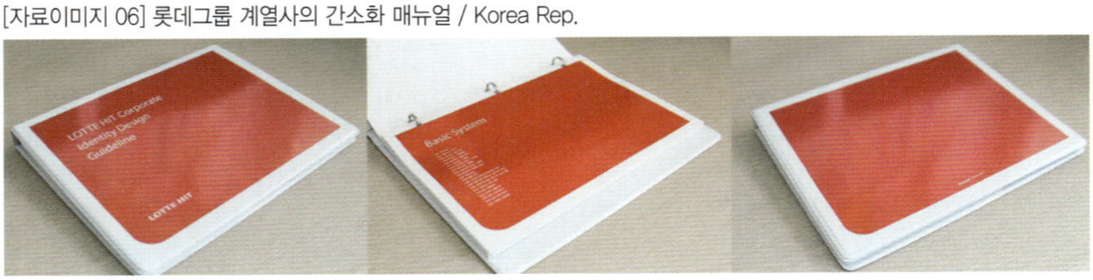

[사례이미지 86] KIS 온라인 매뉴얼의 화면

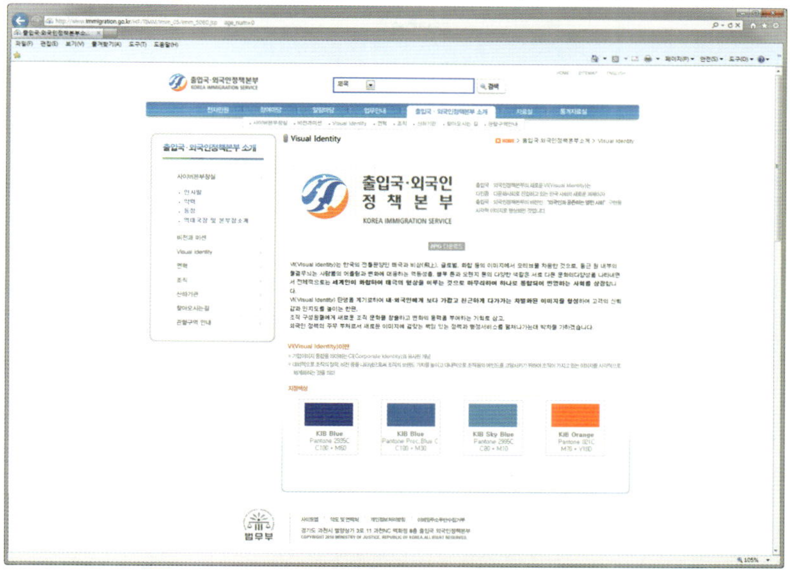

[자료이미지 07] 농심 온라인 매뉴얼의 화면 / Korea Rep.

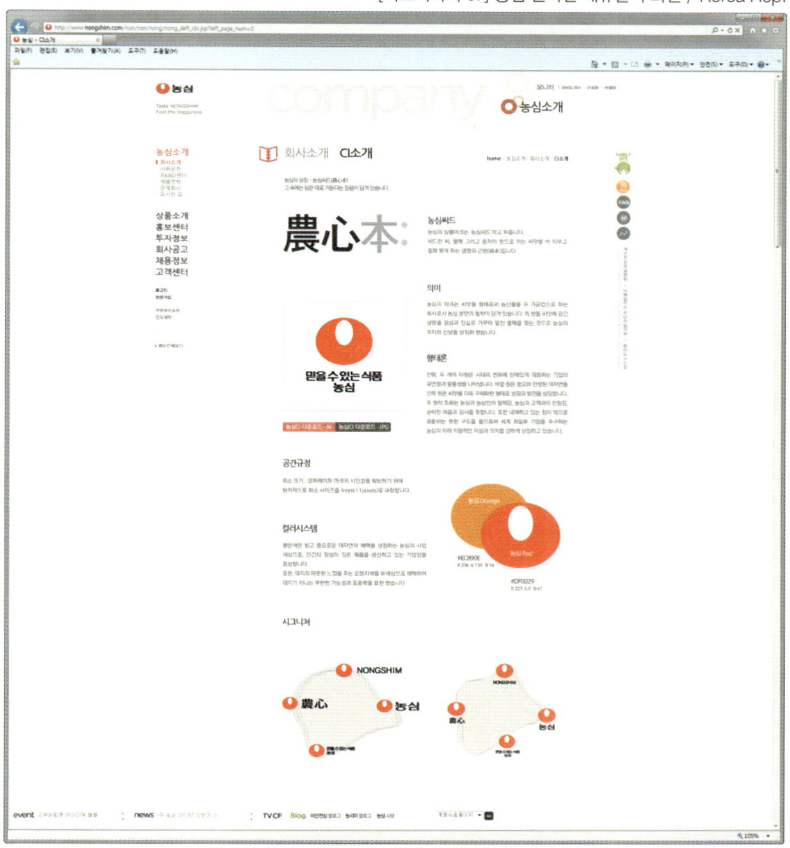

10.3 Graphic System Brief Chart ; Design Tree ; CI Tree

CI Tree는 브랜드의 시각상징이미지 체계를 일목요연하게 확인할 수 있게 한 장의 포스터형식으로 제작한 정리 요약본에 해당한다. 일반인에게 흔하게 노출될 경우는 없으나 디자인의 사용자에게는 전체를 파악할 수 있는 효과적으로 정리된 브리핑 자료이다. 일본의 데코마스에서 등장한 형식으로, 요약의 의미로서 프로젝트를 마무리하는 과정에서 제작된다. 그러나 이제는 효율성 경제성 등의 측면에서 좀처럼 제작하지 않는 편이다. 매뉴얼의 내용을 다시 한 번 요약하는 개념이기 때문에 반복적이고 다소 소모적인 성격도 있기 때문이다. 마인드맵의 개념도와 비슷한 모양을 갖는다. 개발한 디자인의 체계를 이해하기 쉽게 효과적 구조적으로 나열, 배치하다 보니 나무의 형태를 연상한다고 해서 Tree라는 명칭으로 이해하기 쉽다. *Tree, Neuron, Mind map, Structure.*

[참고이미지 57]
디자인파크 / Korea Rep.

DESIGN
PARK

[참고이미지 58]
손디자인 / Korea Rep.

SONDESIGN

[자료이미지 08] KYOBO 브랜드와 그룹체계 / Korea Rep.

KYOBO

KYOBO 교보생명

꿈을 키우는 세상™ KYOBO 교보문고

KYOBO 교보리얼코

KYOBO 교보AXA자동차보험

교보브랜드는 교보생명을 중심으로 개발되어 이제는 그룹브랜드로 인식되고 있다. 교보는 전신 대한교육보험으로, 명칭 중 중심글자를 추출하여 교보라 개칭하고 브랜드이미지를 새로이 도입하였다. 교보생명의 금융 분야를 핵심으로 교보문고, 교보증권, 교보리얼코, 교보정보통신, KCA손해사정, 생보부동산신탁, A&D신용정보 등이 KYOBO브랜드를 형성하고 있다. 브랜드디자인전문회사 디자인파크와 손디자인의 자료제공으로 훌륭한 사례이미지로 제시가 가능했다.

■ KYOBO Graphic Image System ; Design Tree ; CI Tree

BRAND DESIGN

Chapter 11

친환경과 디자인 재료의 선택

Environment Friendly & Design Materials

11.1 브랜드와 디자인의 표현과 소재

11.2 색상과 환경

11.1 브랜드와 디자인의 표현과 소재

브랜드의 아이덴티티디자인 개발의 완료의 의미와 적용의 의미는 조금 다르게 이해하여야 한다. 디자인은 무형의 개념을 그래픽으로 표현한 결과에 지나지 않을 수도 있다. 그러나 매우 중요한 기호로서의 체계를 만들어 낸 과정이기 때문에 없어서는 안 되는 개념이기도 하다. 적용은 실제적으로 쓰여질 장소에 어떠한 매체를 통해서 표현할 것인가에 대한 문제를 다루는 또 다른 중요한 개념세계의 단계이다. 따라서 과정의 개념에서는 다음 단계의 의미이지만 앞뒤의 문맥을 이해하듯이 전체적인 디자인의 의도, 즉 컨셉트를 이해하면서 진행해야 하는 동시적인 영역이다. 한 장면의 그림으로 보이나 다른 레이어*layer*에 있는 경우로 이해하여야 한다. 이때 우리가 고려해야 할 관점이 환경적인 사안이다. 조금 더 큰 의미에서 표현하자면 디자이너의 사회적 역할을 강조해야하는 의미이기도 하다.

해당 프로젝트가 의미하는 그래픽 목적에만 초점을 맞추어 표현하면 안 된다는 것이다. 우리의 사회 · 문화적인 공간과 환경을 이해하고 배려하려 하고 조화를 이루어 균형감 있는 새로운 이미지를 창출해야하는 광의적이고 거시적인 관점으로 다루어져야 하는 디자인영역에 해당된다. 이 장에서는 브랜드(기업)의 총체적인 의미를 넘어서는 사회적인 역할을 반영해야 한다는 사명감을 말하는 것일 수도 있다.

그러면 나의 주변을 관찰하고 내가 살고 있는 마을을 살펴보고 일상들의 특징과 모양들을 이해하고 우리 주변의 자연과 환경을 이해하는 자세가 우선되어야 할 것이다. 따라서 디자인적용에 있어 조형성에 따르는 표현소재의 성질, 색상, 적용, 배치 등은 반드시 고려해야 할 친환경적 인식의 중요한 자세*attitude*에 해당한다.

각종 장르에서 개발되는 디자인 결과물의 적용에는 재료가 반드시 수반될 수밖에 없다. 브랜드디자인에서도 예외는 없다. 재료의 제안을 더욱 폭넓게 제안하는 장르가 브랜드디자인의 영역이다. 소비자들에게 정보를 전달하고 감성을 느끼게 하고 실생활에 적용시켜 혼돈의 에너지 소모를 줄여야 하는 역할도 있어서 매체에 대한 개발과 제작과 적용에는 무수히 많고 다양한 소재들이 등장한다. 그러나 일반적으로 호불호*好不好*의 기준은 있는 법, 이는 우선적으로 가격과의 비교를 피해갈 수 없다. 거품이 포함되어 있는 사치성 소재를 제외하더라도 가격과 재료의 선택은 피할 수 없는 고려의 대상이다.

오늘날의 디자인 재료는 내구성과 심미성, 가격이나 원가의 적정성 등이 있겠지만 한 가지 더 필수적으로 포함되어야 할 성질이 환경성의 의미이다. 또 다시 복잡한 세계로 들어가기 싫고 어려울 수 있지만 맨 앞장에서 언급한 이야기와 같은 맥락이다. 소재의 성분이 사람에게는 폐해는 없는가, 재활용과 재사용이 가능한가, 생산에서부터 환경에 대한 훼손은 없었는가, 폐기 시 자연분해의 성질은 우수한가, 등 우리가 직면한 현실에 다양하고 엄격한 기준의 적용이 필요시 되고 있으며 많은 체계를 갖추고 있다. 왜냐하면 인간이라는 종*種*을 존속시키기 위함이므로. 우리 후손을 위함이므로, 좁게는 내 복제형의 안위를 위함이므로.

+ 종이 Paper

종이는 펄프*pulp*의 과정을 거쳐 만들어진다. 펄프는 나무의 성분을 통해서 추출된다. 중남미 아마존의 열대밀림과 동남아시아의 열대우림지대에서 하루에 사라지는 양이 얼마만큼 되는지는 각종 매체를 통해서 잘 소개되고 있어서 잘 인지하고 있지만 왠지 막연한 안타까움이 함께 한다. 한국에서 환경캠페인을 시작한 유한킴벌리는 펄프와 종이가 곧 상품의 내용이기 때문에 더욱 적극성을 가지고 소비자의 근심을 달래고 동참을 권유한다. 유한킴벌리는 유한양행의 유한과 킴벌리 클라크*Kimberly-Clark*의 합작 브랜드이다.

[참고이미지 59]
유한킴벌리 /
Korea Rep. USA

브랜드의 유통과정에서 발생되는 종이의 성격은 우리생활에 너무 밀착되어 있기 때문에 의외로 간과하기 쉽다. 디자인의 개발과정에서 생성되는 종이의 기능은 매우 다양하다. 브랜드의 정체와 자기를 소개하는 명함에서부터 상품을 포장하여 운반할 수 있는 포장재에 이르기까지 적용되는 아이템의 양이 매우 많이 발생된다.

[참고이미지 60]
재생종이로 만든 책
/ Korea Rep.

[참고이미지 61]
SOYINK / USA

브랜드 활동 주체인 기업 내 · 외부환경에서는 필수적으로 발생해야 하는 재료이다. 명함, 레터헤드, 크고 작은 다양한 기능의 봉투, 각종 형식의 서류, 공지용 포스터, 스티커, 레이블, 내용물을 담는 종이컵과 캐리어, 포장지와 쇼핑백, 상품에 필요한 정보를 표시하는 태그, 냅킨, 프로모션용POP, 영수증 등 일일이 나열하는 것이 무의미할 만큼 종이로 표현되는 디자인아이템의 종류는 다양하다. 게다가 브랜드의 이미지를 호의적으로 전달하기 위하여 갖가지 인쇄기법의 과정까지 거쳐 제작하도록 유도한다. 브랜드와 디자인에 있어서 종이는 없어서 안 되는 재료로서 아날로그적 존재감을 과시하고 있다.

[자료이미지 09] 각종 지류의 발생과 활용

소비자에게 직접 전달되는 최종의 포장 재료는 종이와 플라스틱, 비닐류와 유리의 경우가 대부분이다. 개별포장에서 단위별 포장 재료로 확대되면 거의 일명 라면박스 또는 보루박스라는 생활충격완충기능이 있는 누런색 박스가 많이 사용된다. 이렇게 한 개, 한 종류의 상품을 담은 개별포장, 여러 개 상품의 세트로 구성된 단위포장, 단위별 포장된 상태에서 안전하게 적재하기 위한 벌크포장, 벌크포장을 운반하기 위한 컨테이너 포장의 순으로 유통상의 포장체계가 이루어진다. 포장의 재질에서는 단계마다 기능상 소재의 변화를 가질 수밖에 없다. 이 단에서는 종이가 사용될 수 있는 포장 재료에 대해서 이해하면 되겠다.

분리수거 시 종이는 종이팩과 구분하여 분리하도록 하고 있다. 일반종이와 달리 종이팩은 수분이 함유된 액체상태 상품의 보존을 위해 코팅처리하기 때문에 일반종이와 함께 섞이지 않도록 분리하고 있다. 재가공과정에서 섞이지 않는 문제가 발생한다. 종이팩은 물과 같은 액체에 넣고 불려 코팅을 박리한 후 재처리하여 활용하게 된다.

▶**콩기름인쇄**
일반적으로 지면 인쇄에서 사용하는 잉크는 석유계 휘발성 유기화합물로 제작된 유성잉크인데, 일반 유성잉크를 사용할 때 발생하는 VOC물질에 노출되어 인체에 유해할 수 있다고 한다. 그래서 이러한 작업환경, 재생환경, 식물성 기름으로 인한 소멸환경 등의 여러 물리적 환경적 문제를 인쇄기법적인 측면에서도 풀어보고자 콩기름 soyink을 이용하여 잉크를 제작하게 된 것이다. 현재의 콩기름인쇄기법은 일반유성잉크를 사용한 제작비용보다 상회하지만 환경과 사람을 먼저 생각한다면 생각해 볼 일이다. 좀 더 중장기적인 관점의 제작 대안으로 제시되고 있다. 아동용 책을 중심으로 한 출판 저변에서 관심을 가지는 추세이다.

+ 플라스틱 Plastic

현재의 인류가 발견한 첨단산업화와 풍요로움을 제공해 줄 수 있었던 동기이기도 한 유한한 에너지자원 석유는 우리 생활에 많은 유익함과 편리함을 가져다주었다. 이 석유에너지자원에서 화학과정을 거쳐 생산되어 걸러지는 결과물로서 나프타라는 최초의 성분이 있는데 이 물질로부터 관련된 모든 플라스틱의 기능은 생성되고 확장된다. 석유는 에너지자원으로서 뿐만 아니라 생활환경 구석구석에까지 유용하지 않은 부분이 없다. 디자인에서 플라스틱의 재료적 위상은 둘째가라면 플라스틱이 매우 불쾌해 할 것이다.

유동성, 편리함, 가벼움, 보존성, 식별력, 투명성 등의 기능과 함께 플라스틱 재질 자체의 성격에서 오는 특성이 심미적으로도 작용하고 있다. 플라스틱처럼 유용하고 유연한 반면 강한 성격이 있기도 한 순환적인 재료는 없을 것이다. 이 유용한 플라스틱에 대한 우리들의 인식이 바뀌어야만 유한한 자원을 순환시키면서 재료의 특성을 생활 속에서 편리함으로 한껏 누릴 수 있을 것이다. 써서 없어지는 일회성 재료로 인식하기보다는 다시 사용할 수 있는 유용한 자원이라는 사실을 생활처럼 인식하여야 한다. 물론 재활용에 대한 니즈를 이미 산업화시키고 실천하는 사람들과 직업들도 많다. 그러나 새로이 생산된 플라스틱의 특성보다는 순환과정을 거쳐 생산되는 플라스틱의 특징에 관심을 기울여야 유한한 자원에 대한 가치를 유지할 수 있을 것이다.

지도를 펴고 태평양을 중심으로 우측하단 지역과 칠레와 페루의 먼 앞바다와 북태평양 환류지역에는 해류의 움직임으로 인해 전 세계에서 버려진 플라스틱으로 모여진 섬이 만들어지고 있는 사진과 보도를 보았다. 크기는 한반도만큼 넓은 지역에 걸쳐 띠를 형성하고 있었다. 앞서 언급한 인식에 대한 실천이 더욱 강조된다면 이 거대한 플라스틱 섬은 자원의 순환구조 시스템으로 들어가 유령처럼 떠도는 섬이 아닌 유익한 재료로 활용될 것이다.

브랜드는 플라스틱이라는 환경재료를 양산하는 주체에 해당한다. 상품을 소비자에게 전달하는 과정에서 필요한 수단과 도구가 되는 포장기법이 플라스틱이기 때문이다. B2C에게 가장 많이 사용되는 성질의 재료이다. 이러한 구조에서 생산자와 소비자는 선순환의 구조를 고안해낸다. 플라스틱 포장에 대한 상호이해를 통하여 자원의 순환시키는데 동참하자는 메시지를 만들었다. 여기에도 우리에게 이해를 돕기 쉽게 상징의 메시지를 문자요소와 그림요소를 동원하여 서로의 관심과 실천을 유도하고 있다.

[자료이미지 10] 각종 플라스틱의 발생과 활용

이러한 플라스틱 재료의 유한성과 생산이 문제가 아니라 우리의 플라스틱에 대한 인식변화의 필요가 부메랑이 되어 돌아오는 것이다. 일상적인 이미지로 식상해져 있을 수 있는 리사이클 표시에 대한 이해를 통하여 자원에 대한 순환구조를 선순환 시키는데 더욱 동참하기를 강조해야 한다.

/	Initial Letters			Full Letters
1	PETE	=	PET, PETE	Polyethylene Terephthalate
2	HDPE		PE-HD	High Density Polyethylene
3	V		PVC	Polyvinyl Chloride
4	LDPE		PE-LD	Low Density Polyethylene
5	PP		PP	Polypropylene
6	PS		PS	Polystyrene
7	OTHER		Other	Often Polycarbonate or ABS

[표 49] 재활용 심벌마크의 표시체계와 기능

플라스틱의 성질은 위의 표와 같은 동일한 표시로 비닐류와 구분한다. **PS**와 **OTHER**은 재활용이 불가능한 분류로 구분되어 폐기된다. 에피소드 하나를 소개할까 한다. 아파트와 전원주택의 주거형태는 분리수거의 행동패턴에도 영향을 주는 것 같다. 주택으로 이사를 온 후 매주 수요일 오전 9시 시청의 수거차량이 다녀가는데, 소위 플라스틱 페트병과 비닐봉지와 같은 재활용폐기물을 하나의 플라스틱 기준으로 하나의 봉지에 모아서 가져가기 좋게 집 앞에 내다 놓았다. 그런데 퇴근을 해서 보니 덩그러니 그냥 놓여있던 것이 아닌가. 불쾌해서 일주일을 더 기다려 수거하시는 분에게 사정을 물었더니 위의 표시기준에 맞춰 플라스틱과 비닐의 분류기준으로 각기 분리해 달라는 것이었다. **PVC**는 재활용도 되지 않으니 잘게 잘라서 쓰레기봉투에 넣어서 버리라는 것이었다. 이 사실을 서로 이해시키기까지 옥신각신 실랑이를 벌이며 감정을 표현한 적이 있다. 하나의 대분류 방식은 수거해 가시는 분들의 작업프로세스에 매우 불편한 분리수거방식이었던 것이다. 그 후로는 착하게 각기 다른 봉지에 차곡차곡 담아서 가져가시기 좋게 내놓는다. 플라스틱류와 비닐류에 대한 분류는 내 손에서부터 시작된다는 것을 인식할 수 있는 좋은 기회였다. 플라스틱과 페트*PET*는 별도의 개념으로 분류를 한다는 사실도 알았다. 서로의 이해를 위해 실랑이를 벌였던 환경관리아저씨. 제가 이해했던 분류방식은 하나의 플라스틱으로 분류한 것이니 오해하지 마시길 바랍니다. 지속가능한 깨끗한 환경을 위해 힘써 주세요.

▶재활용마크
일상에서 사용되고 버려지는 재활용이 가능한 폐기물을 대상으로 소비자와 재활용자가 쉽게 재질을 구분하여 분리할 수 있도록 분류 체계를 그래픽으로 설명한 상징체계이다. 세계적으로 통일된 체계의 형태는 없으며 각 국가와 단체에서 문화 환경에 따라 조금씩 다른 스타일로 표현하고 있다. 그러나 대체적으로 상징형태의 특징은 재활용 가능의 메시지를 담는 이미지를 연상할 수 있다. 삼각형 모양의 구조에 화살표가 한 방향으로 돌아가는 형식과 원형구조에 화살표를 나타낸 형식도 사용한다.

+ 나무 Wood

나무와 종이는 생산과정에서 불가분의 관계라 생각되지만, 디자인의 측면에서 나무는 또 하나의 부가가치를 생산할 수 있는 훌륭한 재료이다. 나무의자, 나무식탁, 나무책상, 나무서랍장, 나무옷걸이, 나무벤치, 야구배트, 나무젓가락 · 숟가락, 포크 등 브랜드와 디자인에서 발생시킬 수 있는 소재 자체로서 의미를 우선적으로 꼽았다.

스웨덴의 대표적 다국적기업 중 하나인 이케아*IKEA*와 같은 생활가구브랜드에서 나무가 가진 다양한 물성을 활용하여 제작한다. 유사 브랜드들에서도 주로 북유럽 및 북미 캐나다 지역에서 자라는 자작나무, 단풍나무 등을 많이 이용하며, 중남미 열대우림과 중앙아시아 아프리카 일부지역의 나무재료도 적용하여 생활가구 등을 제작하는데 사용한다. 비영리 국제법인 **FSC**에서는 숲과 나무의 종류와 특성에 따라 기준을 마련하여 숲과 나무와 목재를 관리, 보호, 관찰하고 있으며 나무를 재료로 생산되는 2차 소재(복사용지 등)로도 확산되어 **FSC**인증 표시를 적용하고 있다. 세계적으로 인식되고 있는 대세인증 중의 하나이다.

[참고이미지 62]
IKEA / Sweden

[참고이미지 63]
FSC ; Forest Stewardship Council / 1993 / Non-Profit International Organization

상품을 포장하는 의미로서의 나무재료는 포장되는 상품을 좀 더 안전하게 보호하는 기능을 가지고 있으며, 나무의 천연질감을 상품의 부가가치와 연결시켜 상품의 이미지를 향상시키는 용도로서 활용하는 경우가 많다. 포장의 기능과 가치상승의 역할을 동시에 적용시키는 사례에 해당하는데 철과 같은 소재의 경우에도 유사한 경우가 많이 있다.

재활용의 의미로서 나무의 재료는 다양한 소품들로 재탄생하게 되는데, 폐가구의 부분들을 서로 다시 조합하여 새로운 감성을 장착시켜 작품의 세계로 일상으로의 복귀를 돕는 활동들도 나타난다. 우리 주변에서 발견할 수 있는 새로운 친환경적 리사이클의 형태로 라이프 스타일에서의 리폼*reform*을 제안하기도 한다.

[자료이미지 11] 각종 나무의 가공과 재활용 그리고 Reform

▶환경레이블링 Environmental Labelling
동일 용도의 다른 제품에 비해 환경성과가 우수한 제품을 소비자가 식별 · 선택할 수 있도록 도와주는 역할을 하는 정보수단을 의미한다. 협의의 의미의 환경레이블링은 ISO 분류에 따라 Type Ⅰ (제3자 인증), Type Ⅱ (자기주장), Type Ⅲ (정보공개)로 분류되나, 광의로 해석할 경우 재활용, 에너지절약 등 제품의 특정 측면만을 고려한 단일속성(single issue)레이블링, 친환경 농수산물 레이블링 등도 환경레이블링의 유형으로 볼 수 있다. 각국의 각 단체가 정하는 레이블에는 고유의 상징체계를 가지고 있다.

+ 유리 Glass

유리공예의 핵심재료, 유리를 통해서 자신의 세계를 표현하는 작가들을 유리공예가라 한다. 고열의 용광로에서 녹아져 나오는 액체상태의 유리를 형형색색의 화려하고 담백한 유리제품으로 창조해 낸다. 유리 소재를 이용한 브랜드 자체적인 속성을 의미한다.

유리도 우리 생활의 구석구석에서 저장과 보관 등의 각종 기능을 다하는 착한 재료이다. 성질의 특성상 자연재해와 같은 예기치 못한 환경에 놓이면 위험한 소재가 되기도 하지만 순기능이 대부분이기 때문에 더없이 좋은 소재이다. 태양열과의 소통이 가능하고 내용물에 대한 구체적 정보를 확인시켜 줄 수 있는 시각적 개방감도 제공해 줄 수도 있으며 일정기간 유지할 수 있는 저장의 기능까지 보유한 소재로 브랜드디자인에서 매우 중요하게 다루어지는 재료이다.

식품류, 주류, 잉크, 의약품, 화장품, 장식품 등의 기능을 담당할 수 있다. 철이나 알루미늄의 소재와 달리 목적성에 비해 제작 과정과 경비에 대한 부담도 상대적으로 우위에 있다. 더욱 매혹적인 사실은 조형의 유연성에 특징이 있다는 사실이다. 다양한 색상과 다양한 형태를 만들어 낼 수 있어서 소비자들에게 정서적으로 접근이 용이하다는 특징을 가지고 있다. 어떤 상품은 유리의 조형성만으로 브랜드의 고유의 힘을 자랑하기도 한다.

술의 세계에서 유리의 소재는 주류를 담는 병으로 변신하는데 주종에 따라 병의 색상과 크기와 모양이 달라진다. 맥주는 원래 투명한 병에 담는 것이 아니라고 맥주 전문가들은 말한다. 이 금기를 깬 맥주가 멕시코의 코로나브랜드이다. 2012년 100대 글로벌브랜드 중 89위. 변질에 대한 우려를 기술적으로 극복했다고 한다. 와인 병의 구조에서 볼 수 있는 밑바닥이 움푹 파인 모양 등 다양한 기능을 유리의 소재는 해결해 주고 있다.

[참고이미지 64]
Corona / Mexico

[참고이미지 65]
Heineken / Netherlands

[자료이미지 12] 각종 유리의 발생과 활용

+ 철, 알루미늄 Iron, Aluminum

브랜드이미지를 담는 금속으로서의 용도는 깡통과 병을 만드는데 필요한 철판과 알루미늄 소재가 많이 사용된다. 깡통*can*은 음료는 물론 저장기간이 오래 지속되어야 하는 가공음식에 많이 이용되어 고등어통조림, 꽁치통조림, 황도, 백도, 로스팅된 커피콩과 분말의 커피, 코카콜라 병뚜껑, HITE, OB, CASS, 버드와이저와 같은 맥주캔에 유리와 함께 많이 쓰이며 우리 생활 속에 같이 한다. 기술의 발전으로 깡통의 재질은 철판에서 알루미늄으로 가볍게 진화해 오는데 깡통의 형태도 원통형, 사각형, 오각형, 육각형, 팔각형, 병모양형 등 유려한 형태의 디자인을 갖춘 모양으로 브랜드를 무장시키기에 용이한 특성을 지니고 있다. 알루미늄 재질의 병 자체만으로도 호감을 전달할 수 있는 특징을 갖는다. 가볍고 반무광 재질의 색상이 차갑지만 깨끗한 이미지를 전달해 주기 때문이라 생각한다.

캔 깡통은 팝아트의 경향을 표현하는 소재로도 등장하는데 대량생산과 상업자본의 상징인 캠벨스프의*cambell's soup* 깡통은 앤디 워홀*Andy Warhol*의 실크프린팅기법의 작품에 의해 우리 의식에 각인되었다.

[참고이미지 66]
Campbell's Soup / USA

철과 알루미늄도 재활용의 분류대상에 해당되어 재활용대상이라는 상징표시를 하여 쉽게 구분하여 분리 처리할 수 있다.

[참고이미지 67]
Budweiser Beer / USA

[자료이미지 13] 각종 철과 알루미늄의 발생과 활용

+ 천연화학재료

접착제, 에폭시, 글루, 러버, 테이프, 스프링, 무독성 염료 등 브랜드와 디자인이 만나 제작을 통해 만들어지는 기본적인 재료에는 보이지 않게 들어가는 중요한 역할의 재료들이 많다. 잉크와 같은 염료, 페인트 등을 이용하여 도색을 하기도 하고 종이를 붙이기 위해 접착재료가 필요하기도 하고, 평면의 효과를 입체적인 효과로 바꾸어 유인성을 높일 수 있으며 재료와 재료사이에서 완충을 해주는 역할을 할 수도 있다.

우리가 평상시 인지하지 못하는 부분에서 환경문제에 많은 관심을 가지고 친환경재료를 연구와 개발에 매진하고 있다. 친환경, 천연, 무독성 관련 재료의 브랜드는 매우 세심하게 신경의 촉각을 세우고 마무리와 마감 작업에 집중하고 있다. 이러한 재료에서도 브랜드의 세계가 존재하며, 기능과 가격과 환경의 기준을 벗어날 수는 없다. 승부는 보이지 않는 디테일에서 갈린다.

[참고이미지 68]
오공본드 / Korea Rep.

[참고이미지 69]
Valchromat / Portugal

[참고이미지 70]
BASF / Germany

[참고이미지 71]
BIOFA / Germany

[참고이미지 72]
AURO / Germany

11.2 색상과 환경

재료와 함께 환경에 중요한 영향을 미치는 색상의 역할은 막대하다. 자연적인 재료가 가지는 본연의 색상 이외에도 브랜드의 이미지를 전달하기 위한 계획된 색상을 적용하기 위해서는 신중한 선택과 판단이 필요하다. 브랜드의 색상은 브랜드의 성질을 표현하고 전달하는데 매우 중요한 매개역할을 한다.

브랜드디자인에서 기본항목을 구성하는 매뉴얼 체계에서는 중요하게 인식되지 않을 수도 있지만 브랜드의 색상이 결정되는 순간, 소비자들 중 의외로 많은 사람들이 색상을 연상하여 브랜드와 연결짓기도 한다. 코카콜라의 빨간색 등 음식과 관련된 색상은 붉은 계통의 색상을 선호하며 소비자들의 식감을 자극한다는 조사결과가 있다. 스타벅스는 녹색, 신선야채와 관련된 농산물 브랜드는 대체적으로 녹색을 브랜드 컬러로 채택하고 있다. 예를 들어 신선식품브랜드 풀무원과 같은 경우를 보아도 브랜드의 색상은 녹색계열의 연두색을 브랜드컬러로 설정하였다. 당연히 녹색계열은 신선함과 자연을 상징하는 색상으로 인식하기 때문이다.

[참고이미지 73]
풀무원 / Korea Rep.

[참고이미지 74]
오뚜기 / Korea Rep.

+ 빨간색과 도시환경정비

식감을 자극하는 색상이 빨간색이라는 사실은 우리사회의 문화적 문제로 드러나게 된다. 한때 저마다의 상점, 가게, 식당이 있었는데 여기서 반드시 필요한 표시기능이 바로 간판이었다. 일반적으로 간판이라는 말로 표현하지만 공부 좀 한 디자인 전공자들은 사인 또는 사인시스템이라 부른다. 그런데 식감을 자극하고 시인성이 좋다는 이유로 빨간색을 이용한 간판들이 도시의 환경을 장악하게 되었다. 열의 아홉은 빨간색 간판이라고 느꼈을 정도였으니 서울의 도심환경은 어떠했겠는가. 그래서 서울시는 대책을 세우는데 간판에 대한 색상과 함께 제작과 위치에 대한 제고를 포함한 각종 시설물과 함께 도시정비계획을 세우게 된다. 빨간색을 다른 색상으로 전환하는 것에 대한 긍정적인 계몽활동과 함께 간판의 크기나 제작방식과 표시위치에 대한 다소 기준의 설정이 어려운 문제를 다루어 나가기 시작하여 현재의 채널사인과 같은 형식이 대세를 이루게 된다. 이 또한 긍정의 기능도 있지만 아쉬운 면도 없지는 않다. 모두 획일화된 제작과 표현은 또 다른 심미적 환경적 상황에 대해 숙제를 던지게 되고, 조례와 같은 공동의 규칙으로 도시 환경에 대한 심미적 균형을 잡기에는 결코 쉽지 않은 일이다. 그러나 파나플렉스*panaflex* 같은 소재와 조명을 무기로 전면에 내세운 도시의 거리는 많이 정리되어 간결해지고 의도된 건물 조형의 특징도 많이 살아나고 있다.

강조되지 않지만 응용항목의 전개에 있어서는 최소한 해당 브랜드와 우리 주변을 고려한 디자인 계획을 반영하여 관철시켜야 한다고 생각한다. 하나의 비근한 예를 들면 잘 이해할 것이다.

그다지 오래지 않은 시기 전부터 대도시를 중심으로 간판(사인)적용에 대한 조례가 발표되고 흔하게 보아오던 옛날 간판은 자취를 감추게 된다. 이 중에서 가장 뚜렷한 현상 중 하나가 바로 빨간색 간판이 사라졌다는 것이다. 물론 브랜드디자인차원까지 끌어올려 논할 것은 아니지만 각각의 자영업자들도 하나의 브랜드로 이해한다면 이야기를 못 할 이유는 없다. 그때 서울의 번화가를 중심으로 한 상점–특히 음식점–과 전면사인의 경우 시각적으로 너무 심하다는 여론이 형성되고 공청회도 거쳐 현재의 사인(간판)에 대한 변화를 가져오게 되었다.

그렇다면 지금의 사인디자인을 위한 공공의 시각적 역할을 정책으로 해결할 문제인가에 대해서는 여전히 회의적이다. 사인디자인은 공공의 환경개념 즉, 인간이 함께 살아야 하는 공간이라는 인식에서 출발하여야 하며 그 공간 속에서 숨 쉬는 사람들의 문화 · 행동적 특성이 자연스럽게 녹아들어야 진정한 디자인이 적용되었다고 말할 수 있다. 이 내용에 대해서는 좀 더 깊은 관찰과 생각이 필요하기 때문에 이 책에서 브랜드(기업)디자인을 풀어나감에 있어 최소한의 사회 · 문화적 배경 정도는 인지하고 있어야 한다는 관점에서 이 정도의 내용으로 정리한다.

색상을 표현하는 방법에는 여러 가지가 있을 수 있다. 요즘에는 미디어 폴*media pole*이라는 매체까지 등장하여 표현 불가능한 색상과 매체는 없다. 문제라면 제작비용이 문제이다.

▶파나플렉스 Panaflex™
간판을 제작하는 플라스틱 소재의 재료로서 3M™에서 생산하는 재료의 명칭을 파나플렉스라 한다. 파나플렉스와 같은 기능은 다른 국내기업에서도 제작을 하는데, 기후에 따르는 다양한 환경변화에 강한 특징을 가지고 있고 내부에 조명을 설치하면 야간에 파나플렉스의 재질과 컬러시트의 색상을 투과하여 상점의 명칭이나 그림을 환하게 비춰줄 수 있는 특징을 가지고 있다. 현재도 이 소재를 사용하지 못하는 것은 아니다. 거대한 직사각형 패널구조의 위용이 줄어든 것뿐이다.

	표현매체와 종류	표현의 방법과 내용
1	페인트를 직접 칠하는 방법	- 페인트의 구입과 도색
		- 친환경 성향의 도료와 일반 도료(무독성 염료)
		- 일반인쇄와 친환경인쇄 (콩기름 등)
		…
2	표현하고자 하는 색상에 적합한 재료를 선택, 구매하여 적용하는 방법	- 파나플렉스 등의 컬러시트, 커팅시트
		- 천연색상의 자연재료 (목재, 돌, 철, 유리 등)
		- 컴퓨터프린팅 (실사출력)
		…
3	미디어를 통한 표현방법	- 각종 스크린미디어, 전광판
		- 미디어 폴
		- LED 등 각종 조명
		- 전기·전자적 기법
		…
…	…	…

[표 50] 디자인과 색상 표현의 매체

▶media pole ; U(ubiquitous) pole
보행자 유도와 정보안내사인, 대중교통 안내판, 폐쇄회로(CCTV), 가로등, 공중전화 등 도로에 있는 모든 표지판 기능을 디지털 형식으로 한 곳에 모아, 전 세계 최초로 유비쿼터스(U)를 테마로 설치한 가로변 통합정보시설물을 말한다. 서울 강남구가 2007년 말 외부공모를 통해 도입한 신개념 시설물로, 1m×55cm의 기둥으로 제작되어 젊은이들이 많이 모이는 강남대로(강남역~교보타워사거리)의 760m 구간에 35m 간격으로 미디어폴 22개를 설치, 2009년 7월 27일 정식 서비스됐다. 이러한 매체의 등장으로 전통적인 인쇄나 간판과 같은 홍보매체, 정보전달매체들은 일정부분 대체 · 감소되리라 예상되며 디자인으로 인한 물자소비적인 환경문제는 줄어들 것으로 예상된다.

* 네이버지식백과 인용

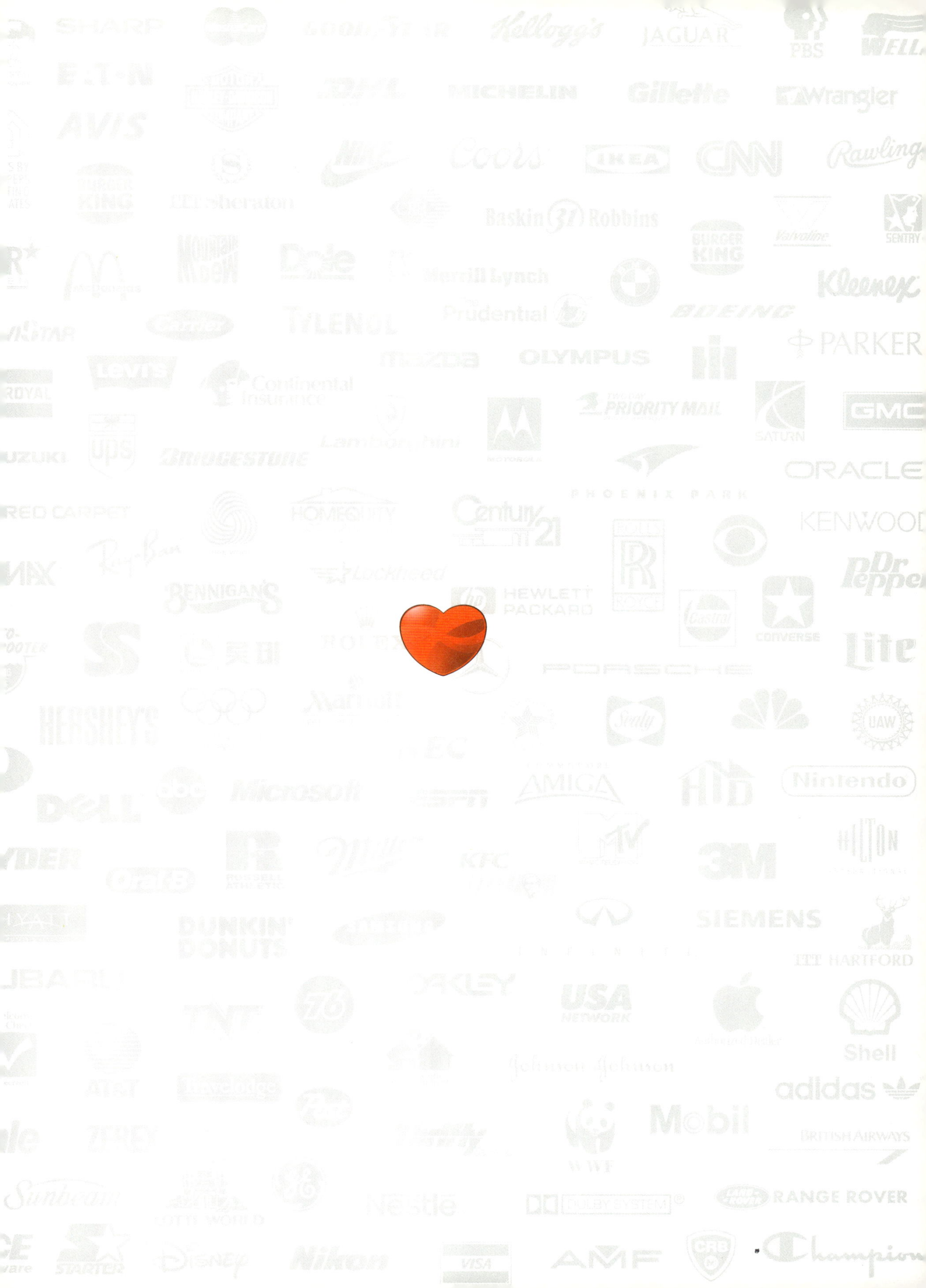

Chapter 12

기호로서의 시각상징이미지

Symbol & Semiotics

12.1 기호의 유래와 인식

12.2 우리 주변의 일상적 상징과 기호

12.1 기호의 유래와 인식

브랜드와 디자인의 원론적인 세계를 계속 파고들다 보면 '기호'라는 조금은 두렵기도 하고 매혹적이기도 한 블랙홀과 같은 우주로 빨려 들어가는 엄청난 세계를 발견하게 된다. 그러나 빨려 들어가기 싫으면 이즈음에서 멈추어도 된다. 이 사실의 깊이에 대해서 알기 부담스러우면 멈추어 있거나 모른 체 건너뛸 수 있다. 선택하여 공부하는 영역이기 때문에 흥미롭게 생각되면 관심을 가져 보면 꽤 신비로운 세계이다. 다만 브랜드가 가지는 상징기능이 태생적 성격과 기호의 원론적 맥락이 논리적으로 연결된다는 점에서 흥미롭지 않게 느낄 사람은 없을 듯하다.

[참고이미지 75]
수메르의 블라우Blau 유물, BC3,000년경, 그림과 문자를 혼합한 부조기법의 최고 역사

브랜드와 디자인에 대해서 진지한 원론적 기호(학)의 세계로 접근시키면 이 책을 모두 채우고도 넘칠 만큼의 깊이의 역사와 증명된 사실들이 무수히 많고, 지은이의 기호(학)에 대한 얕은 지식의 깊이로는 채우지 못하는 영역이라 감히 담아낼 용기도 없으며, 시각적 현상인 브랜드와 디자인의 관점에 초점을 두었기 때문에 심각하게 다루지 못한다.

다만 이 장에서는 우리 인간의 내면에 잠재해 있는 이 상징이란 개념을 이용한 수단을 오늘날의 상업자본주의가 심벌이나 로고의 형태로 탄생시키게 되었다는 사실과 매우 긴밀하게 맞닿아 있는 것을 살짝 소개하고 싶을 뿐이다. 더불어 브랜드라는 문화적 산물이 어찌 이토록 상업적 활동에 잘 활용하게 되었는지 우리 인간 심연에 있는 내면의 구조를 들여다보고 싶고 언제부터 어디에서부터 어떠한 원리를 가지고 있는지 시각적 감感*circumstance*이라도 잡고 있으면 좋을 듯하여 연결해 보고자 한다.

▶기호 記號 Sign
어떠한 뜻을 나타내기 위하여 쓰이는 부호, 문자, 표지 따위를 통틀어 이르는 말. 비슷한 말 : 심벌(symbol)

▶기호학 記號學 Semiotics
1. 소쉬르나 퍼스의 이론을 계승하여 기호 및 기호로서의 언어를 연구하는 학문.
2. 문화 전체를 기호체계로 보고 그 발생을 연구하는 학문. 문학 작품, 음악, 영화, 복장, 건축을 대상으로 한다.

▶소쉬르 Ferdinand de Saussure,
1857~1913, 스위스, 근대 구조주의 언어학의 시조, 근대 기호학의 시조

▶퍼스 Charles Sanders Peirce,
1839~1914, 미국, 철학자, 수학자, 소쉬르와 함께 근대 기호학의 시조

기호의 역사는 인류의 탄생과 지적 본능의 발현 즈음과 맥을 같이 한다. 진화와 함께 인간은 지적知的인 동물로 발전해 왔고 지적 동기의 측정은 물리적으로 확인할 수 없는 내면을 인식함과 동일한 시점으로 판단한다. 한순간에 내면이 있다는 사실을 발견하지는 않았을 것이다. 아주 많이 오랫동안의 시간을 거쳐 내면의 존재를 발견하게 되어 왔다고 한다.

이러한 내면의 집단적 개인적 심리현상 중 하나가 상징의 개념을 작동하게 만들었는데, 그것의 주체는 신神이라는 절대적 존재의 지각과 함께 연동한다고 추론한다. 신은 곧 종교의 세계에 있는 개념이며 인식에 대한 자체를 설명하고 있다. 고대 신화에서는 신神을 숭배하는 사람들끼리 알아볼 수 있게 소통하기 위하여 언어(음성/발음)와 같은 진동의 성격을 시각적 형식의 표시로 설정하여 부르기로 정하기도 하였다. 시각적 형식이 곧 상징이다. 기호학자는 이 표시의 기능을 한 개의 개념 덩어리를 두 개의 개념으로 나누어 다시 맞추었을 때 식별할 수 있는 것으로 정의하였다. 영화에서도 곧잘 등장하는 사랑의 증표로 반 나누어진 목걸이의 펜던트*pendant*를 떠올리면 비슷하게 설명될 듯하다.

이렇게 상징은 시간이 흐름에 따라 영역이 확장되고, 본질적인 유추작용이나 집단적 자의적 약속에 따라 다른 실체를 표현하는 수단으로 작용했다. 브랜드이미지의 속성을 설명하는 대목과도 상당히 많은 부분이 일치한다.

지금 당장 증명할 수는 없지만 인간은 인간본능 속에 기록하기 능력을 스스로 탑재시켜 진화해 오고 있음은 지은이만 추론할 수 있는 건 아닐 것이다. 선사시대 벽화, 고대 문명의 상형문자 등의 흔적을 통한 행위를 유추해 보건데 인간의 지능이 발달하면서 인간의 기억을 대신하는 도구로서, 다양한 미적 본능의 표출로서 특별한 형태로 발전하여 표현하였다. 이러한 사실만으로도 모든 사물과 형태와 의미는 상징이 될 수 있으며 기호에 해당한다. 참고로 소크라테스는 이러한 인간의 본능적 흔적(문자/문자화)에 대해서 적잖이 비판적인 관점으로 정의하였다.

근대 기호학의 시초라 불리는 학자 소쉬르의 이론과 연결시켜 상징(이미지)과의 관계를 연결해 보고자 한다. 기호에는 시니피앙*signifiant*'기표'와 시니피에*signifie*'기의'의 세계가 있다고 기호학에서 정의한다.

기호 sign		
기표 signifiant	+	기의 signifié

[표 51] 소쉬르Saussure의 기호의 개념(1984)

기호의 개념을 브랜드(심벌/로고/상징/그림/문자)를 해석하고, 실마리를 제공하는 엔진으로 이해한다면, 브랜드의 시각상징이미지(심벌/로고)는 기표에 해당할 수 있는 것이며, 기의는 브랜드의 정체성인 성질이나 성격으로 의역하여 해석할 수 있다. 함축적 의미의 활동으로서 브랜드에서 광고와 홍보 전략에 해당하는 의미로 해석하며 이를 통해서 상징의 인식은 다시 확장되어 나간다.

기표는 문자와 그림의 기능을 가지며, 기의는 상징이 가지는 내용적 역할을 담당한다. 이를 다시 기표는 표면적 역할, 기의는 내면적 역할로 분리해 연상해 보자. 기의는 상징이미지가 전달하려는 내용에 해당하는 의미이기 때문에 눈에 보이지 않는 영역*Invisible Value*이며 브랜드의 정체성에 해당하는 영역이다. 브랜드가 가지는 내면적 속성의 전체를 설명하는 것과 연결시키면 된다. 기표는 브랜드의 내면적 내용에 해당하는 기의를 시각적으로 일관성 있게 표현하는 언어(문자) 체계와 그림 체계*Visible Value*로 이해하면, 브랜드와 디자인을 이해하고 브랜드디자인까지 이해하는데 연결고리를 찾을 수 있을 것이다.

시각적 상징기능은 우리 인간만이 지니고 있는 특성을 잘 표출하고 있으며, 본능적 표현과 생존 활동에 필요한 훌륭한 수단으로 활용하고 있다. 그래서 우리가 미치도록 브랜드에 열광할 수밖에 없는 현상은 이러한 인간만의 본능적 구조의 틀 속에 놓여 있기 때문에 설명이 가능할 것이다.

기호 sign, symbol	
기표 signifiant, signifier	기의 signifié, signified
+	
자의적인 관계 / 함의Konnotation (함축의미)	
홍보(알림활동)를 통한 교육 ; 학습을 통한 인식	
↓	
제2의 기호 sign	

[표 52] 바르트의 기호연쇄와 브랜드 상징기능과의 연결

▶**바르트 Roland (Gerard) Barthes**, 1915~1980, 프랑스, 비평가, 철학자, 기호학자

▶**언어 言語 (言 말씀 언, 화기애애할 은, 語 말씀 어)**
생각, 느낌 따위를 나타내거나 전달하는 데에 쓰는 음성, 문자 따위의 수단. 또는 그 음성이나 문자 따위의 사회 관습적인 체계.
① 사람이 생각이나 느낌을 소리나 글자로 나타내는 수단(手段)
② 사람의 생각이나 느낌을 입으로 나타내는 소리. 또는, 그 행위(行爲)나 내용(內容)

12.2 우리 주변의 일상적 상징과 기호

우리는 일상생활 속에서 상징적 요소를 매우, 아주 많이 발견할 수 있다. 브랜드디자인이라는 전공서적의 성격이니만큼 아침 기상과 함께 잠자리에 들 때까지 자신이 이용하거나 접하는 상품과 제품에 대해 목록을 만들어 보면 매우 놀랄 만한 사실을 새삼 발견할 수 있을 것이다. 이것은 놀랄 일이 아니다. 너무나 당연해서 인지하지 못하는 더 큰 사실들도 많다. 현재에서 가장 가까운 생활공간에서부터 시작하여 지나간 역사의 시간까지 살펴보면 얼마나 많은 흔적의 궤적들이 상징의 역할로 등장하여 선동의 계몽과 광기의 폭력성을 대변했는지, 상징의 기능을 담당하는 경우는 무수히 많았다.

해가 진 후 N타워(남산)에 올라 서울의 야경을 바라보자. 수많은 조명과 인공의 빛을 받는 각종 시설, 네온사인과 빌보드들이 밤하늘과 어우러지는 전경을 바라보노라면 한 폭의 그림과 밤하늘의 별을 헤아리는 낭만을 연상하게 한다. 예술의 경지에 이르는 듯, 또 다른 비슷한 감상이 찾아든다. 우리는 이 그림 안에서 많은 상징들을 발견할 수 있다. 랜드마크 기능의 건물, 광고하는 빌보드, 기능을 하는 시설물 등과 그 안에 들어있는 내용들까지 오랫동안 감상할 수 있다. 짝짓기 시즌이라도 맞은 듯 서로의 위용에 자웅을 겨루고 있다. 이 광경에서 빼놓을 수 없는 절대적인 존재 한 가지가 있다. 무엇이 보이는가. 그렇다. 교회의 상징일 것이다. 십자가. 오해하지 않기 바란다. 우리가 인식하고 있는 가장 오래된 기호로서 상징 중의 하나이기 때문에 예를 들어 보고자 한다.

서구의 문화는 2천 년을 넘게 십자가*Cross*에 대한 인식 아래 다듬어져 온 문화이다. 지금도 그 인식된 가치에 대해서 반론을 제기하는 사람은 거의 없을 것이다. 그렇다면 우리의 문화에는 어떤 상징과 기호가 있었는지에 대해 공부해 볼만한 질문을 던지고 있기도 하다. 이러한 시대 교차적인 광경의 그림을 서울의 남산에서 볼 수 있다는 것은 많은 상징성을 가지고 있기 때문이다. B.C.*(Before Christ)*와 A.D.*(Anno Domini)*를 기준 짓는 상징을 이해하는 것은 세계사와 인류사에 접근해 볼 수 있는 아주 효과적인 시각적이고 지각적인 실마리라 생각한다.

인간은 생각하는 동물, 생각은 의미를 담으려는 과정, 의미는 상징적 기능을 포함하여 압축시키려는 형식으로 연결되어간다. 생각, 사고, 관념의 맥락으로 상징성에 대한 설명을 해보자. 다양한 시각적 형태의 사례로 무엇을 전달하려 하는지 알아보자. 현재 가장 많이 보이거나 과거에 많이 보였던 상징적 기호를 찾고 더듬어 보자.

+ 세계 각국의 국기와 태극기

우리 일상 속의 대표적인 상징 중 가장 집단적 성향의 내용을 표현하는 강한 상징물 중 하나가 깃발이다. 국기는 한 나라의 국민 전체를 상징하는 기능으로 인식한다. 국가를 대표로 상징하는 심벌마크이다. 어떤 나라의 국기를 불태우는 행위는 매우 불경스럽고 극단적인 메시지를 전하는 행위에 해당한다. 그래서 국기는 개인과 집단의 최고의 가치를 나타내는 성격을 가지고 있다.

국기는 국가를 형성하는 국민들에게 국가관, 민족성, 사회문화적 연대감 등에 대한 정체성을 확립시키고 전달하는데 중요한 역할을 할 수 있는 수단의 도구이다. 태극기의 의미와 내용에 대해서 청산유수로 설명하지는 못하더라도 국가적 행사와 대항에서는 말할 것도 없이 몸에 두르고 걸치고 흔들며 열광한다. 태극기의 형태 너머 묵묵히 버티고 서 있는 세계가 보이는가. 이것이 국가브랜드이며 기호이며 상징이다.

[자료이미지 14] 세계 여러 나라의 국기와 이를 활용한 프로모션용 버튼

국기는 정해진 비례와 크기와 면적에 각국의 시각이미지를 넣는 틀이자 심벌의 형태를 의미한다. 올림픽위원회는 올림픽을 상징하는 깃발이 있고 깃발에는 동그라미 5개가 연결되어 있는 그림이 있다. 5개 대륙이 화합을 이루는 메시지를 전한다고 설명한다.

태극기는 우리나라의 정체성을 전달하는 대표적인 심벌마크라고 볼 수 있다. 태극과 사괘 문양의 의미는 음양오행과 관련된 동양적인 사상을 의미한다. 우리나라가 동양의 문화권에서 태극을 차지할 수 있었던 것은 참 다행스러운 일일지도 모른다. 사상적 관점으로 볼 때 동양의 대표성을 나타내는 것이기도 하니 말이다. 참고로 태극기에 표시된 사四괘의 설정동기와 팔八괘에서의 조형적 의미를 살펴보면 재미있는 역사적 사실을 공부할 수 있다.

+ 만卍과 하켄크로이츠

[자료이미지 15] 종교적 상징과 정치적 상징

Swastika 스와스티카	Sauvastika 사우바스티카	hakenkreuz
Clockwise	Counter-Clockwise	haken/hook + kreuz/cross
불교의 상징		나치당의 상징
태양, 힘, 기, 행운 등을 의미		백인의 원조 아리안族 상징

불교적 표식인 상징을 마름모의 구도로 기울여 놓으면 나치당이 상징으로 이용하던 철십자 모양에 가깝게 된다. 그러나 방향의 의미로 비교하기 보다는 각도의 의미로 비교하는 것이 좀 더 구체적인 접근의 형태적 비교가 된다. 너무나 유사해서 어느 방향이 불교적 상징인지 하켄크로이츠인지 잘 구별해 내지 못한다.

나치당을 상징하는 하켄크로이츠*hakenkreuz* 게르만(갈고리)십자가*haken/hook + kreuz/cross*와 불교를 상징하는 만卍자와는 사실 관련성이 없다고 한다. 그러나 관련성을 연결짓는 사람들도 적잖이 있다. 만卍자는 인도문명이 남긴 문자 중 하나이며, 하켄크로이츠는 유럽 백인의 원조인 아리안족族을 상징하는 최고의 표시였다. 문화인류학적인 추적을 통하면 상징의 접점을 구분할 수 있을 것이라 생각한다. 나치가 당의 상징으로 도입한 것은 독일 민족이 유전적으로 우수한 능력을 가진 아리안족의 적자嫡子라는 것을 강조함과 동시에 과거의 영광을 되찾자는 상징적 의도 때문이었다고 한다.

+ 여러 가지 십자가

십자가의 형태는 일반적으로 기독교 또는 기독교 문화와 관련된 사실적 내용을 상징하는 형태로 인식한다. 그러나 왜 가로와 세로가 교차하는 형태를 취했는지에 대해서는 좀 더 조사와 관찰 후 이야기해야 하는 배경을 가지고 있다. 십자가의 형태에는 우리 일상에서 볼 수 있는 교회의 상징과 그와 유사한 교차형식의 상징기호들이 많이 있는데, 우리가 흔히 십자가라 인식하는 형태의 비례를 갖는 십자가는 라틴 십자가를 말하는 것이다. 그 밖에도 여러 가지 십자가 형식의 상징적 표현이 많은데 불교문화의 표시인 만卍의 스와스티카*Swastika*도 십자가의 한 종류로 분류한다.

[자료이미지 16] 크리스트 문화의 상징들

좌측상단부터 → 라틴 / 그리스 / 성 안드레이아 / 갈보리
성 안토니우스 / 대주교 / 몰타 / 상처
등

+ 초승달과 별

초승달과 별은 지중해 동쪽 지역과 중앙아시아 문화권에서 사용되던 상징이다. 초승달과 별의 모양이 결합된 형상은 이슬람(교/문화권)의 대표적 상징이미지이기도 하다. 서기 610년 무하마드는 메카 외곽의 어느 동굴에서 장기간 명상을 거듭하고 있던 중 천사장 가브리엘로부터 신의 계시를 받고 그날 밤 무하마드가 뛰는 심장을 가라앉히며 동굴 밖으로 나오니 하늘에는 초승달과 샛별이 떠있었다고 한다. 이후로 이슬람권에서 초승달과 별은 진리의 시작을 의미하게 되었다고 한다. 초승달과 별은 이슬람만의 상징이 아니다. 고대부터 달은 여러 문화권과 여러 지역에서 다양한 신화적 신앙적 의미의 기호로 인식되어 왔다. 빨강색 초승달 모양의 상징은 이슬람문화권의 구호(단체)를 상징한다.

[자료이미지 17] 이슬람 문화의 상징

적신월	Crescent & Star
이슬람문화권 구호(단체)의 상징	이슬람문화의 상징

+ 같은 목적의 활동과 다른 의미의 시각상징

일반적 구호단체의 적십자*Red Cross*와 이슬람 문화권 사람들의 상징적 심정을 고려한 적신월*Red Cresent*, 적십자 형태의 불인정과 이슬람의 영향과 이스라엘의 주장으로 만들어진 이스라엘의 구호기구 적수정*Red Crystal*. 3개의 다른 문화권에서 주장하는 하나의 활동을 의미하기 위한 상징이다. 구호에 대한 메시지를 전하고 있다. 인류와 환경을 위한 무조건적 무배경적 실천에도 생각의 다름은 시각적으로도 나타난다.

[자료이미지 18] 문화별 구호단체의 상징

적십자, 적신월, 적수정

+ 자동차와 상징

롤스로이스, 벤츠, 페라리, 아우디, 람보르기니, 포드, 베엠베, 현대 등 명품 반열에서부터 대중적 이미지에 이르기까지 자동차브랜드도 매우 많다. 나열한 브랜드의 몇몇은 합병과 흡수로 명맥만을 잇고 있지만, 이제까지 쌓아온 가치의 명성은 아직도 무너지지 않고 유지되고 있다. 그래서 각각의 자동차브랜드들도 저마다의 평면적 개념의 그래픽 상징도 있지만 자동차 자체에서 나오는 특징을 브랜드 상징으로 지켜나가는 경우도 있다. 롤스로이스의 건축물과 같은 웅장한 프론트 그릴의 형태가 특징적이다. 프론트 그릴의 일관적 비례를 지켜오는 BMW도 형태의 특징을 꾸준히 계승시켜 일관된 이미지를 전달하며 효과적으로 신뢰감을 쌓는데 중요한 역할을 하고 있다. 탄탄하고 정밀한 기술을 바탕으로 변하지 않는 품질을 연상시키게 한다.

[자료이미지 19] BMW의 전면부 그릴

[참고이미지 76]
Rolls-Royce / England

+ 세계 각국의 인공적 문화적 자연적 랜드마크

캐나다의 CN, 라스베이거스의 스트라토스피어, 아랍 에미리트의 버즈 두바이, 시애틀의 스페이스 니들, 서울의 N타워, 런던의 런던아이 등 세계의 유명한 도시들을 상징하는 것은 그래픽적 심벌 이외에도 랜드마크 의미의 기능을 다하는 가장 높은 건축물들이 그 도시와 문화를 상징하고 위용을 뽐낸다. 우리는 그 현장을 찾아 상징의 감성메시지를 확인하기 위하여 여행을 떠나기도 한다.

높지는 않더라도 오래된 건축물이 상징의 기능을 대표하기도 한다. 재건 중인 남대문, 피사의 사탑, 엠파이어스테이트 빌딩, 런던브릿지 등 문화적 역사적 상징의 랜드마크도 많다. 문화를 넘어 문명이 남기고 간 흔적도 국가와 도시를 상징하는 요소로 작용한다. 문명을 넘어서 있는 그대로 자연이 선사한 경이로운 풍경도 특정 지역을 상징하기도 한다.

이러한 대표적 상징기능을 하는 시설이나 문화나 문명이나 천혜의 자연은 관광브랜드, 문화브랜드로 인식시키는데 중요한 기호적 요소가 된다. 우리는 이러한 목적성이 뚜렷한 상징을 접하면서 보다 넓은 세계로의 진출을 꿈꾼다. 그리고 내가 있는 자리의 의미를 깨닫는다.

인간의 계획과 의지에 의해서 만들어지고, 때로는 권력의 상징으로, 특정 집단의 시간적 흐름에 의해서 형성이 되기도 하고 우리가 느낄 수 없는 자연의 힘은 더욱 놀라운 걸작품을 만들어낸다. 그리고 사람은 상징을 통해서 감동의 정서를 공유한다. 이 감동의 여운을 그림으로 사진으로 남기고 싶고 기록하고 싶은 욕구가 작동한다. 현장의 정서, 그대로를 기념품으로 옮겨 여운을 이입시킨다. 상징은 각종 문화적 감성상품에 적용되는 그래픽소스의 주인공이 된다. 그래픽소스는 또 다른 상징이미지를 만들어낼 수 있는 모티프로 작용하기도 한다.

[참고이미지 77]
유네스코 디자인 창의도시
서울 / Korea Rep.

[참고이미지 78]
KAMP New York / USA

[자료이미지 20] 세계의 자연적 역사적 문화적 상징의 사례들

+ 여러 가지 시각적 기호

상징과 기호들은 우리들에게 편리함을 제공하고 사실의 정보를 교육받게 한다. 인류가 남긴 알 수 없는 문자들, 그림(벽화)들, 기록을 위한 장치로 시각적 기호를 만들었다. 그리고 내용을 전달한다. 수학적 기호, 메시지를 전달하는 그림, 조각물, 무형의 존재를 상징하려 한다. 현재 우리의 생활 속에서는 더 많은 상징과 기호들을 만들어 안내한다. 커피 한 잔을 마시는 공간에서도 다양한 정보의 수단으로 기호와 상징물을 발견할 수 있다. 물리적으로 뚜렷하게 구분할 수 없는 영역에 대한 표시도 가능하다. WI-FI Zone 같이 원격소통이 가능한 영역도 표시할 수 있다. 음악의 리듬과 박자를 전달해 주는 각종 음표와 쉼표 자리표 등도 해당된다. 우주, 하늘, 별의 위치도 표시할 수 있다.

[자료이미지 21] 여러 가지 시각적 기호들

표 현	의 미
심벌마크 Symbol Mark	특정한 사상·생활 방식 등의 문화적 특성을 대표할 수 있는 모든 대상
	브랜드를 대표하고 이미지를 상징하는 수단
아이콘 Icon	특정한 사상·생활 방식 등의 상징으로 여겨지는 우상
	컴퓨터, 모바일 등의 온라인 환경에서의 기능적 의미를 간단한 그림의 형식으로 표현한 그래픽
픽토그램 Pictogram	그림문자, 그림그래프
	실제 생활에서 구분하기 위한 특정한 장소, 기능 등에 대한 정보를 나타낼 수 있는 표시

[표 53] 상징기능의 표현구분과 의미

[사례이미지 88] NAVER Mobile Web, App Icon / Korea Rep.

앞의 사례들과 같이 상징 기능으로서의 그림은 기표의 역할을 담당하며 기의에 해당하는 무형적 내용을 전달한다. 상징은 관념에서도 나오지만 특정한 건축물 조형물과 같은 동기에서도 나올 수 있다. 이 밖에 우리 생활 속에서 인식과 비인식의 과정 위에서 접하는 기호로서 상징기능은 이 세상의 모든 사물들에 해당될 수 있다.

사례를 국가, 이념(단체), 종교, 운송수단, 건축물과 같은 이미지들을 대상으로 상징이 가지는 포괄성과 근접성에 대해 이해해 보고자 하였다. 상징으로서 브랜드이미지의 디자인은 이러한 내용과 표시를 구축하는 본질적 성질에서 닮아있다. 인간이 살아가는 환경 속에서 자연 발생적으로 만들어지느냐 전략적 의도로 만들어지느냐의 미묘한 동기설정의 차이가 기호와 상징기능의 차이로, 철학적 가치와 상업적 가치로 구분하여 표현할 수 있다면 지금과 같이 정리하고 싶다.

Chapter 13

브랜드와 권리환경

Understanding what is Trademark Rights

13.1 지식재산권과 상표권

13.2 등록상표1 Registered Trade Mark

13.3 등록상표2 Trademark

13.4 저작권 Copyright

13.5 우리 등록상표의 개발과 표시의 제안

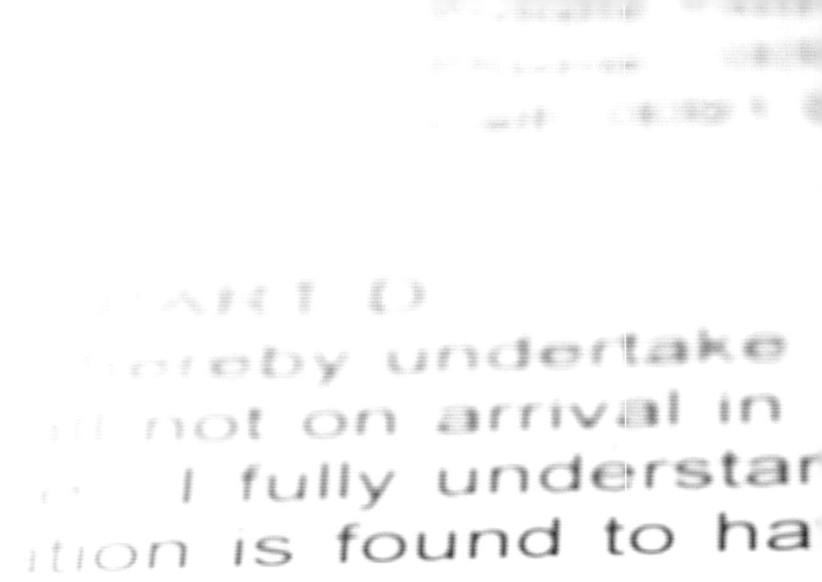

13.1 지식재산권과 상표권

브랜드디자인에 있어서 상표와 상표권에 대해서는 반드시 알고 있어야 할 사항이다. 거듭 강조하지만 조형성과 심미성만 강조하는 디자이너는 진정한 디자이너가 될 수 없다. 사회시스템이 체계적으로 발전한다는 것은 핑크빛 미래를 연상하게 만드는 긍정적인 방향으로 들리게 마련이나, 그에 따르는 복잡하고 세밀한 제도들이 뒤따른다는 사실이 이면에서 우리를 어지럽게 하고 부자유스럽게 만드는 요인도 있다. 그래서 사회시스템의 발전은 동전의 양면이나, 부메랑과 비유될 수 있다. 공동체가 가져야 하는 숙명적 가치구조를 담고 있기 때문이다.

상표권 또한 이러한 맥락에서 유익한 사회시스템으로서, 권리의 보호 차원에서 매우 좋은 제도이다. 예를 들어보자. 자신이나 자기를 포함한 집단이 평생 동안 모든 열정을 바쳐 직접 연구해서 개발하고 가꾸고 성장시켜 온 상표(상품/제품)를 '無동의적 공유'를 한다는 것은 어느 누구한테 이해를 구해도 받아들여지기 쉽지 않은 이야기라고 할 것이다. 당연하지!

이러한 개발의 시간, 열정, 고유의 기술, 나만의 상표, 나만의 이미지를 보호받고 인정받고 싶은 것은 매우 당연한 사람의 심리, 집단의 심리일 것이다. 보호받아야 마땅하다.

이러한 권리의 보호는 곧 나의 이익에 대한 이해관계가 성립이 되는 것이기 때문에 나눠주기란 쉽지 않은 문제이며 우리의 이기적 본능에 해당되는 영역인 것이다. 그래서 보호 받으려 하고, 무단으로 침해받았을 경우 손실에 대한 영향과 예상치 못한 이미지에 대한 손상 등의 이유로 대항력을 확보하려는 것이다. 이러한 의미를 배타적 성질을 가진 독점권이라고 표현한다. 독점적이라는 표현이 정확한 의미이다. 곧 상표권은 누구도 나의 동의 없이는 공유할 수 없는 독점적 권리인 것이다.

이러한 독점적 권리를 의미하는 상표권에 대해서 더 자세하게 들여다보면, 상표권의 법률적 위치와 기능을 이해할 수가 있다. 또한 더 큰 범주의 법률적 개념이 있다는 사실을 이해하게 되는데 이와 같은 눈에 보이지 않는 권리를 지식재산권이라 한다. 상표권의 성격과 기타 유형의 권리에 대해서 알아보자.

상표권과 같은 권리를 주장 의미하는 표시가 있다. ®, ©, ™과 같은 표시는 흔히 볼 수 있을 것이다. 앞의 표시는 각각이 의미하는 권리의 주장을 시각적으로 나타내는 의미를 담고 있다. 상표로 등록되었음을 의미하는 Registered의 머리글자인 ®, 일반명칭의 상표와 구분한다는 의미의 Trademark의 대표글자인 ™, 저작권의 보호를 받음을 의미하는 Copyright의 머리글자 ©와 같은 표시를 자주 보았을 것이다. 그것도 단독적으로 보기보다는 항상 브랜드상징이미지의 주변에 조그맣게 붙어서 등장하는 장면을 보았을 것이다. 이러한 표시가 붙어있는 심벌이나 로고는 위와 같은 법적인 보호를 받는다는 고지를 시각적으로 표현하는 것이다.

대체적으로 다국적 브랜드의 상징이미지에서 자주 접하게 되는데 글로벌 차원의 효율적 관리의 의미에서 당부의 표시로 이해한다. 그러나 이 표시는 절대적으로 지켜야 하는 것도 아니고 잘 지켜지지도 않는다. 경우에 따라 표시하지 않거나 못하는 경우도 많이 관찰된다. 상징이미지를 축소해서 사용할 경우 상표권의 표시는 점으로 나타나므로 의미가 없게 된다. 어떤 주관적인 이유에서는 이물질처럼 보이는 이유로 인해 표시하는 행위를 좋아하지 않는 경우도 있다.

상표권을 나타내는 표시의 기능에는 심벌마크와 같이 사용규정에 관련된 조형적 규칙은 특별히 없다. 자세히 관찰해 보면 헬베티카*Helvetica*체로 표시한 경우도 있고 유니버스*Univers*체로 표시한 경우, 기타 세리프*Serif*타입의 서체로 표시한 경우도 있다. 심지어는 표시를 하지 않는 경우도 있고 표시를 하는 경우도 있어서 시각적 표시를 놓고 정의하는데 혼돈이 생기기도 한다. 표시를 꼭 해야 하는 경우가 어떠한 경우인지 불분명하다. 주관적 관찰에 의하면 다국적 외국의 브랜드들에는 많이 표시되는 경우를 볼 수 있는데 국내 브랜드들은 거의 표시하지 않는 경향이다.

이 또한 사회 · 문화적인 인식차이에서 오는 현상이라고 추측하는데 우리는 표시하지 않는 것에 대해 매우 관용적이라는 생각이다. 굳이 표시하지 않아도 법의 보호를 받는 것은 동일하기 때문에 표시하지 않아도 된다는 생각이라 추측한다. 반대로 표시하는 다국적 기업은 왜 집요하게 표시하는지 궁금해 할 필요가 있다. 예상컨대 등록상표라는 사실을 반복적으로 노출시키는 것은 권리표시를 의미하는 것이고 고유 브랜드의 신뢰도를 높이는데 영향을 줄 수 있다는 생각이다. 이미 우리는 권리의 표시에 대해서 많이 인지를 하고 있기 때문에 이러한 유추를 해본다. 다국적 브랜드들에서도 이러한 표시를 하지 않는 경우도 많다. 주로 FMCG;*Fast Moving Consumer Goods*, Beverage, Restaurants 브랜드와 같이 생필품과 관련된 분류에서 나타난다.

상표는 상품을 표시하는 것으로서 생산, 제조, 가공 또는 판매업자가 자기의 상품을 다른 업자의 상품과 식별시키기 위하여 사용하는 기호, 문자, 도형, 또는 그 결합을 말한다고 정의하였다. 따라서 상표권은 위의 상표를 법률적 등록 과정을 거쳐 법률이 인정하는 승인의 형식을 취득한 후 권리를 행사할 수 있는 것이 상표권의 의미이다. 상표권에 대해서도 현미경 관찰을 시도해 보면 엄청난 양의 많은 사례와 촘촘한 표현이 존재하는 법률적인 세계이므로 매우 정교한 표현의 차이를 느낄 수 있는 메커니즘이 있다.

[참고이미지 79]
doopedia / Korea Rep.

혹자는 상표권에 대한 법률적 등록 대상으로 그림을 연상하는 사람도 적지 않다. 상표권에는 그림이 우선이라기보다도, 그림을 나타내는 일반 명칭이 아닌 독창적 명칭(이름)이 우선적으로 식별되어야 하고 그와 결합된 그림을 상표권의 핵심 대상으로 이해해야 한다. 상표권은 그림(이미지/기호/도형)만을 지정하는 것이 아니라 명칭(이름/문자)과 함께 말하는 것이다. 그림 형태의 다름만으로 상표권을 주장할 수는 없다고 보면 된다. 유사한 형태의 그림은 수없이 존재하므로. 따라서 명칭과 그림의 상호결합적인 관계에 대해서 차이와 다름을 확인받고 권리를 주장할 수 있다. 독창적 단어의 표현은 너무도 많은 상표의 등장과 등록으로 인한 난립으로 인해 이제는 직관적으로 대충 만들어서는 등록 자체가 되지 않기 때문에 독창적이라는 표현을 사용하였다. 이제는 독창적인 접근을 위해서는 조사와 분석과 차별화와 같은 세밀한 작업의 과정을 거쳐야만 획득이 가능해졌다. 독점적 배타적 권리를 주장하기 위해서는 두 가지의 요인에 적합한 결과물이어야 한다.

상표권은 일반적으로 지식재산권의 큰 분류에 속하는데 지적재산권, 지적소유권이라고도 말한다. 지적재산권을 특허권으로 먼저 떠올리는 사람도 많다. 그러나 지식재산권은 특허권, 상표권뿐만 아니라 아래 표와 같이 다양한 내용의 권리와 효력이 있음을 알고 나만의 독점적 권리를 가져 보는 것도 좋을 것 같다.

<table>
<tr><th>분류 I</th><th>분류 II</th><th colspan="2">분류 III</th><th>기 타</th></tr>
<tr><td rowspan="6">지식재산권</td><td rowspan="4">산업재산권</td><td colspan="2">특허권
Patent</td><td rowspan="4">- 산업발전을 목적으로 함
- 상표권 10년 기한, 갱신가능, 반영구적
- 디자인권 15년 기한, 만료
- 독점적 권리</td></tr>
<tr><td colspan="2">실용신안권
Utility Mode</td></tr>
<tr><td colspan="2">상표권
Trademark</td></tr>
<tr><td colspan="2">디자인권
Design</td></tr>
<tr><td rowspan="2">저작권</td><td>저작재산권</td><td>생존기간
사망 후
50년 존속</td><td rowspan="2">- 인간의 사상 또는 감정을 표현한 창작물
- 문화예술분야 창작물
- 문화발전을 목적으로 함
- 보호대상 저작물
- 소설, 미술, 음악, 연극, 영화, 건축, 지도 등이 해당
- 독점적 권리</td></tr>
<tr><td colspan="2">저작인접권</td></tr>
<tr><td>신지식재산권</td><td>-</td><td colspan="2">-</td><td>- 반도체집적회로 배치 설계권
- 부정경쟁방지법과 영업비밀
- 컴퓨터 프로그램 보호법
- 독점적 권리</td></tr>
</table>

[표 54] 지식재산권과 상표권의 이해

상표권과 함께 위의 표에서 새롭게 발견하게 되는 디자인권이라는 권리가 있는데 이 권리는 디자인을 보호대상으로 한다. 디자인이라 함은 물품(물품의 부분 및 글자체를 포함)의 형상, 모양, 색채 또는 이들을 '결합'한 것으로 시각을 통하여 미적감동을 일으키게 하는 것을 의미한다. 디자인권이 등록되면 디자인권의 설정등록이 있는 날로부터 15년 동안 보호받을 수 있게 정하고 있다. 자신의 디자인에 대해서 권리확보를 위한 등록을 위해서는 소정의 절차를 거쳐야하며 일정액의 수수료도 발생한다. 디자인권에 대한 인식의 확장과 홍보 측면에서 학생일 경우 상대적으로 저렴한 비용으로 등록할 수 있게 권장하고 있다.

다음은 상표권. 이 권리는 상품에 표시된 상표를 보호대상으로 한다. 상표는 제품(상품)을 생산, 가공, 증명 또는 판매하는 것을 주업으로 하는 사람이 자기의 업무에 관련된 상품을 타인의 상품과 식별하기 위해서 사용하는 표시의 기호로서 문자, 도형, 입체적 형상, 홀로그램, 동작과 이들을 결합한 것이며, 시각적으로 인식할 수 있는 것을 의미한다. 상표권의 가장 중요한 내용은 지정상품에 대하여 그 등록상표를 사용하는 것인데 그 외에도 상표권은 재산의 일종으로서 특허권 등과 같이 담보에 제공될 수 있으며 지정상품의 영업과 함께 이전할 수 있는 특징도 가지고 있다.

[참고이미지 80]
등록상표, 일반상표,
저작권, 조형적 제안

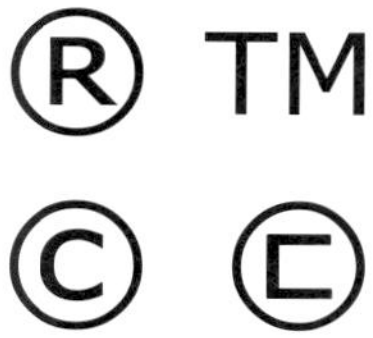

브랜드에서 언급한 브랜드 개념의 시작과 같은 본능적 의미의 해석이 현재도 지속되고 있는 것이다. 상표권은 대개 등록 후 설정등록일부터 10년 동안 보호를 받을 수 있으며, 다른 산업재산권과는 다르게 유지기간을 갱신할 수 있다는 점이 특징이다. 반영구적인 권리인 것이다.

+ 상표와 도메인

이제는 인터넷이라는 가상의 공간이 없으면 매우 불편한 세상이 되었다. 그런데 가상의 공간에 대한 이름에도 고유의 명칭을 선점해야 하는 상표권의 획득과 같은 전략적 접근이 함께 필요하다. 인터넷의 규정이 정한 범주 내에서 오프라인의 브랜드 명칭과 온라인의 브랜드 명칭을 동일하게 설정하기를 희망하는 것은 너무 당연한 발상일 것이다. 소비자에게 조금이라도 혼돈의 정보를 전하기를 원하는 브랜드는 없기 때문이다.

그래서 상표명의 개발과 동시에 도메인의 획득이 가능한지를 함께 검토해주는 사업의 영역이 상표개발 영역이다. 브랜드디자인의 관점에서는 주로 네이밍 전문회사*naming firm* 또는 OO브랜드, 브랜드OOO, 디자인회사와 유사한 OOO커뮤니케이션과 같은 회사의 정체성을 표현한다.

이 전문영역에서의 업무는 클라이언트의 의뢰와 함께 목적에 적합한 상표명을 제안하는데, 이때 법률적인 검토를 통과하여 사용가능한 브랜드 명칭과 도메인명과의 일치성까지 검토하여 일관된 브랜드의 명칭과 상표에 대한 아이디어를 서비스하게 되는 것이다. 상표와 도메인 연관성에 미묘한 관계성의 흐름을 같이 하고 있음을 알 수 있다.

상표명 또는 브랜드명은 우리 일상생활 모든 분야에 걸쳐 두루 만족시킬 수 있는 영역에서의 법률 검토가 아니라, 해당 브랜드가 전략적으로 상표권을 주장할 수 있는 특정영역에 한해서 등록이 가능한지를 파악하고 그에 적절한 상표명과 도메인명을 제안하게 된다. 이제는 일반적인 모든 사업영역에서 상표권을 주장할 수 있을 만한 이름은 남아 있지 않을 것이다. 거의 모든 이름들이 등록되어 있을 확률이 매우 높다. 그래서 나타나는 현상이 조어(만들어 내는 표현)의 등장이다. 무슨 말인지 잘 모르는 상표들이다. 그러나 광고의 노출활동으로서 소비자들은 상품에 대한 인식으로 연결되게 한다. 그래서 속칭 우스개로 작명소라고도 하는데, 이 정도쯤 되면 작명소라 불려도 애교로 받아들일 수 있는 문화가 되었다. 감성적 작명만으로는 다른 차원의 이야기이다.

[참고이미지 81]
ORION / Korea Rep.

[참고이미지 82]
LOTTE / Korea Rep.

[참고이미지 83]
CROWN / Korea Rep.

		→	
	제품(상품)	수익설정	시장의 이해
		가격결정	환경적 제안
	브랜드네이밍	의뢰/내부	배경의 이해와 공유
		개발/내부	컨셉트의 설정과 공유
↓		보고	법률적, 환경적 검토 개념적 제안 언어 문자적 제안
		결정	
	브랜드디자인	의뢰/내부	배경의 이해
		개발/내부	컨셉트의 설정
		보고	개념적 제안 조형적 제안
		결정	

[표 55] 브랜드네이밍(상표) 개발 흐름과 전후관계

+ 브랜드와 등록상표의 구분

브랜드	등록상표
마케팅 용어	법률 용어
특허청에 등록여부와 상관없이 사용	특허청에 반드시 등록된 상태로 사용
독점 배타적 권리를 지니지 못하는 경우도 있음	독점 배타적 권리를 지님

[표 56] 브랜드와 등록상표의 차이

예를 들면 오리온의 '초코파이' 는 유명한 브랜드임에도 불구하고 표장의 독점적 사용에 대한 아무 노력을 기울이지 않음으로써 보통명칭化 되어 롯데제과나 크라운제과에서도 '초코파이'라는 브랜드를 사용하고 있다. 만약에 오리온이 초코파이에 TM이라는 메시지를 붙이고 관리를 해왔었더라면 결과는 달라졌을 수도 있다. 현재 오리온 초코파이는 빨간색으로, 롯데 초코파이는 파란색을 브랜드 컬러로 관리하여 인식시키고 있다.

13.2 등록상표1 Registered Trade Mark

등록상표라는 의미는 특허청에 상표의 등록을 출원해 적격성이나 유사 상표의 유무 등의 심사를 거쳐 이의가 없이 등록되었다는 것을 말하며, 등록된 상표라는 사실을 표시하기 위하여 해당 상표 또는 상품의 한쪽에 작은 표시의 Ⓡ자의 기호나 reg.나 TM의 약호를 붙여 사용한다. 등록된 상표일 경우에는 주로 Ⓡ표시를 붙이는 것이 적절한 표현이겠다. 등록을 통과하지 않은 상표에 Ⓡ표시를 하면 허위표시로 해당하여 법적인 제재를 받을 수도 있다.

참고로 우리나라는 상표등록의 출원은 선원등록주의先願登錄主義이므로 상표법 8조에 의거하여 원칙적으로 먼저 출원한 쪽에 등록이 허가된다. 상표권의 존속기간은 상표법 42조에 의거 등록일로부터 10년이며, 공익 규정에 위반하지 않으면 몇 번이고 10년마다 갱신할 수 있다. 독일 · 오스트리아 · 북유럽 여러 나라에서도 선원등록주의를 채택하고 있다.

그러나 미국 · 영국 · 프랑스 등에서는 선사용주의先使用主義를 채택하고 있다. 이 경우는 실제로 사용하고 있지 않으면 등록을 허용하지 않는다는 의미이다. 또한 상표는 상표법 41조에 의거하여 다른 모든 상품과 식별할 수 있는 현저히 다른 특별성이 있어야만 하며, 상표권은 등록을 함으로써 발생한다고 명시되어 있다.

여기서, 현저히 다른 특별성이라는 점에 주목해야 할 필요가 있다. 상표는 이름을 말하는 것인가, 그림을 말하는 것인가에 경중의 차이가 있다. 일단 브랜드의 명칭에 우선적으로 생각하여야 한다. 그림의 모양이 어떻게 생겼는지는 2차적인 문제이다. 표시를 하는데 있어서 일반명칭이 아닌 자기만의 독창적인 이름을 인정받을 수 있는가에 대한 문제이다. 이 점이 R과 TM의 차이를 만든다.

[자료이미지 22] Registered Trade Mark의 첫머리 글자로 상표법의 보호를 받는 고유의 등록상표를 의미

®표시는 등록상표(레지스터드 트레이드 마크*Registered Trade Mark*)의 약자로서 본 상표는 법률적으로 등록된 고유의 권리를 가진 상표라는 의미의 표시이다. 영문의 첫머리 글자 R자를 동그라미 안에 넣어 심벌마크와 같이 신뢰감을 전달하도록 표시하는 방법이다. 조형적 형식의 정해진 규격은 없으며 어떠한 문자체로든 ®표시를 선택하여 사용할 수 있다. 뒤에 나오는 TM과 마찬가지로 표기행위에 의미가 있다고 보면 된다.

[사례이미지 89] Harley Davidson / USA

사례의 이미지에서와 같이 각 브랜드의 상징이미지에 비해서 등록상표가 표시된 부분은 매우 작아서 보이지 않을 정도이지만 그래도 꿋꿋하게 브랜드이미지와 함께 표시하고 활용하여 시각적으로 '본 상표는 등록상표임' 이라는 사실을 전달하고 있다. 또한 심벌(마크)에 있어서 하나의 조형적 요소로 해석이나 한 듯 적절한 위치를 선정하여 사용하고 있다. 그래서 먼저 신뢰감을 전달해 줄 수 있는 기능으로 보이며, 법적인 보호를 받는다는 경고의 메시지와 함께 브랜드의 격格을 높여 주는 효과를 나타낸다. 사례이미지들의 브랜드는 주로 외국의 브랜드임을 알 수 있다. 적용매체에 따라 표시하는 경우와 표시하지 않는 경우도 있다.

정확한 이유는 모르겠으나 대체적으로 서구문화에서는 흔히 브랜드의 심벌과 함께 붙여서 사용하는 편인데 우리나라에서는 이 표시에 대한 관심이 없는 편이다. 아무래도 법적인 보호가 우선이라는 생각에서라면 상표에 대한 권리를 이미 획득했으니 굳이 시각적으로 표시하지 않아도 된다는 생각과 표현에 대한 문화적 · 습관적 어색함이리라 추측하며, 브랜드의 인지도 향상에 우선한 홍보 전략에만 집중하는 이유라 판단된다.

세계적인 기업이자 다국적 브랜드인 **GE**는 상표명을 알파벳 두 글자로 사용한다. 상표는 문자언어 우선적으로 일반성의 관점에서 변별력이 없으면 상표명으로 등록되기 어렵다. 따라서 **GE**는 ®을 사용할 수가 없다. 그러나 이때 그림 형식의 상표에는 **TM**을 붙일 수 있다. 하지만 **GE**가 **TM**를 붙여 등록상표라고 표시해야 할 만큼 아쉬운 상황은 아닐 듯하다. 다른 사례를 대입시켜보면 이와 유사한 사례들이 국내외를 막론하고 많이 찾아볼 수 있을 것이다.

[참고이미지 84]
GE ; General Electric / USA

13.3 등록상표2 Trademark

TM. 트레이드마크*Trademark*의 대표글자를 추출하여 상표에 대한 고유의 권리를 표시하는 것이다. 레지스터드 트레이드마크 ®의 의미와 같다. 흔하게 발견할 수 없으나 하나의 심벌(마크)에 두 가지를 혼용하는 경우는 간혹 사용할 때도 있다. ®표시와 **TM**표시를 번갈아 가면서 사용하는 경우도 있다.

그러나 **TM**의 기능은 등록의 자격에 미치지 못한 일반명칭과 구분하여 표시하고자 할 때 사용할 수 있다. 따라서 법률적인 보호를 전제한 표시는 아니다. 반면 ®표시는 법률적인 보호를 전제한 표시이므로 등록을 통과하지 못한 브랜드이미지에 표시하는 것은 불법에 해당된다. 따라서 ® 표시와 **TM**표시의 차이는 개념과 의미적 역할에 대해서는 같은 기능을 한다. ®표시는 법률적 표시이며 **TM**표시는 일반명칭과 식별되는 구분의미의 표시이다.

[자료이미지 23] Trade Mark의 머리글자로 일반상표를 의미

TM

[사례이미지 90] Burger King / USA

®	TM
등록상표 의미로서의 표시	일반상표 의미로서의 표시
표시행위에 법적인 구속력을 가진다.	표시행위에 법적인 구속력이 없다.
불법표시에 따르는 민형사상의 제재를 받는다.	일반명사와 상표와의 구분을 위하여 표시한다.
®, TM 둘 다 표시할 수 있다.	TM만 사용할 수 있다.
명칭과 시각이미지 모두 부여할 수 있다.	시각이미지 개념에만 부여할 수 있다.

[표 57] (R)표시와 TM표시 의미와 기능

상표권에서 브랜드의 상징이미지인 심벌마크의 모양은 법률적으로 보호받을 수 있는가. 앞의 설명과 위의 표에서와 같은 설명이라면 심벌마크가 가지는 고유의 시각적인 형태에는 상표권을 부여하기에 모호한 여지가 있다. 먼저 문자인지 그림인지 구별할 수 있어야 하며, 구별한다고 하더라도 미세하게 나타나는 그림의 서로 다름을 법률로 보호한다는 것은 참 어려운 판단이다. 그래서 상표는 브랜드의 명칭을 말하는 것이며, 명칭은 문자로 표기되는 방법에 의해서 나타난다. 여기까지가 상표로 등록할 수 있는 경계라 이해하여야 한다.

그래서 브랜드의 상징(심벌마크,로고)은 명칭과 함께 짝을 이루어 등록을 하게 되는 것이다. 그림을 보호하기 위함보다는 명칭을 보호하기 위함이 더 크다. 그림요소의 애매하고 미묘한 부분을 하나의 상표제도로서 보완하는 것이다. 그래서 디자인권이라는 제도는 심벌마크와 같은 평면적 조형(모양,도안) 자체에는 권리를 보장받을 수 없다.

[참고이미지 85]
GS / Korea Rep.

13.4 저작권 Copyright

권리보호와 권리개방. 이 표현도 상대적인 개념이라 갑론을박이 존재하는 이념의 관점차이를 의미하는 표시이다. 우리나라에서 이 개념에 대한 필수적 인식은 그리 멀지 않은 가까운 과거시점부터 많이 듣고 보게 되는 단어이며 표시의 인식현상으로 자리 잡았다.

대표적으로 컴퓨터그래픽프로그램에 대한 저작권 감시 활동이 기억난다. 무분별하게 복제되는 무형의 창작물에 대한 고유의 권리를 보호하고자 강조되고 있다. 영화계에서는 불법다운로드와 같은 사회 불균형적 행위에 대한 인식을 개선시키기 위해 캠페인도 벌이고 있다.

지식재산권에 대한 국제적 인식의 강화와 국내 상황의 도덕적 법률적 단속이 우리의 생각과 문화를 많이 바꾸어 놓았다. 창의적 활동의 일환으로 생산된 사진 한 장에 대한 권리, 독창적 글에 대한 권리 등 지식생산(자)에 대한 보호를 받을 수 있다는 독점적 배타적 권리를 표시할 때 사용하는 기호이다.

[참고이미지 86]
I'm a good Downloader
/ Korea Rep.

이제는 자기직접 생산과정을 통하지 않고서는 사용료를 지불해야 하거나 생산자의 동의 아래 사용허락을 받아야만 사용할 수 있는 세상이 도래한 것이다. 바로 이것이 저작권보호의 의미인 Copyright이며 ©의 표시가 의미하는 메시지이다.

[자료이미지 24] Copyright의 머리글자로 저작권의 보호를 받는다는 의미를 표시

©

©표시는 지적활동을 통해 만들어진 창작물에 대한 저작권의 보호에 대한 의미를 나타내고 있다. Copyright의 첫 머리글자에 동그라미를 입

혀 신뢰의 메시지와 경고의 메시지를 표시한다. 표시하는데 있어서 정해진 규격의 그래픽 형태는 없으며 어떠한 문자체이든 ©에 대한 표시로서 권리와 보호의 내용을 전달하고 있다. 웬만한 웹사이트의 하단부를 살펴보자. 포털사이트는 말할 것도 없고, 출판물까지 항상 ©마크가 표시되어 있는 경우를 관찰할 수 있을 것이다. 주위에서 흔하게 발견할 수 있다. 저작권에 대해 주의를 가지라는 메시지이다.

Copyright	©	NHN Corp.	All Rights Reserved.
권리보호	상징	회사, 개인 및 단체명	모든 권리는 보호됨

[참고자료 04] Copyright © NHN Corp. All Rights Reserved.

NHN의 모든 저작물에 대한 권리는 법률로서 보호를 받는다. 라는 의미로 이해하면 된다.

Copyright	↔	Copyleft
저작권보호	↔	저작권개방/정보공유
권리보호	↔	권리개방
저작권에 보호를 받는 창작물		지적재산권에 반대해 지적 창작물에 대한 권리를 모든 사람이 공유할 수 있도록 하는 것 또는 그러한 운동

[표 58] 저작권의 보호와 개방(공유)

카피레프트*copyleft*는 자유소프트웨어*free software*라고도 한다. 지적재산권의 저작권을 의미하는 카피라이트*copyright*와 상대되는 개념으로, 저작권의 공유共有를 뜻한다. 1984년 미국의 리처드 스톨먼*Richard Stallman*이 소프트웨어의 상업화에 반대해 프로그램을 자유롭게 사용하자는 운동을 펼치면서 시작되었다고 한다. 스톨먼은 인류의 지적 자산인 지식과 정보는 소수에게 독점되어서는 안 되며, 모두가 자유롭게 사용할 수 있어야하기 때문에 저작권으로 설정된 정보독점의 체계를 정면으로 거부하였다. 이어 리누스 토르발즈*Linus Torvalds*가 리눅스*Linux* 체계를 공개하면서 참여자들과 함께 이 운동은 널리 알려지기 시작하였다.

카피라이트*copyright*와 반대의 개념인 권리개방의 의미에서 ©와 같이 구분하는 별도의 표시는 있으나 의미상 존재로만 이해하며 대체적으로 사용하는 경우가 드물다. **Copyright**의 상대적 추상적인 개념으로만 존재한다. 사회적 보편성과 일반성을 바탕으로 하는 공익의 세계를 의미하는 것이며 사회적 기여와 공유를 의미하기도 한다.

[자료이미지 25] Copyleft의 표시. 저작권 공유에 대한 상징적 표시

13.5 우리 등록상표의 개발과 표시의 제안

표시, 표기에 대한 문자적 기호를 통해 등록과 상표에 대한 이해를 했다. 이 장에서는 영어문화권의 등록상표의 표시에 익숙해져 왔다면, 이제는 단순한 발상의 차원에서 우리나라의 문화적 유산을 배경으로 한 모티프에서 등록상표를 표시하는 방법과 형태가 나올 법도 하다고 생각한다. 복잡하게 생각하면 한도 끝도 없는 토론과 공청의 절차를 거칠 수도 있는 문제이지만 가벼운 제안으로 형태를 만들어보면 어떨까 생각해 보았다.

그래서 아래와 같은 형태도 나쁘지 않을 것 같다. 보는 사람에 따라 다양하게 이해될 수도 있지만 상징과 표시는 반복적인 학습으로 인지의 과정을 통해 인식하게 되어있기 때문에 가능할 법도 하다. 등록상표의 첫 글자 초성 ㄷ을 ©표시 동그라미 내부의 C에 대치시킨 것이다. 어렵지 않다. 모양도 C와 비슷한 ㄷ이다.

이러한 것이 현실이 되기 위해서는 제도적인 장치와 정비를 마련하는 것이 필요하며 의미를 강조하는 홍보와 교육의 문제가 뒤따라야 한다. 상징은 집단의 공감共感 영역이기 때문에 여기서 가볍게 디자인으로 제안해 보았다. 혹시 세계적인 공감을 얻을 수도 있지 않은가. 대한민국의 인식이 달라지고 있으니 모를 일이지 않은가. 한글의 조형적 우수성은 여기서도 잘 드러나고 있다.

[자료이미지 26] 한글을 모티프로 한 우리나라 고유의 등록상표 표기 제안

+ 영문상호와 관련된 약칭표시

여기서 잠시~!
상호와 관련된 영문명 표시에 있어서, 약칭표현을 빈번히 접하게 되는데 이 내용에 대해서 확인해보고 가도록 한다.

한국어 사용국가인 우리사회에서 영어식 표현이 많이 사용되는 경우가 필요하므로 학습해 두면 회사 및 브랜드의 정체를 이해하는데 도움이 되리라 판단한다. 어느 명칭이든 사회 · 문화적 배경의 변화와 시대의 흐름에 따라 회사의 규모와 성격에 따라 영문명의 표현도 조금씩 표현의 차이가 나타난다. 우리가 인지하는 뚜렷한 법률적 기준은 나타나지 않으나 대체적으로 **Inc., Corp.**는 미국에서 많이 사용하는 경향이 있으며, 우리나라의 일반 주식회사에서는 **Co., Ltd.**를 많이 사용하는 경향이 있다.

/	Abbreviation	Full Word	의 미
1	Co.	Company	일반회사
2	Ltd.	Limited	주식회사 = 유한책임회사
3	Co., Ltd.	Company Limited	보통 주식회사의 공식적 표현
4	Corp.	Corporation	일반적으로 규모가 큰 기업을 지칭
5	Inc.	Incorporation	일반기업, 일반적으로 규모가 큰 기업을 지칭
6	Coop.	Cooperative	협동조합, (비격식)조합

[표 59] 영문상호 표기의 사례와 약칭의 의미

Chapter 14

상징성과 이야기의 구성

Brand Image & The plot of the story

14.1 상징이미지에서의 이야기란?
14.2 브랜드디자인과 스토리텔링이란?
14.3 브랜드와 광고활동

14.1 상징이미지에서의 이야기란?

가까운 과거 언제부터인가 스토리텔링이라는 의미를 엄청 강조받는 느낌을 받아왔다. 그러한 경우도 자주 접한다. 마치 순응해야 하는 거대한 사회 흐름이거나 발맞춰야 하는 유행현상처럼 우리에게 강조되는 키워드 중의 하나이다. 일종의 사회현상이라 해도 될법하다.

사람은 잠시도 지루함을 참을 수 없는 본능을 가지고 있다고 한다. 끊임없이 새로운 흥미를 찾아 호기심을 만족시켜야 직성이 풀리는 인간의 특징 설명하는 진화의 단면인 듯하다. 그래서 사람은 한 번 전달되고 마는 일회성 메시지보다 메시지가 연속적으로 구성되어 다음 이야기가 궁금해지는 연속극이나 시리즈의 영화를 좋아하나 보다. 물론 하나의 소설도 연속적인 흐름의 구조를 가지고 있다. 이야기의 중간부에 들어가거나 시작만 하고 마무리를 확인하지 않고서는 내용의 전체를 확인할 수 없다. 감동도 온전히 느낄 수 없다. 소감을 표현할 수도 없다.

이러한 특수성 때문에 영화와 같은 매혹적인 장르가 전 세계를 휩쓸고 있다. 그러나 자세히 들여다보면 영화의 이면에는 이야기를 창조해 내는 작가나 작가집단들의 브레인이 존재한다는 것을 잘 알아야 한다. 스토리를 만들어내는 사람과 사람들, 한 이야기에 대한 전개를 설계하는 스탭*Staff*진이 현실성과 정교함과 상품성을 판단한다. 이러한 전략적 과정의 활동이 없으면 이야기의 전파력은 반비례하게 된다. 전략과 계획의 정성을 들여 스토리를 구성한다고 하더라도 성공의 약속은 보장하지 못한다. 소비자와 관객들은 냉정하다. 직관적 판단만 내린다. 재미있다. 재미없다. 이 두 가지 사이에서 이야기 생산자들은 고민하고 괴로워한다. 창작의 산통으로.

아마도 이야기구조라는 표현은 새로운 이야기구조의 표현을 인지시키기 위해 스토리텔링이라는 표현으로 재탄생했을지도 모르겠다. 과거에도 우리에게 이야기가 없었던 것은 아닌데 새로이 스토리텔링이라는 심리적 무게를 지우게 하는 현실이 너무 많은 감동을 받아서 감동받을 일이 없어졌거나 우리가 감동으로부터 무뎌져서 만들어지는 반작용이라 생각한다.

[참고이미지 87]
Harry Porter / England

Harry Potter

[참고이미지 88]
Transformer / USA

TRANSFORMERS

솔직히 우리가 생산해 냈던 과거의 스토리구조는 창의적이라 말할 수는 없었다. 일상의 잔잔한 사실을 살짝 과장시키는 정도랄까. 허무맹랑한 공상과학 이야기를 했다가는 쓸데 없는 소리 집어치우라는 핀잔으로 돌아오기 일쑤였을지도 모른다. 먹는 것과 같은 직접적인 욕구로 연결되지 않는 이야기라면 단박에 구석에 처박혀 버리기 때문이었다. 그래서 이야기를 생산해 내는 것보다 먹는 것을 찾아내는데 더욱 가치가 있었던 것은 사실이다. 1,2차 산업의 시기였으니 지식산업단계의 신기할 따름인 창의적 이야기가 밥 먹여 줄 수 있는 환경이 연출될 경우의 수는 만무했을 것이다. 지금도 기대만큼 별반 나아졌다고 말할 수는 없지만 우리가 인정하는 사회적수준의 기준*(OECD)*으로 볼 때 아직 선진국 수준에 이르지는 않는다고 판단한다.

그러나 이제는 달라지는 것 같다. 먹는 것에서부터 조금은 자유로워지고 생각을 통한 유희를 즐길 줄 아는 세대가 있다. 그래서 우리는 3차 산업이 강조하는 이야기 생산에 집중하도록 교육받고 교육시키려고 한다. 인간이 상상할 수 있고 상상을 현실로 만들 수 있는 욕망을 자극하도록 하는 것이다. 이카루스의 밀랍 날개가 녹아내려 떨어지는 경험을 할지라도 가보고 싶은 것이다. 그것은 곧 새로운 경험의 생산을 의미하고 생산은 순환을 의미하고 순환은 발전과 성숙을 의미하기 때문이다.

이야기는 다시 새로운 이야기 구조를 낳는다. 소설 해리포터는 영화로 만들어졌고 성공했고 성공은 제조 산업으로 연결되었고 제조는 어린이들에게 현실의 친구로, 장남감은 다시 상상의 고리로 연결시키고 있다. 미래에 어떠한 새로운 이야기가 나올지는 예상하지 못하며 우리는 이해할 수 없을지도 모른다. 아무튼 스토리텔링은 하나의 브랜드에 대한 무한한 상상력과 신뢰도를 전달하는데 중요한 툴*tool*이며 수단이 되기도 한다.

상징이미지를 개발하기 위해서는 조형적인 성격만 강조해서 해결될 일이 아니다. 앞서 언급한 바와 같이 상징이미지를 만드는 과정에서 도출되는 컨셉트가 있는데 이 컨셉트가 조형적 결과물과 어떠한 연관성을 가지

▶plot [plɑ:t]
[명사] (소설 · 극 · 영화 등의) 구성[플롯/줄거리].
사랑과 결혼에 대한 전통적인 구성
[명사] 음모
[동사] (특히 정부 · 국가 지도자에 대한 전복 · 반역을) 음모[모의]하다.

▶siren 사이렌
여자의 모습을 하고 바다에 살면서 아름다운 노래 소리로 선원들을 유혹하여 위험에 빠뜨렸다는 고대 그리스 신화 속 존재.

고 있는가가 매우 설득력 있어야 한다. 그것이 이야기구조의 역할이다. 매우 중요하다. 또한 이 설득의 단서가 그냥 아무것이나 주워다 붙이면 안 되는 것이다. 상징의 역할에 맞는 내용과 성격을 부합시켜 컨셉트를 찾아 연결시켜야 이해가 되고 수용자;소비자;고객이 받아들일 수 있는 확률이 높아진다.

6장에서 곰의 사례를 든 것이 이 장에서 이해의 도움이 될 수 있을지도 모르겠다. 상징성을 부여하기 위해서 우리가 생각하는 곰이 어떠한 곰인지를 설정해야 하는데 북미의 포악한 그리즐리 같은 곰을 선택한다면 왜 그러한 터프한 특징을 가지고 있는 곰을 선택해야 하는지 배경을 이해하여야 하고 배경을 이해하면 시각적인 특징과 연결을 시켜야 한다. 바로 그 연결되는 접점을 소비자에게 전달하여야 소위 먹힌다는 표현을 쓸 수 있는 가능성이라도 생긴다.

시각적인 이미지와 상품(제품)과 연상이미지의 관계에서 자연연상 관계가 아닌 경우 특별한 상징이 필요한 경우이다. 7장에서 언급한 아이디어 도출 방법 중 르네 마그리트의 시도를 통한 특수한 경우의 시각적인 이미지와 연상성의 관계에서는 이미지 충격*impact*이 일어나는데 우리는 이것을 호기심의 자극이라 표현한다. 저 그림이 무엇일까? 왜 저걸 상징으로 설정했을까?

상징		상품(제품)	-
사과	↔	컴퓨터 등	구상적 소구
사이렌	↔	커피 등	
∞		…	
타원	↔	우주, 전자 등	추상적 소구
삼각형	↔	피라미드 등	
∞		…	

[표 60] 스토리의 생성과 소비자의 인지관계

인간의 진화는 뇌의 용적이 다른 생물의 몸에 비해 압도적으로 크게 발달했다는 것이 인간 발달의 중요한 요인이라 한다. 뇌는 생각을 낳게 되었는데, 인간에게 생각은 본능적으로 그림에 반응을 선호한다는 것이다. 현대의 수많은 정보들 속에는 텍스트로 정리된 사례들이 많다. 이 문자가 필요로 했을 시기에는 문자로 이해하였을까 그림으로 이해하였을까. 알 수 없는 그림으로 이해했을 확률이 높을 것이다. 문자는 내용을 표시하는 재미없는 기호로 발전했고 그림은 의미를 담는 재미있는 방식으로 발전했을 것이다. 그림은 누가 봐도 현실적이기도 하고 몽상적이기도 하니까. 연상성에 더욱 직접적인 역할을 한다. 그래서 사람은 그림의 형식을 좋아한다. 화장실도 문자보다는 그림 형식으로 강조된 표시의 장소를 더욱 쉽게 찾는다.

[참고이미지 89]
Pictogram /
International Standard

	개발단계		유통단계
1	↓	→	↑
C	브레인스토밍, 모티프 발견, 컨셉트 설정 등, 이야기의 생성과 전개	→	정보 전달, 구전, 검색, 이야기의 수용과 확산
2	↑ ←	소비자(수용자)의 인지와 인식	↓ ←

[표 61] 스토리의 생성과 소비자와의 관계

C : Contents, Construction, conjunction etc.

보통 이야기의 전개는 개발단계에서 구축이 되어 유통단계에서 소비자의 입을 통해서 오르내리게 되는 흐름은 표에서 보듯이 왼쪽에서 오른쪽으로 이동하게 되어 있다. 그러나 홍보정책과 광고활동으로 또는 상품(제품)에 대한 가공된 진정성이라 할지라도 이야기가 전달되기만 하면 소비자(수용자)들은 개발 단계에서 생성되었던 이야기의 시발점으로 찾아 들어오게 된다.

마치 언어가 회귀하듯이, 브랜드는 이때 진정한 철학을 행동으로 보여줘야 한다. 또한 이러한 시기에 진짜 충성도를 나타내게 되는 것이 일반적인데, 대부분 준비되지 않은 브랜드(기업)는 인적 · 물적 인프라도 부족하며, 애플의 잡스처럼 직관적 통찰력과 실천력을 가진 리더의 부재로는 이 순환구조를 만들어내기가 좀처럼 쉽지 않다.

[참고이미지 90]
Apple / USA

▶스티브 잡스, Steven Paul Jobs, 1955.2 ~ 2011.10

매킨토시 컴퓨터의 공동창업자. 스티브 워즈니악 Steve Wozniak은 잡스의 친구이며 공동설립자이다. 잡스는 GUI라는 그래픽기반의 OS를 탑재한 컴퓨터의 개발로 일대 파란을 일으키며 디지털문화혁명의 신화를 이룬다. 당시 일반적 개념의 사무용 컴퓨터인 IBM이 채택하고 사용하고 있던 Microsoft의 OS와는 다른 운영체계로, 그래픽디자인을 배경으로 하는 기능이 일반 사용자들에게 엄청난 반향을 일으켰다. 이후 많은 굴곡의 시간을 보내다가 i시리즈와 함께 세계를 또 다시 깜짝 놀라게 한다. 그에게 있어 창의적인 기준을 언급하기에는 모호하나, 분명한 사실은 세상의 흐름을 꿰뚫어 insight 보고 연결conjunction하는 탁월한 능력의 소유자로 그의 세계를 정의한다면 우리에게 필요했던 인문(인간)과 기술이 교차하는 접점의 위치와 타이밍을 정확하게 짚어냈다.

▶apple 애플

인류의 중요한 역사적 시기마다 함께 해 온 상징의 의미가 가장 크고 이야기가 많은 과일. 아담과 이브의 사과, 만유인력의 뉴튼의 사과, 백설공주의 사과 등 많은 이야기에서 핵심적인 도구로 이용된다.

14.2 브랜드디자인과 스토리텔링이란?

브랜드디자인의 개발과정에서 만들어지는 이야기가 사실상 소비자에게 노출될 수 있는 경우는 드물다. 브랜드의 목적을 설명하기 위한 설득의 과정에 해당하므로 외부에 소개되기에는 힘들다. 단지 피상적인 키워드나 상징이 전해주는 이미지를 자의적으로 해석하는 소문에 지나지 않을 수도 있다. 그런데 그 소문이 꽤 정확한 편이다.

브랜드디자인에서 이야기구조가 필요한 이유는 브랜드이미지를 론칭하기 위한 전략수립의 의미를 담고 있기 때문이다. 브랜드이미지를 개발하기 위해서는 여러 단계의 핵심가치들을 확인하게 되는데 핵심가치는 해당 브랜드(기업 또는 상품)의 발생동기부터 찾아나가기 때문이다. 발생동기로 인한 배경은 소비자들이 별로 관심을 주지 않는 부분이기도 하다.

발생동기에서 확인해야 할 내용은 브랜드의 비전, 미션, 목표, 슬로건, 캐치프레이즈, 스테이트먼트, 컨셉트, 키워드들이 있다. 이러한 단계들에서 나오는 의미를 소비자들이 알아야 할 이유는 없다. 그러나 브랜드 주체에서는 매우 깔끔하고 명료하게 정리되어야만 목적하는 자리에 위치시킬 수 있기 때문이다.

<table>
<tr><th colspan="5">브랜드의 스토리텔링을 이루는 핵심표현의 구분</th></tr>
<tr><td rowspan="8">↓</td><td>이념</td><td>발생 의미</td><td rowspan="8">컨셉트 / 키워드</td><td rowspan="8">브랜드
가치구성의 단계</td></tr>
<tr><td>비전</td><td></td></tr>
<tr><td>미션</td><td rowspan="4">스테이트먼트</td></tr>
<tr><td>목표</td></tr>
<tr><td>슬로건</td></tr>
<tr><td>캐치프레이즈</td></tr>
<tr><td>컨셉트</td><td></td></tr>
<tr><td>키워드</td><td></td></tr>
<tr><td></td><td colspan="4">←→</td></tr>
</table>

[표 62] 브랜드와 스토리의 구성 단계와 역할

대체적으로 브랜드는 위의 표와 같이 단계별로 잘 정리된 이야기의 구조를 가지고 있다. 이러한 사실을 어떠한 조형으로 표현할 것인가는 쉽지 않다. 7장에서 언급한 표현기준에 대한 상하 대칭적 개념설정의 예시 표와 같은 이미지 전략의 설정으로 더욱 구체적인 브랜드의 형태를 찾아가게 된다. 과정마다의 단계에서 조형 논리를 성립시키기 위한 이유가 포함되어 있기 때문이다.

이 말은 소비자가 브랜드를 접하기 이전 과정 중에 만들어지는 내용은 노출될 수가 없다는 것이다. 다시 말해 브랜드에서의 스토리텔링은 전략을 수립하는 과정에서 도출되고 만들어지는 전략적 과정으로서 스토리텔링으로 이해하면 되겠다. 그러나 이때 구성된 이야기의 의미는 결국 브랜드를 론칭하기 위한 전략적 성격과 일치하기 때문에 자연스럽게 소비자들에게 다른 형식의 이야기로 전환되어 간접적으로 전달된다.

브랜드의 개념이 생성 · 확장되기 시작하던 근대의 시기에 과연 스토리텔링이라는 개념이 있었는가라는 질문을 거꾸로 던져본다면 당시는 그러한 것이 없었던 것은 사실이었다. 없었다고 말하기보다도 의미상 필요한 시기가 아니었다. 개념만 없었을 뿐 그 당시 모든 상황들의 연속이 스토리텔링에 해당하는 이야기덩어리였다. 마치 필연적으로 생성되는 브랜드(회사)의 설립과 제품에 대한 이름 붙여주기 정도의 의미를 지니는 시기였기 때문에 스토리텔링이라는 지금의 개념은 실제적인 탄생배경, 역사성이 바로 이야기의 자체였다.

코카콜라, 노키아, IBM, 맥도날드 등과 같은 우리에게 익숙한 유수의 글로벌 브랜드의 탄생은 처음부터 전략적인 스토리를 가지고 태어나지는 않았다. 창업자의 의지와 의미를 소비자(수용자)들이 제품을 통해서 호응을 주고받은 결과가 확장되어 이야기가 생산되고 재정리되는 과정을 지나면서 더욱 탄탄하게 전략적으로 재구성하여 얻은 결과로 볼 수 있다. 그것이 지금 시대의 스토리텔링이라는 특별한 전략이며 장르로 자리 잡게 된 것이다.

왜 이것이 필요한지 유수의 브랜드들이 그 기나긴 시간 동안 만들어 놓은 결과를 놓고 보면 이해할 수 있다. 생성의 시기, 굴곡의 시기, 극복의 시기, 성장의 시기, 안정의 시기, 돋움의 시기 등이 녹아 있어 자연스럽게 생성되어온 해당브랜드의 역사적 관록을 신생브랜드가 무슨 수로 넘어서고 이길 수 있겠는가.

적어도 참신하고 차별화할 수 있는 이미지를 보이기 위해서는 당연히 소비자(수용자)들에게 그와 비슷하게 견줄 수 있는 이야기 구조가 있어야 하고 게다가 재미있어야 하고 신비로워야 하고 또는 소비자의 심리에 노이즈를 일으킬 수 있는 긍정적인 내용의 이야기를 장착시켜 론칭을 해야 빠른 시간 내에 비슷한 반열에 이르게 할 수 있기 때문이다.

물론~ 스토리를 임의로 가공하거나 설정하지 않고 현실의 흐름 속에서 만들어지는 내용을 잘 관리하여 차근차근 만들어 가는 브랜드도 있기 마련이다. 그러나 세상은 급변하고 소비자들의 패턴은 종잡을 수 없을 만큼 다양해지니 빠른 시간 내에 최선의 투자로 최대의 경제적 효과를 얻기 위하여 의도적으로 넓은 스펙트럼 중의 특정 부분을 집중 선택하여 파고들어 이야기를 찾아내고 시도(광고/홍보)해보는 것이다. 이러한 것이 브랜드와 스토리텔링과의 관계를 연결하여 브랜드의 정체를 전달해 줄 수 있는 도구이기 때문이다.

결국 소비자들이 상품을 구매하는 것은 물리적인 가치의 상품도 기본적으로 존재하지만 상품에 깔려 있는 기저에는 브랜드가 표출하는 꿈과 감성을 구매하는 것이다.

▶NHN의 설명

NHN이 제공하는 온라인 서비스는 정보의 콘텐츠가 네트워크를 타고 연결되며, 그것을 매개로 사람과 사람을 연결하고, 정보와 정보를 연결하고, 과거와 오늘과 내일을 연결한다는 NHN 사업의 본질적인 가치와 의미를 강조한 디자인입니다. 디자인적으로는 영문 대문자에서 오는 조형적 특성을 살린 워드마크(word mark)인 점이 특징입니다.

N-H-N 이라는 문자의 6개의 세로획을 하나로 붙여 4개로 축약했으며 이는 사람, 또는 정보를 의미합니다. 특히 H의 가로획에 포인트를 주어 Connect를 상징하는 메타포어Metaphor(은유)로 사용해, 연결의 의미를 강조했습니다. 이제까지 NHN은 기업 브랜드보다는 네이버, 한게임 등 서비스 브랜드가 잘 알려져 왔는데요, 종전에 비해 양적, 질적으로 많은 성장과 변화를 겪으며 10여 년의 진화를 거듭해 온 시점에서 기업의 가치를 새롭게조명해 직원들에게 '한 식구'의 의미를 전하고, NHN이 제공하는 온라인 서비스의 본질적 가치와 의미를 강조하고자 이번에 CI를 변경하게 되었습니다.

*www.dairy.naver.com 인용

돋움기	↑↑↑↑↑	브랜드(기업)철학의 전달
안정기	↑↑↑↑	인식(정체/내용의 확인)
발전기	↑↑↑	이야기에 대한 호기심
도약기	↑↑	인지(존재의 파악)
초창기	↑	상품(제품)/이름/상징
	브랜드 빅뱅	

[표 63] 브랜드 인식의 단계와 이야기의 확장

[참고이미지 91]
NHN / Korea Rep.

NHN의 디자인개발 컨셉트는 'Connect'였다고 한다. 시각적 상징물을 통해서 느껴지는 메시지에 동의할 수 있을 만한 매력적인 공감대의 설명이다. 이번 기회의 조사를 통해 NHN의 브랜드 철학을 이해하게 되었다. 앞단에서 이야기했듯이 소비자들은 찾아온다.

앞으로 브랜드가 다해야 역할을 충실히 할 때 시각적 이미지를 통한 브랜드의 신뢰도는 더욱 높아져 갈 것이고, 이를 바탕으로 소비자들은 사랑의 메시지를 보낼 것이며 브랜드는 사랑의 표현을 수락하는 의미의 순기능적인 활동을 해야 한다. 소비자들은 그런 진정한 모습을 기대한다.

14.3 브랜드와 광고활동

브랜드와 광고의 관계는 불가분의 관계이다. 홍보(브랜드노출) 개념에서의 광고의 역할은 매우 중요하게 작용한다. 브랜드에 대한 이야기 구성을 끊임없이 생성하여 소비자에게 실어 나르는 전략적 행위와 과정을 광고활동이라 한다. 브랜드디자인 개발의 관점과 비교해 볼 때 매우 구체적이고 세부적인 접근거리에서 작동한다. 브랜드 또는 상품이 가지는 특징을 시대적으로 시기적으로 기능적으로 감성적으로 전달하는 방법을 연구하는 생각의 사이클이 매우 빠르게 돌아가는 영역이며 순간적이고 직관적이고 전략적인 판단력이 요구되는 영역이다. 브랜드가 나타내는 각종 지표와 수치들을 분석하여 구체적인 대상들을 나누고 나누어진 소비자 계층에게 필요한 정보를 전달하여야하는 숨가쁜 프로의 영역이다.

이 책에서 광고에 대한 원론을 이야기하는 것은 적합하지도 않을 뿐더러 이 또한 전문적인 영역이기 때문에 다른 광고디자인 또는 광고학 관련 전문서적을 참고해야 한다.

한 가지만 이야기하고 싶은 것은 광고를 통해 일관적인 메시지를 전하고 브랜드의 정체성을 확보하는데 성공한 사례들이 많은데, 그 중 가장 인상적인 광고 사례를 소개하고 싶다. 이 브랜드의 광고는 시각적 일관성을 지키는 광고로서 유명하다. 이러한 광고기법을 유지하는 것은 브랜드 운영진의 강한 철학이 배경에 있지 않으면 절대 이루어질 수 없는 방식이다. 앱솔루트*ABSOLUT*의 광고는 앱솔루트의 병 모양을 소재로 하여 같은 유형의 광고로 보이지만 그 안에는 모든 것을 담아내고 있다. 인간, 자연, 지구, 문화, 국가 심지어는 다양한 레저 등의 메시지까지 다양하게 담고 있다. 우리가 사는 지구 환경과 일상의 정신적 물리적 삶 속까지 앱솔루트는 항상 같이 있으며 앱솔루트와 함께 사랑한다는 메시지를 전달하려 한다.

개인적으로 매우 신뢰감이 들며, 브랜드가 전하려하는 일관성 있는 광고메시지를 자의적으로 소개할 정도로 구전을 아끼지 않는다. 만약 앱솔루트가 그들의 술병*bottle* 모양을 바꾸는 것은 자살행위일 것이다. 브랜드 이미지가 문자 형식을 취하는 로고보다도 술병에 더욱 가깝게 접근해 있기 때문이다. 병의 모양이 곧 상징이며 브랜드디자인이다. 병 모양을 보고 브랜드를 인지한다.

[참고이미지 92]
ABSOLUT / Sweden

[자료이미지 27] ABSOLUT / Sweden

Chapter 15

브랜드디자인의 진화와 수용자

Evolution of Brand Images & Smart Consumers

15.1 상징이미지도 진화한다

15.2 심벌(마크)의 진화와 변화의 사례

15.3 시각적 상징수단과 디자인트렌드

15.4 스마트소비자와 소통방법으로써의 브랜드디자인

15.1 상징이미지도 진화한다.

시각상징에는 여러 가지 유형이 있을 수 있다고 말했다. 그래픽적인(도안된) 심벌마크와 문자체계, 용맹하거나 영리하거나 유익한 특성을 가지고 살아 움직이는 호랑이, 매, 독수리 그리고 닭 등과 같은 동물, 고고히 오랜 시간을 관조하는 소나무, 난초이거나 생생하고 다채로운 활력을 주는 튤립과 같은 꽃의 이미지, 특정분야에서 최초의 발견이나 발명의 업적을 이룬 인물에 이르기까지 다양한 상징이 있다. 무엇을 상징의 요소로 결정할 것인지는 대상의 의미를 파악하는 문화적 · 집단적 · 개인적 성향에 달려있다. 문화적 특징은 사람과 사람집단이 만들어 낸다. 다수의 합의에 의해서, 군주의 직관과 통솔력에 의해서 결정되고 그에 해당하는 의미를 학습받는다. 그리고 상징과 의미를 지키고 이어나간다. 문화 유전적 형질을 집단적으로 전달하는 것이다.

그런데 상징의 대상은 좀처럼 바뀌지 않는 편이다. 잘 바꾸지 않는다. 바뀌는 사례를 좀처럼 발견하기가 쉽지 않다. 그러나 스타일은 조금씩 바뀐다. 특히 그래픽적인 상징체계의 측면에서는 기나긴 주기를 가지고 변화한다. 인간이 가지고 있는 심미적 본능이 변화의 메커니즘을 작동하게 한다. 그래서 소비자와 제3자인 상호간에 적응, 인식시킨다. 시각적 그래픽적으로 진화한다. 전 세계의 국가나 도시들이나 기업들이나 너나할 것 없이 상징물과 이미지를 지켜나간다.

유수의 다국적 브랜드들도 시각상징물에 대한 변화의 시기와 방법에 대해서 민감하게 촉각을 곤두세우고 활동에 집중한다. 그런데 세계는 급변하고 소비자들은 새로운 이미지를 기대한다. 새로운 이미지는 시각적 이미지일 수도 있고, 브랜드의 활동으로부터 오는 행위적 이미지일 수도 있다.

어떤 브랜드에게는 전통적 시각이미지를 지켜나가 주기를 기대하는 소비자나 집단들도 있다. 이러한 상황은 내부에서부터 발생을 하기도 하고 원하지 않게 외부의 돌발적인 상황으로 악재를 만나기도 한다. 보통 부정적인 상황에 부딪히게 되면 극복요인을 상징의 변화에서 방법을 모색하는 전략이 있고, 집단 내부에서의 활동으로 대처하는 전략을 선택할 수 있다. 두 가지 방법은 각각 장단점이 있다. 시간과 비용과 의지적인 관점에서 시험을 받을 수 있기 때문이다.

상징물에 대한 변화를 줄 경우에는 일시적인 이미지의 변화로 일시적인 효과는 기대할 수 있을 것이다. 그러나 이 효과를 밀고 나가야 할 내부적인 노출(홍보)전략이 없으면 비용만 발생시키고 끝나는 경우가 흔하다. 반대로 디자인에 대한 변화를 선택하기보다는 대외적인 활동과 노출에서 변화를 선택하고 상징이미지는 유지시키는 전략일 경우, 단기간에 문제가 해결되지는 않지만, 지속적인 활동으로 인해 진정성을 전달하고 소비자들을 긍정의 이미지로 돌아서게 할 수 있다. 지금까지 언급한 내용은 브랜드 전체의 관점에서 이야기한 것이며, 조형적인 면에서만 언급한다면 매우 시대적 주관성이 강조되어야 한다.

시각적인 상징물은 시대적 흐름을 고려하지 않을 수 없다. 점진적으로 진화시킬 것인가 급진적으로 변화시킬 것인가는 브랜드(기업)의 이미지를 결정하는 중요한 기준이 된다. 따라서 심벌(마크)도 시대적인 유행성을 같이 한다. 어떤 브랜드이미지를 대표하는 심벌(마크)는 100년 가까이 활용을 해도 질리지 않는 이미지가 있는 반면, 어떤 브랜드이미지는 1년이 채 지나기도 전에 흐름을 수용하지 못하는 상징이 있다. 여기도 소비자(고객)들이 인지하지 못하는 섬세한 변화로 시대에 발 맞춰 오는 각고의 관리가 있었다는 소비자와 제3의 관찰자들은 사실을 잘 모른다.

브랜드(기업)의 이미지에 관련된 사안이기 때문에 이때 고려해야 할 사항과 기준들이 있는데 가장 중요한 사항 중의 하나가 상징이미지에 대한 변화의 폭이며 전략이다. 언제 변화를 주어야 할 것인가, 타이밍을 잘 포착하는 것도 거시적인 관점에서 중요하게 다루어질 이미지전략에 해당된다.

Case I	↔	Case II
지속적인 이미지 관리로 상징에 대한 긍정심리		기존의 시각적 이미지에 부정적인 타격
브랜드(기업)에 대한 신뢰(충성도) 지속		브랜드(기업)에 대한 불신
쌓아온 전통적 시각이미지의 계승 필요		시각이미지의 전통성에 대한 의미 없음
도덕성의 관리로 긍정적 이미지		대·내외적 불미사로 도덕성에 흠집
시대적 변화의 대처 핵심을 내부요인으로 대처		시대적 변화의 대처 핵심을 외부요인으로 대처
보편적 성격의 조형 가능성 ↑		감각적 감성의 조형 가능성 ↑
시장 환경에서의 가치 유지 및 상승		시장 환경에서의 가치 폭락
인지된 시각적 특징을 지속시킨다.		인지된 시각적 이미지를 포기한다.
순연변이적		돌연변이적
Modification		Mutant, Substitute
↓		↓
점진적 진화		급진적 변화

[표 64] 상징이미지의 진 · 변화 요인과 의미

15.2 심벌(마크)의 진화와 변화의 사례

브랜드와 브랜드이미지의 형성과 함께 수많은 심벌(마크)들이 만들어지고 스러지고 다시 만들어지기를 반복한다. 이미지를 지킬 수 있는 것은 이미지 스스로가 할 수 없다. 사람과 활동이 만들어 내는 결과로서 지키고, 성장시켜 가는 것이다. 무수히 많은 심벌들 중 꿋꿋하게 우리 주변을 지켜온 몇몇 브랜드들을 골라 시간의 흐름과 변화를 확인해보고자 한다. 심벌의 탄생과 동기는 단순했다. 자신에 대한 정체성을 표현하는 것이었다. 문자 형식을 중심으로.

1880–1892

1890–1891

1886

1893–1901

1903

1903–1931

1985–1960s

2003

2007

2009~현재

[사례이미지 91] Coca-Cola / United States

세계최고의 가치로 평가받는 브랜드는 독점적 이미지의 코카콜라가 부동의 1위를 지키고 있다. 코카콜라에 함유된 성분의 미스테리한 탄생에서부터 다양한 긍정과 부정의 가십거리를 선사해주는 탄산음료 브랜드이다. 그러나 이제는 까만색 탄산음료만을 상징하는 것이 아니라 코카콜라 산하의 또 다른 많은 다국적 브랜드를 같이 거느리고 있는, 빅마마에서 관록의 모습까지 그랜마브랜드의 모습으로 자리하고 있다. 그래서 코카콜라를 상징하는 빨강색과 함께 상징로고의 역사도 알듯 모를듯 많은 변화의 과정을 통해 오늘의 모양을 갖추고 있다. 로고의 변화에서 소비자들은 잘 인식하지 못한다. 조금씩 변화의 폭이 좁게 섬세한 이미지 전략을 펼치며 진화시켜 오고 있다. 130년의 역사에서 느낄 수 있는 변화를 부분적으로 발췌하였다.

1906

1926

1938

1942~48

1937, 1950

1951–60

1961

1977~현재

[사례이미지 92] 3M / United States

1905년도 설립된 미네소타 광산회사*Minnesota Mining MFC CO.*로 설립된 3M은 브랜드(기업)명칭에서 오는 3개의 M자를 시각적 일관성을 핵심으로 문자적인 요소를 심벌(마크) 모티프의 이미지로 꾸준히 이끌어 오고 있다. 1977년 Siegel & Gale사에 의해서 개발된 두툼*bold*한 빨간색 2개의 헬베티카*helvetica* 문자를 살짝 붙여놓은 단순한 이미지가 인상적이다. 현재 심벌의 나이만 마흔이 넘었다.

1934

1935

1953

1956~현재

[사례이미지 93] Canon / Japan

1933년 일본의 정기광학연구소에서 개발한 초대 카메라의 시제품으로 콴논*KWANON*이라는 이름을 붙였다. 이후 1947년 회사명으로 승격하여 변경시켜 브랜드명과 회사명을 통일시켰다. 1953년부터 1956년에 이르는 로고 정리 작업을 통해 지금의 글로벌이미지로 자리 잡는데 초석을 만들었다. 콴논은 천수관음보살의 관음의 발음에 해당하는데, 영어 캐논의 발음과 의미에서 비슷함과 유사함을 배경으로 캐논이라는 브랜드로 진화하였다.

1971 1987 1992 2011~현재

[사례이미지 94] Starbucks / United States

시애틀의 한 바닷가 마을, 파이크 플레이스*Pike Place*의 커피샵에서 출발하여 40년 만에 글로벌브랜드로 성장하였다. 그리스 신화에서 등장하는 사이렌을 상징 모티프로 사용하였다. 초기의 형태는 구체적인 인어상의 그림 형식으로 출발하였으나 점차 단순하게 정리되는 형식으로 적용성이 강조된 깨끗한 조형으로 진화되었다. 가장 최근의 심벌은 사이렌을 둘러싼 스타벅스의 문자와 커피 표기의 문자, 별 모양의 그래픽들을 모두 제거하고 양식화된 사이렌 그림만을 상징이미지로 사용하고 있다.

1993 2002

[사례이미지 95] CJ / Korea Rep.

1993년 삼성그룹의 제일제당에서 제일제당그룹으로 분리 후 2002년 CJ그룹으로 명칭을 변경하여 산업전반에 걸친 다양한 분야에서 안정감을 바탕으로 무섭게 사세를 확장시켜오고 있다. 제일제당 명칭에서 오는 연상이미지의 한계성을 영문머리글자 C와 J를 추출하여 그룹의 대표명칭으로 바꾸었다. 당시 세계화 흐름의 추세와 국내 그룹사들의 일반적인 명칭변경 현상이 두 글자 이니셜*initial*로 전환하는 경향이 대세로 작용하는 시기였다. 이제 제당의 이미지는 사라지고 CJ의 거대 브랜드이미지로 변신하는데 성공하였다.

15.3 시각적 상징수단과 디자인트렌드

디자인의 개발과정을 거쳐 최종 결정되는 시각상징이미지에는 대체적으로 일반적 기준의 키워드들이 있다. 시공을 막론하고 비교적 변하지 않는 몇 가지 기본가치라 해도 무방하겠다. 항상 이러한 가치의 기준을 가지고 조형적 연구를 진행하며, 최종의 결정단계에서도 보편적 기준에 의한 가치 틀에 준하여 디자인을 최종적으로 결정하게 된다. 그러나 브랜드가 개발과정에서 가지는 특성상 특별한 기준의 키워드는 추가, 교체, 변경될 수 있다.

상징성의 결정에 대한 최종적인 확인은 회장;대표이사;사장;CEO 등의 해당 브랜드의 미래를 지휘하는 결정권자가 승인하는 것으로 마무리한다. 따라서 디자인의 과정에서 도출된 다양한 접근방향과 상징물은 책임자 또는 책임자집단이 정한다. 대체로 합리적인 플로우 속에서 진행된다. 그러나 브랜드의 전략과 개발의 과정에 있어 모든 환경에 적용되는 현실은 아니다. 세상은 사람이 주인공인 무대가 아닌가. 일반적으로 이 무대에는 주연배우들만 서는 것이 아니기 때문에 상당히 미묘한 기운이 흐르기도 한다. 상징을 결정할 수 있는 권력자와 권력층, 우리가 사는 별, 지구의 자연, 환경 속의 생태계, 생태계의 본능적 행동양식은 인간이 살아가는 세상원리와 상당히 닮아 있는 점을 발견하게 된다. 이때 디자인개발자는 컨설팅서비스의 객관적 역할을 담당하게 된다.

이 관점에서 트렌드를 이야기하고자 한다. 세상은 변한다고 한다. 묘하게도 변한 것을 확인할 수 있는 쉬운 방법은 걸어온 발자취를 거슬러 보면 변했다는 사실을 쉽게 인지할 수 있다. 특히, 시각적 스타일을 주도하는 분야에서는 더욱 두드러지게 나타난다. 바로 지금 이 지점에서 변화의 결정에 대한 선택을 해야 한다면 나아가야 할 방향이 어느 쪽인가에 대한 선택은 고민스럽지 않을 수 없다. 그래서 사회는 변화하지만 혼자 변화해야 하는 것이 아니다. 개발자인 디자이너들과 사용자인 의뢰인들의 생각과 시각적 기준이 같이 변해가야 변화할 수 있다. 그것도 긍정적인 방향으로 또는 발전적이고 소비적이지 않은 시도를 할 수 있는 방향으로. 문자로는 나열하기 힘든 시각적 변화 – 시각적 변화는 생각의 변화에서 오는 미묘한 뉘앙스의 차이로 나타난다. – 의 유형에는 너무 많은 다양함이 있기 때문에 앞 단의 사례들을 통하여 정리해본 것으로 대신하겠다.

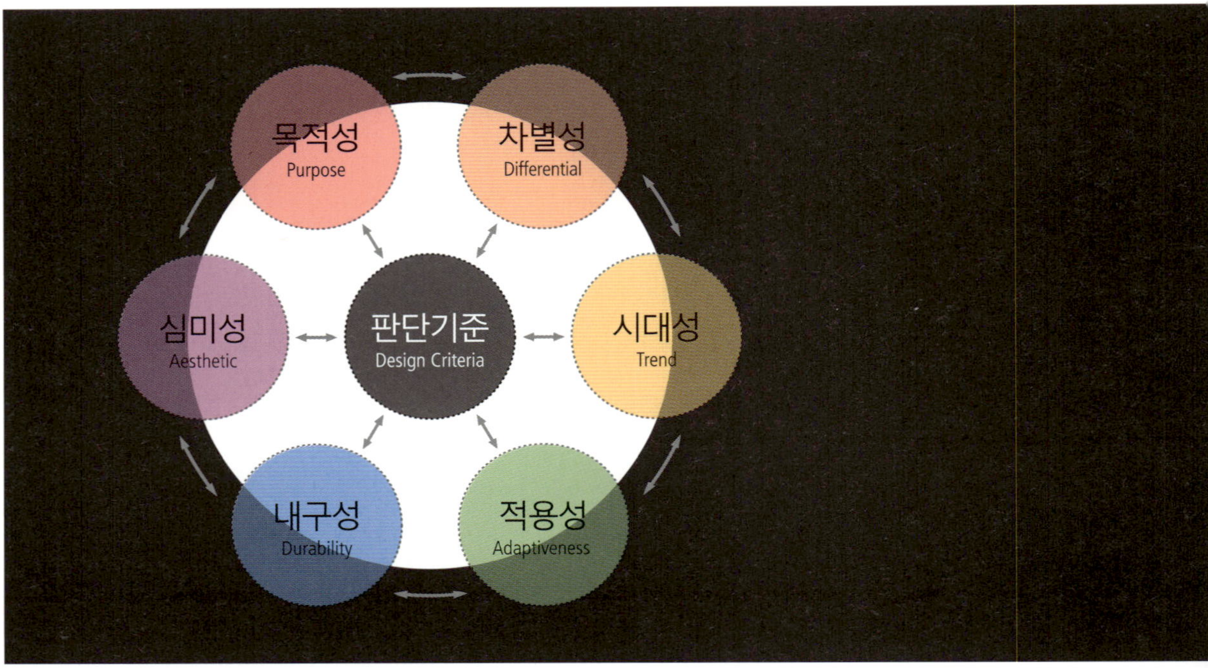

[표 65] 브랜드디자인 개발과 결정에 필요한 일반적 고려사항

브랜드디자인의 개발 작업을 수행하는데 필요한 스테디*steady*한 키워드를 모아보면 위와 같은 키워드들이 공통적이다. 모든 브랜드디자인의 상징이미지와 시스템에 속해야 하는 특성들로 이해할 수 있는 키워드들이다. 이는 디자인요구자와 디자인개발자가 사회적으로 나타나는 조형적 성격의 흐름과 변화폭에 대해 구체적인 사례를 통해서라도 상호 공감하고 있어야 하고 맞춰야 한다. 이러한 키워드에 해당하는 의미를 공감하고 이해하는데 차이를 줄이는 것이 개발과정에서 이루어져야 하는 것이 서로간의 임무이기도 하다. 브랜드 개발에 있어 꾸준한 키워드로 자리하는 몇 가지를 이해해보고자 한다.

+ 목적성 Purpose

브랜드가 가지는 특성의 형태에는 대체적으로 조형적 유형들이 존재한다. 음료에 어울리는 형태, 식품에 어울리는 문자체 등 요소를 분류해보면 유형의 경계를 발견할 수 있다. 이러한 유형의 범주 안에 놓이게 할 것인가, 유형 밖에 놓이게 할 것인가에 대한 전략을 설정해야 한다. 그러나 대체적으로 소비자들의 학습된 일반적 이미지를 바꾸는 것은 쉬운 일이 아니다. 그래서 조형적 형식;스타일을 바꾸는 결정은 쉽지 않다.

+ 차별성 Differential

다른 브랜드이미지와 형태적으로 달라야 한다. 목적성과는 다른 특정 유형 내에서 다름을 의미한다. 근소한 조형적 차이를 뜻하는데, 비슷한 경계를 넘어서 느낌이 다르게 개발되어야 한다. 유사함을 벗어나야 한다. 이 키워드는 브랜드의 홍보 전략과 함께 따르는 시장 활동의 영향을 받을 수 있다. 자본력과 맨파워 또는 열정의 백업이 강하면 인지도는 비례하여 상승할 수 있다.

+ 시대성 Trend

브랜드이미지에서 심벌(마크)는 유행을 잘 읽어야 한다. 변화시켜야 하는지 유지해야 하는지 변화시킨다면 얼마만큼 조정해야 하는지, 유지시킨다면 언제까지 유지시켜야 하는지 판단해야 할 영역이다. 이러한 요인을 일시적인 외부충격의 완충용 전략으로 활용하는 것은 바람직하지 않다. 비용의 경제적 측면에서 표정관리의 신뢰도 측면에서 긍정적으로 작용하지 않을 경우가 많다. 외부충격에 대한 해결의 실마리는 내부의 변화의지를 대외적으로 표출시키는 진정성 표출 방안이 장기적인 브랜드신뢰의 전략이라 판단한다. 설사 전략적 진실성으로 전달되더라도 상징을 바꾸는 방법과 시기는 잘 판단해 볼 문제다.

+ 적용성 Adaptiveness

심벌(마크)를 노출시키는 매체;미디어는 매우 다양하다. 과학기술의 발전과 함께 노출방법도 새롭게 등장하기도 한다. 전통적인 매체와 첨단의 기술적인 매체는 항상 공존할 수밖에 없다. 일상의 환경에서 다소 소멸되는 매체도 있지만 기본적인 속성의 매체는 사람이 가상공간 속에서만 살지 않는 한 어떤 형식의 양적으로든 존재할 것이다. 이러한 두 가지 환경 – 오프라인, 온라인 – 에 적용하기 수월한 표현양식이어야 한다. 비용과 에너지가 많이 드는 결과물은 시각적 일관성을 고려하여 적절한 양식으로 전환할 수 있는 기능의 특징이 있어야 한다.

+ 내구성 Durability

내구성은 얼마나 튼튼하게 만들어졌는가를 말하는 것이다. 시대성과 비슷하게 이해될 수도 있으나 시대성은 현재의 기준으로 바라본 관점이라면, 내구성은 현재부터 불특정 장기적인 미래시점까지 사용할 수 있을 것인가에 대한 질문이다. 내구성은 오랫동안 쓸 수 있는 성질의 표현이므로 견고함과 단단함의 감성으로 판단해야 한다. 시대성만 강조하다 보면 이미지의 수명이 길지 않을 수 있다. 이미지의 관리와 전략에 영향을 줄 수 있으며 이는 경제적 여건과 연동되는 성격이다. 수명이 짧은 물건이면 곧 다시 바꿔줘야 되기 때문이다. 상징을 바꾸는 사안은 결코 쉬운 문제가 아니다. 쌓이기도 전에 버리는 경우가 많이 있다.

+ 심미성 Aesthetics

이 키워드를 가장 후미에 위치시킨 이유는 중요한 의미를 가지고 있어서이기도 하지만, 앞선 키워드들이 우선된 아름다움이어야 한다는 의미도 포함된다. 심미성의 척도는 수치적으로 정량화 일반화 시킬 수 없는 성격으로 매우 주관적이다. 개인의 주관성, 집단의 주관성이 있으며 존중하고 존중 받아야 한다. 그러나 주관성에만 초점을 맞춘 개발은 권장할 만한 방향은 아니다. 큰 틀에서는 심미적인 학습을 통해서 적절한 아름다움의 시야를 넓히고 이해시키는 것도 디자인 컨설팅의 임무이며 학습을 통한 아름다움을 받아들일 줄 아는 수용력도 요구자의 덕목에 해당한다.

그 밖에도 개발배경에 따라 컨셉트의 설정에 따라 다양한 기준으로 변화를 줄 수 있다. 전통성, 전문성, 친근성, 구체성, 개혁성 등 상황에 맞는 적절한 키워드로 교체, 수정, 보완시킬 수 있는 개념의 표현들이다. 어떠한 성격을 가진 디자인개발 프로젝트인지는 면밀한 관찰과 밀도 높은 분석을 통하면 구분해낼 수 있다. 이 과정의 결과와 사실은 디자인요구자와 개발자가 공감하고 있어야 하는 중요한 의미의 내용들이다. 방향성에 대한 공감도 중요하지만 디자이너가 아닌 요구자가 그림(상징)을 이해하는데 개발자의 설명과 함께 맞춰봐야 할 상호간의 기준이기 때문이다.

15.4 스마트소비자와 소통방법으로써의 브랜드디자인

현대의 소비자;사용자는 과거의 소비자와는 많이 다르다. 평범하기 그지없던 지은이의 인식이 변화한 사실만으로도 증명될 수 있기 때문이다. 브랜드를 인지하지 못하던 시기에서 브랜드의 등장과 개념과 가치를 이해한다. 심지어 숨은 전략에 대한 의도까지 탐색할 줄 아는 상황으로 변했기 때문이다. 어지간한 브랜드디자인 전공자가 아닌 일반인도 특정 브랜드에 대한 포괄적 인상과 변화에 대해서 귀신같이 알아차린다. 그래서 소비자와 공급자는 팽팽한 심리적 줄다리기까지 벌인다.

내가 곧 소비자이자 생산자이므로 효율적인 관리를 통해 합리적이고 목적적인 행동을 가치 우선적으로 결정한다. 유익하고 공익적이고 평등하게 정보를 유통시키는 가치를 배운다. 정보의 힘이고, 교육의 힘이다. 정보는 상징 속에 탑재되어 운반된다. 따라서 얄팍한 편법과 가벼운 기술의 가치는 귀신같이 구별하여 배척하고 심지어 브랜드는 매도당하기까지 할 수 있다. 왜냐하면 나를 위해서가 아니라 우리를 위해서 기준하기 때문이다. 나만을 위해서 기준하면 내가 더 위험해질 수 있다는 사실을 잘 알기 때문이다.

이제는 그저 유명상표, 유명브랜드, 유명디자인에 대한 소비자의 인식까지 변화되어 가고 있다. 동시에 양극화 현상으로도 나타난다. 그러나 생활의 가치에 대한 축이 허례와 허식의 의미에서 실용과 실질의 가치인 합리로 변화하고 있다. 통신수단, 좀 더 시대에 적절한 표현을 빌린다면 정보전달수단의 발전으로 인해 무한정보의 바다에서 무차별적으로 브랜드에 대한 메시지들을 접하게 되지만, 오늘날의 소비자들에게서 일회성 광고홍보, 일회성 이벤트, 저급한 물량공세의 이미지전략에 의한 직관적 반응은 사라질 것이다.

영리한 소비자가 되려면 많은 정보에 혼돈하지 말아야 하고 직관적 반응을 줄여야 한다. 그래서 브랜드는 소비자들이 헷갈리지 않게끔 정직한 정보를 제공해야 한다. 그만큼 소비자들과 생산자들이 영리해지기 때문에 관계도 투명해져야 한다. 도덕적 가치가 브랜드에 실리는 이유가 되기 때문이다.

온라인과 같은 환경의 각종 **SNS**매체를 통해서 보다 질박한 상품(제품)이 무엇인지, 보다 착한 가격이 어디에 있는지 실시간으로 확인할 수 있고, 찾아갈 수 있는 진정한 환경, 우리를 위한 브랜드가 어느 것인지 구별하는 소비자가 현재의 소비자이다. 앞으로는 더욱 영리한 수퍼스마트*super smart* 소비자도 확산될 것이다. 수퍼스마트는 스스로 진화하는 것은 물론 능동적인 소통을 통해서 주변을 변화시키는 특성까지 포함할 것이다.

단순하고 감성적인 이미지홍보에 의한 구매호소 또는 소비패턴은 그들에게 구태의연한 재미없는 이야기가 될 것이다. 브랜드가 이 사실을 안다면 시·청각적 직관적 요소들에 호소하기 보다는 브랜드가 가지고 있는 실체적인 내용을 외부로 실어 나르는 진정성과 방법에 힘을 쏟아야 할 것이다. 진정성은 수치적으로 표현할 수 있는 정량적인 개념이 아니기 때문에 감동이라는 말로 대신하곤 한다. 각 시대에 어울리는 신파가 있었듯이 지금 이 시대에 어울리는 신파여야 한다.

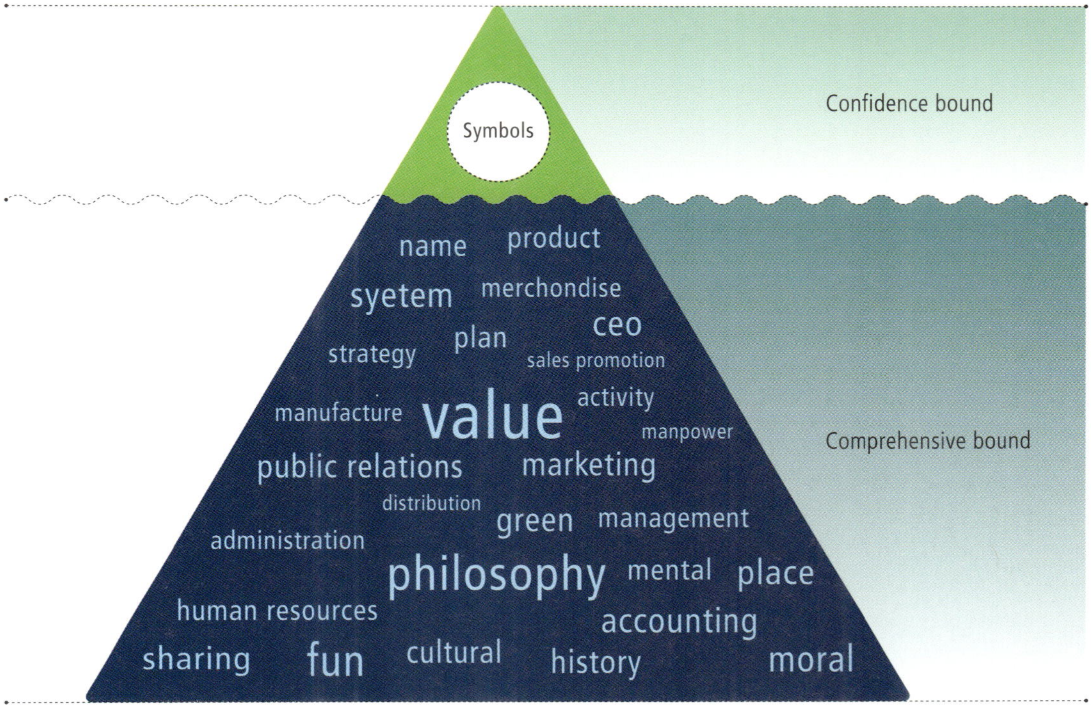

[표 66] 브랜드 빙산 Brand Iceberg

첫째, 브랜드가 우리와 환경과 관계에 대해 고민하고 있는가에 대한 진정한 자세를 보이는 것. 환경은 곧 우리라는 생각. 우리는 공동체적 공익적 이해를 할 수 있다는 점. 둘째, 전략적 심사와 숙고에 의한 상품(제품)이 환경에게 유익한가를 보여줄 수 있다는 생각. 환경에 유익한 것은 인간에게 유익한 것이라는 관계성을 설명할 수 있기 때문이다. 단순히 생산 재료만이 친환경적인 이유가 아니라 상품(제품)에 대한 생산동기에서부터 설명 가능한 관점이 있어야 한다.

브랜드와 디자인으로 표현하는 사실성은 앞서 말한 두 가지 의미를 실천하는 이미지를 가져야 한다. 시각상징물의 조형성의 결정과 사용에 있어서 신중한 판단력의 기준이 되어야 한다. 이미지전달을 어떻게 해야 할 것인가에 대해 고민해야 한다. 무조건적으로 매체에 노출만 시키면 진정성이 전달되고 글로벌브랜드나 명품브랜드의 반열에 올라설 수 있는지는 장담할 수 없다. 시간과 정성이 필요한 것이다. 자본만 있으면 해결되는 그러한 방식도 지나가야 한다. 진정성이란, 사랑이란 의미를 심장으로 전달하는 것이 아닌 마음으로 전달하는 기능의 키워드이다. 그래야만 브랜드는 성공한다. 철학(개념)이 없는 상업자본주의로서의 브랜드가치는 소비자들로부터 외면당할 것임에 틀림없다. 브랜드는 신파여야 한다. 디자인은 신파의 간판이 된다.

[참고이미지 93]
EBS / Korea Rep.

그 철학은 인간중심의 가치보다도 환경(공동체)중심의 가치를 생각하는 모습이 보여야 할 것이다. 환경(공동체)중심의 가치는 곧, 인간중심의 가치로 전환된다. 글과 그림뿐이 아닌 행동과 정서로 전달해야 한다. 하나의 심벌마크나 로고이미지인 그래픽디자인이 실행해 줄 수는 없다. 브랜드가 사고思考해야 하고 소속된 사람들이 행동해야 하고, 그러기 위해서 유익한 생각으로 전환해야 한다는 전제가 있는 쉽지 않은 브랜드의 미션인 것이다.

소비자와 생산자, 생산자와 소비자, 생산자와 생산자, 소비자와 소비자는 소통하는 구조를 이뤄나가야 한다. 현대의 소비자;수요자;구매자는 똑똑하다. 더 이상 예전의 고객이 아니다. 이윤과 속도만 밝히는 브랜드를 잘 가려낸다. 그러한 브랜드에 위에 놓인 상징이미지는 곧 인식에서 사라질 것이다. 자기관리에 소홀한 브랜드와 나태한 브랜드는 소멸한다. 상징과 이미지는 지워진다. 자연선택에 의해서 멀어질 것이다. 소비자들은 브랜드의 진화를 관찰한다.

그래서 현대의 소비자는 주관적의 맹목적인 소비자가 되어서는 안 된다. 예측 가능한 소비자가 되어야 한다. 브랜드를 제대로 인지하고 의식한다면 최소한의 지켜야 할 소비자의 권리와 의무가 뒤따른다. 그래야만 우리 모두가 살고 우리의 별이 편안해지고 지속가능한 행복선순환 구조가 펼쳐질 것이다.

똑똑한 브랜드와 영리한 브랜드가 만나면 협력과 배려를 통한 상생을 모색한다. 선진화된 구조의 모델을 제시한다. 사바나의 야생적 본능의 실천이 브랜드의 로망이 아니라면 서로 협력과 상생의 도모만이 지속가능을 유지하게 할 수 있다.

브랜드	⇔	벌크
Brand		Bulk

[표 67] 브랜드의 상대개념

우리가 물건을 구매하는 시장과 시장 환경에서는 상품이 브랜드로만 존재하는 것은 아니다. 브랜드의 기능으로 포장되어 있지 않은 충분히 질박한 상품들도 많이 있다. 잘 알지 못하는 것뿐이다. 최고의 브랜드는 자기 얼굴의 노출에 연연하지 않으며 자신의 상품가치를 잃지 않고 묵묵히 정진하는 브랜드일 것이다. 소비자들은 경험으로 알 수 있다. 우리가 알아야하는 가치는 우리 주변에 있다. 그리고 관심을 가지고 사랑해야 한다. 그래야 우리를 지키고 나를 지속시킬 수 있다. 브랜드와 브랜드디자인은 상업자본주의의 꽃이자 상징이라 해도 과언이 아니다.

▶신파 新派
① 1910년대부터 1940년대까지 우리나라에서 유행했던 연극 형태
② 자연주의적 · 형식주의적 연극을 이르는 말
③ 같은 말 : 신파극 新派劇

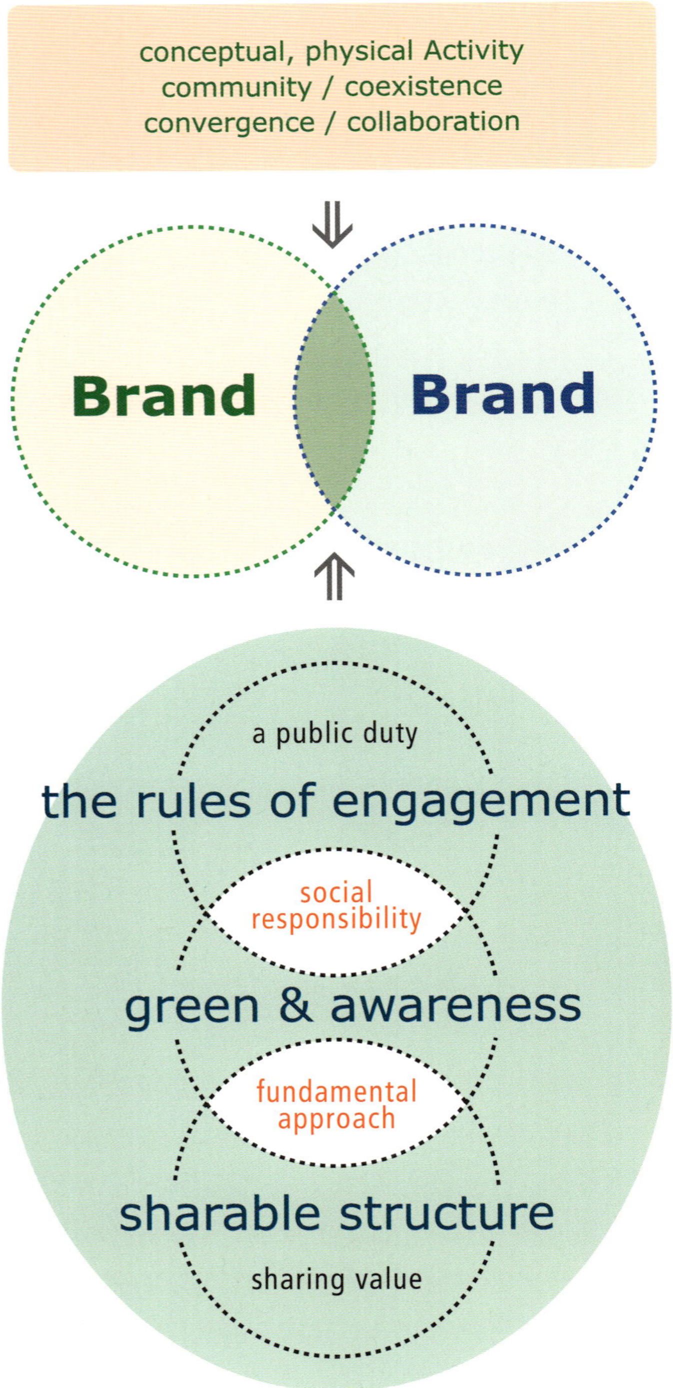

[표 68] 브랜드의 충돌과 스마트소비자와 스마트브랜드의 사회적 책무 – 지혜의 상징, 아테나의 올빼미

▶The Green Marketing Mix - The four C's : Belz and Peattie
The four C's (customer solutions, customer cost, communication and convenience) are taking the point of view of the customer (not the producer).
그린마케팅믹스는 생산자의 관점이 아닌 소비자의 관점에서 가져가야 한다.

① Customer solutions 소비자 해결책
These solutions go beyond selling physical products and present solutions to customer's problems. They imply knowing customers and their needs well and offering products and services that satisfy customer needs and that take into account social as well as environmental aspects.
이 해결책들은 물리적인 제품을 판매하는 것을 넘어서서 소비자 문제 해결을 제시하는 것이다. 생산자들은 소비자들에 대해서 소비자들의 니즈에 대해서, 소비자의 니즈에 만족스러운 상품과 서비스를 제공하는지, 환경적 측면에 대하여 사회적 계산으로 산출되었는지 은근히 많이 알고 싶어 한다.

② Customer Cost 소비자 가격
Customer Cost does not only include the financial price a buyer has to pay for a product or a service, it also considers the psychological, social and environmental costs of obtaining, using and disposing of a product.
소비자 가격은 구매자가 제품이나 서비스를 위해 지불하는 최종적인 가격뿐만 아니라 제품의 사용과 배치와 획득의 정신적, 사회적, 환경적 비용을 반영하는 것이다.

③ Communication 소통
'Green' communication goes beyond promotion, which is a form of persuasion and a one-way communication from seller to buyer. Communication is a process of interactive dialogue within which it is essential to build trust and credibility.
녹색 소통은 판매자의 일방적 설득의 형식인 판촉활동을 넘어서는 것이며, 소통은 믿음과 신뢰를 형성하기 위한 필수적인 상호적인 대화를 말한다.

④ Convenience 편의
Means that customers want to use products and services that meet their needs and that are easy and convenient to access and use.
The level of greening-strategic, quasi-strategic, or tactical dictates exactly what activities should be under-taken by a company. Strategic greening in one area may or may not be leveraged effectively in others. A firm could make substantial changes in production processes but opt not to leverage them by positioning itself as an environmental leader. So although strategic greening is not necessarily strategically integrated into all marketing activities, it is nevertheless strategic in the product area.
편의는 소비자들이 소비자들의 욕구의 접점에 있는 제품을 사용하고 서비스 받기를 원하는 것을 의미하고 접근과 사용에 있어 편리하고 쉬운 것을 의미한다.
녹색 전략, 준전략, 또는 전술의 단계는 정확하게 설명된다. 녹색 활동은 경영의 이전단계에서 이루어져야 하며, 전략적 녹색활동은 어떤 지역에서만 효과적으로 나타나고 다른 지역에는 효과적으로 나타나지 않는 것이 아니다. 어떤 회사는 생산과정 상의 지속적인 변화를 만들어 갈수 있지만 환경적 리더로서의 영향력 있는 지위를 선택하지 않았다. 그래서 전략적 녹색 활동, 그것은 생산영역에서 전략적이기는 하지만 모든 마케팅 활동에 전략적으로 통합될 필요는 아니다.

* 위키피디아 발췌

맺음말 Epilogue

어릴 적 막연한 동경과 설렘으로 시작한 미술, 그리고 디자인.그때는 디자인이 이러한 것이었는지는 상상도 못했을 텐데. 녹록하지 않은 분야인데 겁도 없이 덤볐다. 용감했다. 무식했다. 하지만 이제는 조금 알겠다. 브랜드와 디자인이라는 세계를…

지금까지 경험한 디자인과 브랜드와 관련된 사연들과 프로젝트의 세계. 이제는 조금 알 것 같은 사실의 조각들을 모으고 연결하고 정리해 보고 싶었다. 그동안 알 듯 모를 듯 궁금하고 겸연쩍었던 경험적 사실들에 대한 각 관계들의 접점을 이해하고 논리적으로 연결시켜보고자 하였다. 브랜드와 디자인, 아이덴티티디자인, 브랜드디자인에 대한 정의에 깃발을 꽂고 싶은 욕망이 있었다. 브랜드디자인은 이런 것이라고.

브랜드디자인의 포괄적인 의미와 역할, 담론적 접근, 무리수, 연결, 개념적 추론, 디자인의 사회적 책무 등을 이야기하고 싶었다. 그래서 현재 우리가 일반적으로 인식하고 호칭하고 있는 브랜드라는 사실과 전문영역에서 칭하는 아이덴티티디자인(CI/BI)과의 관계를 연결시켜 봄으로써 아이덴티티디자인을 브랜드디자인으로 확장하고 치환시켜 보고자 시도하였다. 각 연결의 논리 접점에는 많은 세부적인 현상들의 관찰이 필요하며 부족한 부분에 대해서는 많은 조언과 연구로 보강해 나갈 예정이다.

원래의 의도는 Brand Design on Ecology로 제목을 설정했었으나 있는 그대로 Brand Design으로 표기하였다. 저작권에 대한 고민과 수많은 에피소드 등의 사례로 제시한 자료 이외에도 추가하고 싶은 브랜드 이미지의 디자인이 너무 많이 있으나 채 싣지 못한 점도 아쉽다. 다음 기회에...

Brand Design, Brand Design Bible, Black Book, B-Book, 세상의 모든 물질을 끌어들여 압축하고 재생산하는 블랙홀, 확인되지 않은 암흑물질 Dark Energy, 브랜드디자인이라는 개념으로 압축하고 비교하여 인정받기를 희망한다.

이 책을 구성하는 동안의 고민, 급하게라기보다 떠오르지 않는 기획력과 게으름의 결과이므로, 내용으로 소개한 그 분들이 쌓아 올린 이미지에 누가 되지 않았으면 좋겠다는 바램도 함께 고백한다. 막연했던 생각이 우연한 변화의 기회로 다가와 다행이다. 이러한 기회와 운명을 주신 그 분께 감사의 마음도 전하고 싶다. 그리고 다시 시작해야 한다. 새로운 세계로의 여행을. 나는 여행을 좋아한다.

저자 **이 호 준**

표, 사례, 자료, 참고이미지 Matrix, Image Index

[표 01] 인간과 브랜드환경의 재이해와 인식의 확장
[표 02] 디자인의 환경적 관점에 대한 이동
[표 03] 디자인의 표현개념과 기술적 공존
[표 04] 디자인과 생태계의 다면적 이해와 관계
[표 05] 브랜드와 디자인(개발) 가치 축의 이동과 역할
[표 06] 기업(회사)과 브랜드의 일반적 개념과 이동
[표 07] 브랜드 접점의 확장과 사례브랜드의 주관적 연상
[표 08] 음료와 주류브랜드에 사용되는 문자의 일반적 시각이미지의 특성
[표 09] 브랜드의 개발과정과 흐름
[표 10] 샤넬CHANEL 브랜드영역의 확장
[표 11] 브랜드와 이미지와 디자인에 대한 속성과 아이덴티티와의 관계
[표 12] 브랜드이미지의 인지관계와 3요소
[표 13] 상품(제품) 개념에 대한 인식과 구분
[표 14] 브랜드이미지 인식의 형성과 다면적 구조
[표 15] 브랜드와 디자인의 기능적 역할과 의미
[표 16] 브랜드와 브랜드디자인의 관계와 이해
[표 17] 브랜드디자인과 아이덴티티디자인의 관계
[표 18] 브랜드와 아이덴티티디자인의 관계와 개념적 연결성
[표 19] 아이덴티티(디자인)의 2가지 해석과 이해
[표 20] 아이덴티티 개념의 체계와 디지털 환경의 생성으로 인한 아이덴티티의 요소의 변화 관계
[표 21] 시각 아이덴티티를 중심으로 하는 브랜드(기업)의 작용과 소비자 접촉
[표 22] 브랜드(기업)이미지와 시각상징체계의 노출과 소비자와의 인지접점
[표 23] 마케팅믹스4P와 브랜드의 관계
[표 24] 아이덴티티디자인의 개발내용과 단계
[표 25] 시각적 이미지체계에 대한 표현의 발전
[표 26] 아이덴티티디자인의 축약형 표현의 유형과 의미의 유연성
[표 27] 아이덴티티디자인의 조형별 유형의 분류제안
[표 28] 브랜드디자인 개발의 관계와 과정
[표 29] 브랜드디자인개발에 따른 업무흐름의 요약
[표 30] 브랜드디자인의 개발과 단계별 의미
[표 31] 브랜드디자인개발에 따른 단계별 결과물과 업무필요능력
[표 32] 자료의 조사와 형식과 방법과 특징
[표 33] 컨셉트의 설정에 따르는 집중과 확산의 이해
[표 34] 연상에 대한 다양함과 컨셉트 도출의 흐름과 이해
[표 35] 브랜드이미지의 개발과 컨셉트 설정의 동기변수
[표 36] 창의적 문제해결 프로세스의 흐름
[표 37] 개념적 시각적 아이디어 도출 방법의 한 사례
[표 38] 표현기준에 대한 좌우대칭적 개념설정의 예시
[표 39] 상징이미지의 연상과 발상에 필요한 요소(개념)간의 결합요령 사례
[표 40] 표현기준에 대한 상하대칭적 개념설정의 예시
[표 41] 아이디어스케치 단계의 의미와 과정
[표 42] 브랜드와 디자인과 베이직시스템의 관계
[표 43] 브랜드디자인과 기본체계의 구성과 의미
[표 44] 시그니처 형성조건의 일반적 구조론
[표 45] 사례이미지에 대한 컬러설정의 추출과 정리
[표 46] 브랜드디자인과 어플리케이션시스템의 관계
[표 47] 브랜드디자인과 응용체계의 구성
[표 48] 매뉴얼의 구성과 관련 환경
[표 49] 재활용 심벌마크의 표시체계와 기능
[표 50] 디자인과 색상 표현의 매체
[표 51] 소쉬르Saussure의 기호의 개념(1984)
[표 52] 바르트의 기호연쇄와 브랜드 상징기능과의 연결
[표 53] 상징기능의 표현구분과 의미
[표 54] 지식재산권과 상표권의 이해
[표 55] 브랜드네이밍(상표) 개발 흐름과 전후관계
[표 56] 브랜드와 등록상표의 차이
[표 57] (R)표시와 TM표시 의미와 기능
[표 58] 저작권의 보호와 개방(공유)
[표 59] 영문상호 표기의 사례와 약칭의 의미

[표 60] 스토리의 생성과 소비자의 인지관계
[표 61] 스토리의 생성과 소비자와의 관계
[표 62] 브랜드와 스토리의 구성 단계와 역할
[표 63] 브랜드 인식의 단계와 이야기의 확장
[표 64] 상징이미지의 진 · 변화 요인과 의미
[표 65] 브랜드디자인 개발과 결정에 필요한 일반적 고려사항
[표 66] 브랜드 빙산 Brand Iceberg
[표 67] 브랜드의 상대개념
[표 68] 브랜드의 충돌과 스마트소비자와 스마트브랜드의 사회적 책무 - 지혜의 상징, 아테나의 올빼미
[참고이미지 01] nike / USA
[참고이미지 02] adidas / Germany
[참고이미지 03] National Geographic Channel / USA
[참고이미지 04] Discovery Channel / USA
[참고이미지 05] History Channel / USA
[참고이미지 06] BBC Knowledge Channel / England
[참고이미지 07] Interbrand / England
[참고이미지 08] SAMSUNG / Korea Rep.
[참고이미지 09] HYUNDAI Motors / Korea Rep.
[참고이미지 10] KIA Motors / Korea Rep.
[참고이미지 11] Les Miserables / USA
[참고이미지 12] ADOBE / USA
[참고이미지 13] Disney / USA
[참고이미지 14] Jurassic Park / USA
[참고이미지 15] CHIVAS REGAL / USA
[참고이미지 16] Gatorade / USA
[참고이미지 17] CHANEL, Gabrielle Chanel, 1925 / France
[참고이미지 18] intel / USA
[참고이미지 19] SK / Korea Rep.
[참고이미지 20] NAVER / Korea Rep.
[참고이미지 21] 구 우신전자, 신 PASECO / Korea Rep.
[참고이미지 22] CHASE MANHATTAN BANK, NBC, AT&T / USA
[참고이미지 23] 코카콜라 컴퍼니 소속의 브랜드 중에서
[참고이미지 24] KENWOOD / Japan
[참고이미지 25] HITEJINRO / Korea Rep.
[참고이미지 26] Grammy Awards / USA
[참고이미지 27] Billboard / USA
[참고이미지 28] Unilever / USA
[참고이미지 29] Knorr / USA
[참고이미지 30] 새로운 마이크로소프트社의 상징이미지 구조
[참고이미지 31] 삼풍백화점 / Korea Rep.
[참고이미지 32] BARCLAYS PL Emblem / England
[참고이미지 33] ING(Internationale Nederlanden Groep) Life Insurance / Netherlands
[참고이미지 34] googol : 구골 : 10의 100승 또는 1에 영(0)이 100개 붙은 수
[참고이미지 35] FFF / France
[참고이미지 36] 부산어묵 / Korea Rep.
[참고이미지 37] 가온전선, LS그룹 / Korea Rep.
[참고이미지 38] Pantone / USA
[참고이미지 39] Android, Google / USA
[참고이미지 40] KFC / USA
[참고이미지 41] McDonald's / USA
[참고이미지 42] NHN ; Next Human Network / Korea Rep.
[참고이미지 43] Designext Partnerships Inc. / Korea Rep.
[참고이미지 44] The Coffee Bean & Tea Leaf / USA
[참고이미지 45] TIFFANY & CO. 1837 / USA
[참고이미지 46] new Y, 연합뉴스, YTN / Korea Rep.
[참고이미지 47] Fedex / USA
[참고이미지 48] 하나은행 / Korea Rep.
[참고이미지 49] NASA / USA
[참고이미지 50] KLM / Netherlands
[참고이미지 51] Lufthansa / Germany
[참고이미지 52] Asiana / Korea Rep.

[참고이미지 53] eurostar / France, England, Belgium
[참고이미지 54] British Rail / England
[참고이미지 55] AMTRAK / USA
[참고이미지 56] 1박2일, KBS / Korea Rep.
[참고이미지 57] 디자인파크 / Korea Rep.
[참고이미지 58] 손디자인 / Korea Rep.
[참고이미지 59] 유한킴벌리 / Korea Rep. USA
[참고이미지 60] 재생종이로 만든 책 / Korea Rep.
[참고이미지 61] SOYINK / USA
[참고이미지 62] IKEA / Sweden
[참고이미지 63] FSC ; Forest Stewardship Council / 1993 / Non-Profit International Organization
[참고이미지 64] Corona / Mexico
[참고이미지 65] Heineken / Netherlands
[참고이미지 66] Campbell's Soup / USA
[참고이미지 67] Budweiser Beer / USA
[참고이미지 68] 오공본드 / Korea Rep.
[참고이미지 69] Valchromat / Portugal
[참고이미지 70] BASF / Germany
[참고이미지 71] BIOFA / Germany
[참고이미지 72] AURO / Germany
[참고이미지 73] 풀무원 / Korea Rep.
[참고이미지 74] 오뚜기 / Korea Rep.
[참고이미지 75] 수메르의 블라우Blau 유물, BC3,000년경, 그림과 문자를 혼합한 부조기법의 최고 역사
[참고이미지 76] Rolls-Royce / England
[참고이미지 77] 유네스코 디자인 창의도시 서울 / Korea Rep.
[참고이미지 78] KAMP New York / USA
[참고이미지 79] doopedia / Korea Rep.
[참고이미지 80] 등록상표, 일반상표, 저작권, 조형적 제안
[참고이미지 81] ORION / Korea Rep.
[참고이미지 82] LOTTE / Korea Rep.
[참고이미지 83] CROWN / Korea Rep.
[참고이미지 84] GE ; General Electric / USA
[참고이미지 85] GS / Korea Rep.
[참고이미지 86] I'm a good Downloader / Korea Rep.
[참고이미지 87] Harry Porter / England
[참고이미지 88] Transformer / USA
[참고이미지 89] Pictogram / International Standard
[참고이미지 90] Apple / USA
[참고이미지 91] NHN / Korea Rep.
[참고이미지 92] ABSOLUT / Sweden
[참고이미지 93] EBS / Korea Rep.

[참고자료 01] 세계 100대 브랜드의 국가별 대륙별 구분
[참고자료 02] 2012 Ranking of the Top 100 Brands
[참고자료 03] Symbol vs. Logo
[참고자료 04] Copyright © NHN Corp. All Rights Reserved.

[사례이미지 01] amazon.com / USA
[사례이미지 02] 신세계 / Korea Rep.
[사례이미지 03] I♥NY / New York City / USA
[사례이미지 04] I amsterdam / Amsterdam City / Netherlands
[사례이미지 05] Hi Seoul / Seoul City / Korea Rep.
[사례이미지 06] 우리강산 푸르게 푸르게 / 유한양행 / Korea Rep.

[사례이미지 07] CND ; Campaign Nuclear Disarmament / England
[사례이미지 08] Coca-Cola Company / USA
[사례이미지 09] The HITE / Korea Rep.
[사례이미지 10] 대한민국 법무부 출입국 · 외국인 정책본부 KIS, Korea Immigration Service / Korea Rep.
[사례이미지 11] 미국연방수사국 FBI, Federal Bureau of Investigation / USA
[사례이미지 12] 2002 한일월드컵 / Korea Rep.
[사례이미지 13] 2012 런던올림픽 / UK
[사례이미지 14] 2012 여수세계박람회 / Korea Rep.
[사례이미지 15] HARVARD University / USA
[사례이미지 16] MIT : MASACHUSETTS Institute of Technology / USA
[사례이미지 17] 서울시립대학교 / Korea Rep.
[사례이미지 18] 국민대학교 / Korea Rep.
[사례이미지 19] 아산병원 / Korea Rep.
[사례이미지 20] The Brooklyn hospital Center / USA
[사례이미지 21] 의료서비스전문브랜드 知&美 / Korea Rep.
[사례이미지 22] Mark Rose, Designer, Photographer / USA
[사례이미지 23] Rihanna ; Robyn Rihanna Fenty, Singer / USA
[사례이미지 24] velib'/ France
[사례이미지 25] airbnb / USA
[사례이미지 26] Main Pages of Web Site Brands / BBC News, REUTERS, CNN, ABC News, FOW Newss
[사례이미지 27] www.knorr.com / USA
[사례이미지 28] AUDI / Germany
[사례이미지 29] MITSUBISHI / Japan
[사례이미지 30] 현대 HYUNDAI / Korea Rep.
[사례이미지 31] EPL / England
[사례이미지 32] Prudential Financial / USA
[사례이미지 33] 놀부 / Korea Rep.
[사례이미지 34] Laughing Cow / France
[사례이미지 35] IBM / USA
[사례이미지 36] P&G / USA
[사례이미지 37] H&M / Sweden
[사례이미지 38] KT / Korea Rep.
[사례이미지 39] Google / USA
[사례이미지 40] Salvatore Ferragamo / Italy
[사례이미지 41] KODAK / USA
[사례이미지 42] SIEMENS / Germany
[사례이미지 43] Manchester United FC / England
[사례이미지 44] 서울대학교 / Korea Rep.
[사례이미지 45] United States Military Academy West Point / USA
[사례이미지 46] KFA 대한축구협회 / Korea Rep.
[사례이미지 47] BMW / Germany
[사례이미지 48] SAMSUNG / Korea Rep.
[사례이미지 49] LG / Korea Rep.
[사례이미지 50] THE NORTH FACE / USA
[사례이미지 51] 마인드맵을 이용한 스마트폰 중독에 대한 관찰 (학생作)
[사례이미지 52] 자신의 소개를 위한 마인드맵 (학생作)
[사례이미지 53] 가온전선 브랜드이미지 개발과 섬네일스케치, Rough Draft
[사례이미지 54] 브랜드디자인 진행을 위한 스케치의 학습장면
[사례이미지 55] 포털사이트브랜드 NAVER를 포함하는 상위브랜드 NHN의 새로운 CI이미지 디테일 드레프트 과정
[사례이미지 56] 포털사이트브랜드 NAVER를 포함하는 상위브랜드 NHN의 새로운 CI이미지 스크리닝 과정
[사례이미지 57] KIS 대한민국 출입국 · 외국인정책본부의 심벌마크(상징이미지)
[사례이미지 58] KIS 대한민국 출입국 · 외국인정책본부의 국문로고타입 표현체계
[사례이미지 59] KIS 대한민국 출입국 · 외국인정책본부의 영문로고타입 표현체계
[사례이미지 60] KIS 대한민국 출입국 · 외국인정책본부의 시그니처 체계
[사례이미지 61] KIS 대한민국 출입국 · 외국인정책본부의 색상체계
[사례이미지 62] KIS 대한민국 출입국 · 외국인정책본부의 그래픽모티프(패턴/캐릭터)
[사례이미지 63] 2013년 현재 우리나라 프로야구 구단들의 마스코트 / Korea Rep.
[사례이미지 64] 두산베어스 프로야구단 마스코트 활용을 위한 그래픽 전개
[사례이미지 65] KFC, Handerson / USA
[사례이미지 66] Bibendum, Michelin / France
[사례이미지 67] KIS 명함 및 서식체계 중 국 · 영문 명함, NHN의 국 · 영문 명함 그래픽

[사례이미지 68] KIS 명함 및 서식체계 중 소봉투, NHN의 소봉투 시뮬레이션 그래픽
[사례이미지 69] KIS 업무용관리물품체계 중 장표류 및 서류파일 그래픽
[사례이미지 70] KIS 업무용관리물품체계 중 신분증, NHN의 신분증 시뮬레이션 그래픽
[사례이미지 71] KIS 홍보물품체계 중 모자, 머그컵, NHN의 프로모션용 USB 시뮬레이션 그래픽
[사례이미지 72] KIS 홍보물품체계 중 프로모션용 버튼, 스티커 그래픽
[사례이미지 73] KIS 홍보물품체계 중 정기, 약기, 배너 그래픽
[사례이미지 74] KIS 포장관련물품체계 중 쇼핑백, 포장지 그래픽
[사례이미지 75] KIS 사인체계 중 공항내 유도사인, NHN의 외부채널사인 시뮬레이션 그래픽
[사례이미지 76] KIS 사인체계 중 일부 그래픽 Sign Graphic System
[사례이미지 77] KIS 일반운(수)송수단체계 중 업무용 승용차와 대형버스 그래픽
[사례이미지 78] NEW Y / Korea Rep.
[사례이미지 79] UPS ; United Parcel Service / USA
[사례이미지 80] KIS 유니폼체계 중 단체복 그래픽
[사례이미지 81] KLM Royal Dutch Airlines, Koninklijke Luchtvaart Maatschappij / Netherlands
[사례이미지 82] eurostar / France, England, Belgium
[사례이미지 83] 인쇄 과정으로 제작된 KIS의 바인더 형식의 매뉴얼
[사례이미지 84] 디자인 데이터가 수록된 KIS의 CD 형식의 매뉴얼
[사례이미지 85] 인쇄 과정으로 제작된 KIS의 매뉴얼과 일부내용
[사례이미지 86] KIS 온라인 매뉴얼의 화면
[사례이미지 87] KYOBO Design Tree / Korea Rep.
[사례이미지 88] NAVER Mobile Web Icon / Korea Rep.
[사례이미지 89] Harley Davidson / USA
[사례이미지 90] Burger King / USA
[사례이미지 91] Coca-Cola / United States
[사례이미지 92] 3M / United States
[사례이미지 93] Canon / Japan
[사례이미지 94] Starbucks / United States
[사례이미지 95] CJ / Korea Rep.

[자료이미지 01] 글로벌브랜드의 사례와 생성
[자료이미지 02] 아이디어 도출을 위한 브레인스토밍의 한 장면과 이미지사례
[자료이미지 03] 각종 브랜드 기능과 세부 안내사인
[자료이미지 04] 유니폼의 다양한 사례들
[자료이미지 05] 2002 한일월드컵의 간이매뉴얼 / Korea Rep.
[자료이미지 06] 롯데그룹 계열사의 간소화 매뉴얼 / Korea Rep.
[자료이미지 07] 농심 온라인 매뉴얼의 화면 / Korea Rep.
[자료이미지 08] KYOBO 브랜드와 그룹체계 / Korea Rep.
[자료이미지 09] 각종 지류의 발생과 활용
[자료이미지 10] 각종 플라스틱의 발생과 활용
[자료이미지 11] 각종 나무의 가공과 재활용 그리고 Reform
[자료이미지 12] 각종 유리의 발생과 활용
[자료이미지 13] 각종 철과 알루미늄의 발생과 활용
[자료이미지 14] 세계 여러 나라의 국기와 이를 활용한 프로모션용 버튼
[자료이미지 15] 종교적 상징과 정치적 상징
[자료이미지 16] 크리스트 문화의 상징들
[자료이미지 17] 이슬람 문화의 상징
[자료이미지 18] 문화별 구호단체의 상징
[자료이미지 19] BMW의 전면부 그릴
[자료이미지 20] 세계의 자연적 역사적 문화적 상징의 사례들
[자료이미지 21] 여러 가지 시각적 기호들
[자료이미지 22] Registered Trade Mark의 첫머리 글자로 상표법의 보호를 받는 고유의 등록상표를 의미
[자료이미지 23] Trade Mark의 머리글자로 일반상표를 의미
[자료이미지 24] Copyright의 머리글자로 저작권의 보호를 받는다는 의미를 표시
[자료이미지 25] Copyleft의 표시, 저작권 공유에 대한 상징적 표시
[자료이미지 26] 한글을 모티프로 한 우리나라 고유의 등록상표 표기 제안
[자료이미지 27] ABSOLUT / Sweden

- ▶ 이어령 전 문화부장관, 디지로그 Digilog
- ▶ FMCG ; fast-moving consumer goods
- ▶ LOL ; league of legends
- ▶ 인지 認知 perception
- ▶ 인식 認識 awareness
- ▶ 이미지image란?
- ▶ 정시화 교수
- ▶ 케빈 로버츠 Kevin Roberts
- ▶ B2B : Business to Business
- ▶ B2C : Business to Customer
- ▶ DECOMAS : Design Coordination as a Management Strategy
- ▶ NEW DECOMAS : Design Conscious Management Strategy
- ▶ The four P's of marketing
- ▶ CIP : Corporate Identity Program
- ▶ CIS : Corporate Identity System
- ▶ Meaning of Stem
- ▶ Meaning of Prefix
- ▶ 언어 Language 言語
- ▶ 토니 부잔 Tony Buzan
- ▶ 이창욱 교수
- ▶ depaysement 데페이즈망
- ▶ Thumbnail sketch
- ▶ 동그라미번호 표시의 공간
- ▶ 번호가 기입되지 않은 점선과 점선의 간격
- ▶ 옵셋인쇄 Offset Printing
- ▶ Pantone
- ▶ 마스코트 Mascot
- ▶ 벡터Vector / 비트맵 Bitmap
- ▶ 콩기름인쇄
- ▶ 재활용마크
- ▶ 환경레이블링 Environmental Labelling
- ▶ 파나플렉스 Panaflex™
- ▶ media pole
- ▶ 기호 記號 Sign
- ▶ 기호학 記號學 Semiotics
- ▶ 소쉬르 Ferdinand de Saussure, 1857~1913
- ▶ 퍼스 Charles Sanders Peirce, 1839~1914
- ▶ 바르트 Roland (Gerard) Barthes, 1915~1980
- ▶ plot [plɑ:t]
- ▶ siren 사이렌
- ▶ 스티브 잡스, Steven Paul Jobs
- ▶ apple 애플
- ▶ NHN의 설명
- ▶ 신파 新派
- ▶ The Green Marketing Mix - The four C's : Belz and Peattie

참고자료 References

+ Texts

- 그래픽커뮤니케이션디자인; 미간행 시각디자인교재, 정시화, 국민대학교 조형대학 시각디자인학과, 1996
- 한국기업의 그래픽심벌에 대한 고찰, 정시화, 조형논총, 국민대학교 조형대학 환경디자인연구소, 1991
- The Company Image 115p~118p, John Wiley & Sons, NY, Elinor Sealame, Joe Sealame, 1988
- CI · BI를 통한 신경영 전략 New DECOMAS, 나가시니 모토, 디자인하우스, 1993
- 그래픽디자인의 역사 a History of Graphic Design, Phillip B. Meggs, 디자인하우스, 1985
- 그래픽디자인의 역사 a History of Graphic Design, Phillip B. Meggs, 황인화, 미진사, 2011
- Lovemarks, Kevin Roberts, Powerhouse Cultural Entertainment Inc., 도서출판 서돌, 2005
- TM, Trademarks designed by Chermayeff & Geismar, Lars Muller Publishers, Switzerland, 2000
- Logolounge Volume4, Fishel and Gardner, Rockport Publishers, USA, 2008
- LOGO DESIGN THAT WORKS, Lisa Silver, Rockport, USA, 2001
- Designing Brand Identity, Alina Wheeler, John Wiley & Sons Inc., 2003
- 이기적유전자 The Selfish Gene, 리처드 도킨스, 을유문화사, 2006
- 기호의 언어 : 정교한 상징의 세계, Georges Jean, 시공사, 1997
- 상징 · 기호 · 표지, 조르쥬 나타프, 열화당, 1987
- 지식재산경영, 김철호 외 3인, 특허청/한국발명진흥회, 2008
- 마인드맵 북, 토니 부잔, 비즈니스맵, 2010
- 소비자는 무엇으로 사는가?, 니콜라 게겐, 지형, 2006
- 세계 500대 브랜드 사전, 토리 차르토프스키, 더난출판, 2006
- 마케팅 불변의 법칙, 알 리스 / 잭 트라우트, 비즈니스맵, 2008
- 기호학 입문 : 의미와 맥락, 손홀, 비즈앤비즈, 2009
- 디자인파크 디자인연대기 1984~2010, 홍디자인, 2011

+ Videos

- History Channel : How was made the earth?
  The Universe
- National Geographic : 우주의 끝을 찾아서
  인 · 류 · 멸 · 망 2012
  지구, 1。C의 비밀
- Home Story : 스페이스 프로젝트
- EBS 다큐프라임 : 자 · 본 · 주 · 의
- 방송대학TV : Global HR Forum 2012
- http://www.youtube.com/user/homeproject?ob=4#p/a/f/0/jqxENMKaeCU

+ Papers/Monographs

- 독일 광고에 나타난 언어기호와 시각기호의 관계 〈광고카피의 해석에 있어서 그림의 역할을 중심으로〉 구명철, 독일문학 제84집, 숙명여자대학교
- 세계 각국 환경보호 목적 레이블링 시행현황, 환경부, 환경정책실
- 광고 분석 도구로서의 기호학, 광고소비자시민연대 교육자료

+ Web Sites

- http://www.naver.com
- http://www.google.co.kr
- http://www.interbrand.com
- http://www.interbrand.co.kr
- http://www.designext.kr
- http://www.graphicology.com
- http://www.manutd.com/
- http://www.graphicology.com/blog/?currentPage=2
- http://www.istockphoto.com/
- http://endic.naver.com
- http://preview.britannica.co.kr
- http://dirkjankraan.com/

- http://www.absolutad.com
- http://www.sw.or.kr/column_service/column_view.asp?idx=6&masteridx=2
- http://www.valuevine.co.kr/korean/portal.php
- http://www.sw.or.kr/column_service/column_view.asp?masteridx=2&idx=11
- http://www.tbh.org/
- http://www.clevercrow.com/2012/01/11/personal-logo/
- http://markrosedesign.com/identity.html
- http://dribbble.com/shots/225762-Personal-Logo
- http://identitydesigned.com/project-moon/
- http://terms.naver.com/
- http://en.wikipedia.org/wiki/Green_marketing
- http://www.yeonhwa.co.kr/jo_mooism/539
- http://www.kukinews.com/gallery/gallery_view.asp?mCate=6&sCate=14&pNo=1803&page=1
- http://www.homethemovie.org/
- http://ask.nate.com/qna/view.html?n=7917954
- http://news.jogyesa.kr/news/articleView.html?idxno=1734
- http://redcross.or.kr/icrc/main.do
- http://www.google.co.kr/search?hl=ko&newwindow=1&q=%EB%A7%A4%EB%89%B4%EC%96%BC+%EC%9D%B4%EC%A7%80%EB%AF%B8&gs_sm=3&gs_upl=1844l10438l0l10469l15l11l1l0l0l3l297l1812l0.4.5l11l0&bav=on.2,or.r_gc.r_pw.,cf.osb&biw=1231&bih=848&wrapid=tlif132952853304610&um=1&ie=UTF-8&tbm=isch&source=og&sa=N&tab=wi&ei=5P4-T-XaEoqJmQXpy9jUBw#um=1&hl=ko&newwindow=1&tbm=isch&sa=1&q=%EB%B8%8C%EB%9E%9C%EB%93%9C%EB%94%94%EC%9E%90%EC%9D%B8+%EB%A7%A4%EB%89%B4%EC%96%BC&oq=%EB%B8%8C%EB%9E%9C%EB%93%9C%EB%94%94%EC%9E%90%EC%9D%B8+%EB%A7%A4%EB%89%B4%EC%96%BC&aq=f&aqi=&aql=&gs_sm=3&gs_upl=53875l57125l0l57812l22l22l0l12l12l3l141l954l4.5l9l0&bav=on.2,or.r_gc.r_pw.,cf.osb&fp=7fde398181ffd0d0&biw=1231&bih=848
- http://ko.wikipedia.org/wiki/%ED%8C%8C%EC%9D%BC:Steve_Jobs_signature.svg
- http://kin.naver.com/qna/detail.nhn?d1id=6&dirId=60205&docId=50066508&qb=QyDrp4jtgaw=&enc=utf8&section=kin&rank=6&search_sort=0&spq=1
- http://mybox.happycampus.com
- http://h21.hani.co.kr/arti/culture/culture_general/25326.html
- http://www.google.co.kr/url?sa=t&rct=j&q=%EC%86%8C%EC%89%AC%EB%A5%B4%EC%99%80%20%ED%8D%BC%EC%8A%A4&source=web&cd=5&ved=0CEgQFjAE&url=http%3A%2F%2Fwww.hikaac.org%2Finc%2Fdownload.php%3Ftname%3Dtbl_pds%26seq%3D30&ei=FlkxUbGfJMH2igKD0oGQBg&usg=AFQjCNGparhy78goXnnFG4jBW5oK3OF1Qw&bvm=bv.43148975,d.cGE&cad=rjt
- http://www.chungnam.net/mediaMain.do?article_no=MD0000389207&med_action=view&mnu_cd=CNNMENU01149&orderby=REG_DATE&email_addr=all@korea.kr
- http://blog.naver.com/PostView.nhn?blogId=canon_blog&logNo=140158017253
- http://blog.naver.com/rury48?Redirect=Log&logNo=110112147636
- http://blog.naver.com/godjinho?Redirect=Log&logNo=10125426478
- http://blog.naver.com/PostView.nhn?blogId=redjack33&logNo=40017782422
- http://blog.daum.net/dadgood/7967588
- http://blog.daum.net/_blog/BlogTypeView.do?blogid=0D1DW&articleno=16520944&categoryId=841056&regdt=20100301142300#ajax_history_home
- http://navercast.naver.com/contents.nhn?contents_id=4361
- http://cafe.naver.com/cosmstudio.cafe?iframe_url=/ArticleRead.nhn%3Farticleid=3&
- http://food-pictures.feedio.net/the-leftist-food-nazis-should-note-that-kfc-s-colonel-harland-sanders/1.bp.blogspot.com*-F8I71VlA5C0*TyQIq7-UOAI*AAAAAAAADM0*jl3Gjo9VpwE*s1600*11-kfc-colonel-sanders-.jpg/
- http://www.newsprime.co.kr/news/articleView.html?idxno=69895
- http://www.flickr.com/photos/zero-waste/2746964718/
- http://www.flickr.com/photos/lornawatt/7088116307/
- http://www.flickr.com/photos/bridgman/221416076/
- http://www.flickr.com/photos/clab4design/4189591285/in/photostream/
- http://www.flickr.com/photos/doyland/6658026341/
- http://www.flickr.com/photos/arminho/6919293012/
- http://www.flickr.com/photos/rose_of_academe1/6483258913/
- http://www.flickr.com/photos/juhansonin/8569954694/in/photostream/
- http://www.flickr.com/photos/juhansonin/8560940546/in/photostream/
- http://www.flickr.com/photos/joybot/6283320204/
- http://www.flickr.com/photos/sirtrentalot/3254302637/
- http://www.flickr.com/photos/bbaunach/495086108/
- http://www.flickr.com/photos/wicker-furniture/8475264955/

저자약력 Profile

2002~현재, 청강문화산업대학교 콘텐츠스쿨 교수
2000 Designext Partnerships Inc.
1997 Design Focus Inc.
1994 A&B Communications

2002 국민대학교 대학원 시각디자인학과 시각디자인전공 미술학석사, MFA
1994 서울시립대학교 문리과대학 산업디자인학과 시각디자인전공 미술학사, BFA
1984 경기상업고등학교 57회 졸업

한국기초조형학회 회원
한국콘텐츠학회 회원, 논문심사위원
한국커뮤니케이션디자인학회 회원, 논문심사위원
한국디지털디자인협의회 회원 등

경기도 G-Design Fair 2009 패키지디자인부문 심사위원
경기중소기업종합지원센터 디자인개발지원사업 심사위원
한국문화재보호재단 인사 및 디자인 심사위원
한국커뮤니케이션디자인협회 국제공모전 운영위원
행주공예디자인대전 디자인부문 운영위원
이천시도시브랜드개발 자문위원 등

한국대학교육협의회 '효과적인 교수법 실행 전략과정' 연수
한국리더쉽센터 '창의적인 교수법' 연수
한국발달상담연구소 '상담기법훈련' 수료

프로젝트약력 Project Career

'S COMME SOIE'(에스꼼사) BI – 삼성물산(주)
'대진침대' CI : Basic – (주)대진침대
'금호그룹 50주년' 기념 Emblem – 금호그룹
'ROSE LADIES OPEN'(로즈오픈골프대회) EI – (주)제일모직
'Fashion Funny' Renewal Design – 광주 화니백화점
'C1소주'(시원소주) Basic – (주)대선주조
'SAMSUNG MASTERS GOLF' EI : Application System – 삼성그룹
'S1' CI – (주)에스원, 삼성
'SIS News' CI : Basic – (주)서울국제위성뉴스
'ACRIS' CI : Application System – 진로 아크리스백화점
'LG세이커스프로농구단' TI – (주)LG스포츠
'한국철도 100주년' 기념 Emblem – (주)LGad
'HR' CI : Application System – (주)한국리서치
'안양LG치타스프로축구단' TI – (주)LG스포츠
'울산현대호랑이축구단' TI – 현대중공업(주)
'전북현대다이노스축구단' TI – (주)금강기획
'PASECO' CI – (주)파세코
'삼성화재배구단 Uniform' Renewal – (주)제일기획
'국세청' CI : Application System – 국세청
'Hanbeck' CI - Hanbeck Sea Products Inc. (Canada)
'CHEMEX' CI – (주)호성케멕스
'ZENIEL' CI – (주)제니엘
'npaykorea.com' BI – (주)주택은행 인터넷팀
'용인송담대학' UI Design Back up – 용인송담대학
'LASERVALL' CI – 레이저발코리아(주)
'INTELLINX' CI – 인텔링스(주)
'ESEN' BI – (주)국민은행 신용카드사업부
'VIEWIZ' BI Design Back up – 비오이하이디스
'궁중수라간' 웹사이트 리뉴얼 – 한국의집 (한국문화재보호재단)
'Weeny Beeny' BI Design Back up – 아트박스
'GAON' CI Design Back up – 가온전선, LS그룹
'HUCHEMS' CI : Basic – 휴켐스(구.남해화학)
'MURO' CI Design Back up – 주한미군기지이전사업단, 국방부
'ILSUNG' CI Design Back up – (주)일성
'세계인의날' CI Design Back up – 법무부
'AJ렌터카' CI Design Back up – AJ그룹
'NS' CI Design Back up – NS그룹

외 다수의 브랜드디자인 프로젝트 개발, 참여 및 자문

도움주신 분들 Special Thanks 〈가나다순〉

물리적, 정신적, 시간적, 직간접적인 작업과 적절한 내용적 기술적 조언과 자료사용의 허락으로 도움을 주신 모든 분들께 진심으로 감사드립니다.

뉴톤 Newtone 윤재원 대표
농심 Nongshim 해외영업본부 권원석 부장
단국대학교 공연디자인대학 커뮤니케이션디자인과 이창욱 교수
동덕여자대학교 디자인대학 미디어디자인과 임성택 교수
디자인넥스트 파트너쉽 Designext Partnerships Inc. 황선경 대표
디자인 클루 Design Clue 이민석 대표
디자인 파크 Design Park 김현 대표이사
레이저발코리아 Laservall Korea Inc. 권형중 대표이사
바나나 크리에이티브 Vanana Creative 이승룡 대표
법무법인 한중 권원용 대표변호사
손디자인 Sondesign 손근민 대표
엔에이치엔 NHN 홍보실
오직커뮤니케이션 Ozic Communication 이상훈 대표
인터랙티브 디온 Interactive Dion 박승필 대표
지구문화사 Jigu Publishing Co. 주병오 대표이사, 주민기 기획실장, 교열교정팀
크리에이티브 스튜디오 오노프 Creative Studio ONOFF 이혜영 대표

청강문화산업대학교 패션스쿨 장남용 교수
청강문화산업대학교 콘텐츠스쿨 송장수 교수
청강문화산업대학교 콘텐츠스쿨 이병용 겸임교수
청강문화산업대학교 콘텐츠스쿨 전공동아리 Graphicology Lab™

Cesar Millan Inc., Senior Designer, 이지숙, USA
Mr. Dirk Jan Kraan, Netherlands
연구조교 이서윤(12), 전유나(11), 전형진(11), 이슬기(09), 고광석(08)

INDEX

가독성 187
가변성 flexibility 183
공급이상과잉현상 83
공동체중심적 사고 17
관찰력Sharp-Eyed 162
광고활동 318
구상적 소구 311
구상형 Concrete Type 127
국가브랜드 40
그래피콜로지 Graphicology 25, 26
그래픽모티프(그래픽캐릭터) 199
그래픽소스 282
기본체계Basic System 85
기의 272
기표 272
기호 記號 Sign 271
기호학 記號學 Semiotics 271
나카시니 모토오 65
나프타 255
내구성 Durability 334
단독브랜드 100
단어형 Completed Word Type 132
대표색상 193
데페이즈망 depaysement 169
도메인 294
독점적 이미지 48
돌출적 기능 157
두뇌개발기법(두뇌사용기법) 164
등록상표 296
디자인개발자 145
디자인권 293
디자인매뉴얼 241
디자인적용지침서 86
디지로그 Digilogue 22
디지털라이즈 Digitalize 21
디테일 드래프트 170
디테일드로잉 176
러프 드래프트 170
로고 120
로고타입 187
론칭 Launching 48
리폼 reform 259
마스코트(캐릭터) 198
마인드맵 164
마케팅믹스4P 80
마크Love Mark 67
매뉴얼 Manual 86, 238
목적성 Purpose 333
몰歿철학적 디자인 19
무형적인 상품 54
문화유전적 meme(밈) 27
미디어 폴 media pole 266
베이직시스템 182
별색 194
보조sub색상 193
브랜드 28
브랜드 분화 101
브랜드네이밍 295
브랜드노출 318
브랜드디자인 39
브랜드이미지 51
브레인스토밍 166
비非물리적인 단계 18
사과 문양 276
사운드 로고 56
사인체계 223
상표권 288
상하조합형 시그니처 191
색상체계 193
색상표준체계 194
생태계 Ecology 15
선사용주의 296
선원등록주의 296
세분화전략 48
스와스티카 Swastika 278
스크리닝 screening 170
스테이셔너리 stationery 213
스토리텔링 309
스토어아이덴티티 Store Identity 116
시각적 감感 271
시그니처 189
시니피앙signifiant 272
시니피에signifie 272
시대성 Trend 333
시스템System구축 79
실크프린팅기법 262

심미성 Aesthetics 334
심벌 120
심벌마크 186
썸네일스케치 thumbnail sketch 170
아리안 족族 277
아이덴티티 identity 72
아이덴티티디자인 64
아이디어스케치 170
아이콘 Icon 283
약어형 Initial Type 129
어플리케이션시스템(응용체계) 208
옵셋인쇄 194
월터 마귤리스 Walter Margulies 66
응용체계 Application System 85
응용항목 application system 183
이니셔티브 Initiative 91
이미지 충격 313
인간중심적 사고 17
인력풀 143
인식 awareness 49, 65
인지 perception 49
인터브랜드 32
인트라넷 242
인포그래픽 infographic 19
인하우스에이전시 143
일관성 72
재활용마크 258
저작권 Copyright 301
적수정 Red Crystal 280
적신월 Red Cresent 280
적용성 Adaptiveness 3344
정체성 72
조형적 영감 170
지식재산권 289
지정서체 184
집단적 오너쉽 56
차별성 Differential 333
창의적 문제해결 162
청각적 상징 56
체계 system 182
추상적 소구 311
추상형 Abstract Type 124
카피레프트 copyleft 302
캘리그래피(손글씨체) 45
컨셉트 Concept 155
컬러샘플체계 194
컬러시트(커팅시트) 227
콩기름인쇄 254
토니 부잔 Tony Buzan 165
파나플렉스 panaflex 265
판단의 유보 166
패밀리브랜드(엄브렐러브랜드) 100
패키지디자인 221
팬톤 Pantone Color 195
포스트모더니즘 84
포지셔닝 positioning 79
표준화작업 Standardization 86
프리드로잉 174
픽토그램 Pictogram 283
하켄크로이츠 hakenkreuz 277
핸드드로잉 hand drawing 170
형성메커니즘 53
혼합형 Compound Type 137
화무십일홍 57
환경레이블링 Environmental Labelling 259
환경중심적 사고 17
4원색 194
BI(behavior identity) 74, 100
Building Conceptual Structure 162
CI Tree 246
CIP(Corporate Identity Program) 91
CIS(Corporate Identity System) 91
CMYK 196
Copyright(©) 290
DECOMAS 65
DIC컬러체계 195
EI 104
Flagship 132
HI 108
MI(mind identity) 74
NEW DECOMAS 65
PI(president identity) 74, 110
Registered(ⓒ) 290
Trademark(™) 290
UI 106
VI(visual identity) 74, 116
WI(web identity) 74, 112

브랜드디자인 Brand Design

초판 인쇄 2013년 7월 15일
초판 발행 2013년 7월 20일

저　자 이호준

발행인 주병오

펴낸곳 지구문화

주소 경기도 파주시 회동길 209
파주출판문화정보산업단지

전화 031-955-7577

팩스 031-955-7730

이메일 jigupub@hanmail.net

표지&편집디자인 Vanana Creative

등록번호 1979년 7월 13일 제 957호

ISBN 978-89-7006-640-0

본 판본에 대한 저자의 초판본 인세 전액은 재단법인 '바보의나눔' 활동에 기부됩니다.

"나눌 것이 없다면 함께 울어주는 것만으로도 그들에게 밥이 될 수 있습니다."

김수환 추기경 말씀 중에서

본 저서에 대해 유익하고 정확한 조언을 해주신 많은 분들께 감사의 뜻을 전하며,
혹시 있을 수 있는 오류는 전적으로 저자의 책임임을 밝힙니다.

청강문화산업대학교
콘텐츠스쿨

경기도 이천시 마장면 청강로 162
전화 : 031-639-5833

tommy@ck.ac.kr
tommmmy@nate.com
www.graphicology.info